SINAIS E SÍMBOLOS

SINAIS E SÍMBOLOS
Desenho, projeto e significado
Adrian Frutiger

Tradução: Karina Jannini

Esta obra foi publicada originalmente em alemão com o título
DER MENSCH UND SEINE ZEICHEN
Copyright © Syndor Press GmbH, Cham, 1997
Copyright © 1999, Livraria Martins Fontes Editora Ltda.,
São Paulo, para a presente edição.

1ª edição 1999
2ª edição 2007
3ª reimpressão 2012

Tradução
KARINA JANNINI

Preparação do original
Ana Maria de Oliveira Mendes Barbosa
Revisões gráficas
Ivany Picasso Batista
Solange Martins
Dinarte Zorzanelli da Silva
Produção gráfica
Geraldo Alves
Paginação/Fotolitos
Studio 3 Desenvolvimento Editorial

Dados Internacionais de Catalogação na Publicação (CIP)
(Câmara Brasileira do Livro, SP, Brasil)

Frutiger, Adrian, 1928-
Sinais e símbolos : desenho, projeto e significado / Adrian Frutiger ; tradução Karina Jannini. – 2ª ed. – São Paulo : Martins Fontes, 2007.

Título original: Der Mensch und seine Zeichen.
Bibliografia
ISBN 978-85-336-2391-0

1. Signos e símbolos I. Título.

07-6359   CDD-302.2

Índices para catálogo sistemático:
1. Signos e símbolos : Comunicação : Sociologia   302.2

Todos os direitos desta edição para o Brasil reservados à
Martins Editora Livraria Ltda.
Av. Dr. Arnaldo, 2076
01255-000 São Paulo SP Brasil
Tel.: (11) 3116 0000
info@martinseditora.com.br
www.martinsmartinsfontes.com.br

SUMÁRIO

PARTE 1: *Reconhecer e formar sinais* 1

Três considerações como introdução 3
    1. Desordem – ordem 3
    2. Lembranças de uma figura 4
    3. Luz e sombra – branco e preto 6

I. Os elementos de um sinal 7
    1. O ponto 7
    2. A linha 7
        a A linha imaginária 7
        b A linha em si 8
        c A horizontal e a vertical 9
        d A diagonal 9
        e A curva 10
    3. Relação entre as linhas 11
        a As linhas e os movimentos das mãos 11
        b Seqüência e ritmo 12
        c A proximidade 13
    4. A morfologia dos sinais 13
        a A "geografia" da percepção 13
        b Simetria e assimetria 13
        c Tabela morfológica 1 15
        d Tabela morfológica 2 19
    5. Topologia dos sinais 19

II. Os sinais básicos 23
   1. O quadrado 23
   2. O triângulo 24
   3. O círculo 25
   4. A seta 27
   5. A cruz 29

III. A união dos sinais 33
   1. Relações entre sinais de mesmo formato 34
   2. Relações entre sinais de formato diferente 37
   3. A expressão do espaço interno 38
   4. Relações entre sinais fechados e abertos 39
   5. O jogo com dois sinais em forma de garfo 40
   6. O sinal "completo" 41
      a Tabela morfológica 3: sinais abstratos 41
      b Tabela morfológica 4: sinal-objeto 44
   7. Entre esquema e figura 44
   8. Sinais de adivinhação 45

IV. O sinal na decoração 47

V. Os sinais do dualismo 51

VI. A superfície 55
   1. Da linha à superfície 55
      a A espessura das linhas 56
      b O aumento e a redução da espessura da linha 57
      c A forma de fita 59
   2. O sinal branco em fundo escuro 59
      a Do contorno ao negativo 59
      b A luminosidade variável de um espaço interno 61
      c A indicação da forma 61
   3. O desenho do tabuleiro de xadrez 62

VII. A simulação do volume 63
   1. Camadas sobrepostas 63
   2. O entrelaçamento 65
   3. O branco "sugestivo" 66
   4. A perspectiva 66
   5. A sombra 68
      a O objeto iluminado 68
      b A sombra projetada 69

6. O volume insólito 69
7. Ilusões de ótica 70

VIII. A diversidade do aspecto 71
   1. O desenho e o material 71
      a Os instrumentos 71
      b A extremidade do traço 72
      c O instrumento adequado para o material
      adequado 74
   2. O valor do espaço interno e do espaço
     intermediário 74
   3. A imagem 75
      a Branco e preto 75
      b Cores 76
      c Meios-tons 76
      d Estruturas 76
   4. A qualidade da imagem 76
      a A ilustração esquemática ou "dimensional" 77
      b A ilustração real 77
      c A ilustração artística ou "contemplativa" 79

Tentativa de uma síntese visual 79

PARTE 2: *Os sinais que registram a linguagem* 81

I. Do pensamento à imagem 83
   1. Os protótipos 83
   2. A linguagem e o gesto 83

II. A transcrição da linguagem 87
   1. Dois tipos de desenvolvimento da escrita 88
      a As escritas que permaneceram figurativas 88
      b As escritas "alfabéticas" 88
   2. Uma origem comum? 89
   3. Arquétipos hereditários? 89
   4. Do pictograma ao ideograma 90
   5. Os determinativos 91
   6. Do ideograma ao fonograma 92

III. O patrimônio gráfico das escritas pictóricas 93
   1. Da escrita pictórica suméria à escrita cuneiforme 93

2. Os hieróglifos egípcios **97**
3. As escritas em Creta **99**
4. A escrita pictórica hitita da Síria **101**
5. A escrita pictórica do vale do Indo **103**
6. A escrita pictórica da Ilha da Páscoa **104**
7. A escrita rúnica **105**
8. A escrita circular chinesa **107**
   a A sabedoria do I-Ching **107**
   b A escrita pictórica chinesa **108**
   c A escrita chinesa e a arquitetura **111**
9. As escritas americanas anteriores a Colombo **112**
   a A escrita pictórica dos astecas **114**
   b A escrita pictórica dos maias **115**

IV. Os alfabetos do mundo **117**
1. A genial invenção das letras e sua difusão **117**
2. Um panorama dos grupos de escrita do mundo **120**

V. O ABC do mundo ocidental **125**
1. O desenvolvimento inicial **125**
2. Letras maiúsculas e minúsculas **127**
   a A passagem da maiúscula para a minúscula **127**
   b Tentativa de uma teoria da redução dos movimentos **129**

VI. A evolução da forma por meio de técnicas de escrita a mão e impressa **133**
1. A formação do traço preto **134**
   a A caligrafia **134**
   b A posição da pena em outras áreas lingüísticas **136**
   c Gravura e impressão **137**
2. Os espaços brancos internos **139**
   a Arquitetura e escrita **139**
   b O espaço **141**
3. Os tipos de famílias das letras **142**

VII. A manipulação da letra **147**
1. As variações puramente proporcionais **147**
   a A largura **147**
   b A espessura **149**
   c A inclinação **150**
   d A ampla variedade de letras **151**

 2. O desvio do tipo básico **153**
  a As letras ornamentais **153**
  b As "antiguidades" **154**
  c Letras "figurativas" **154**
  d As letras do futuro **154**
  e A imagem da escrita e a escrita da imagem **160**
 3. Os monogramas **162**
  a A abreviação transforma-se em acrônimo **162**
  b Da ligadura ao ornamento **165**

VIII. Os caracteres tipográficos e sua legibilidade **167**
 1. A escrita como meio de comunicação universal **167**
 2. A forma dos caracteres e sua legibilidade **168**
  a O processo de leitura **168**
  b Os níveis de motivação na leitura **169**
  c A síntese da forma dos alfabetos **170**

IX. Os sinais dos valores numéricos **173**
 1. Numeração com letras **173**
 2. Origem e evolução dos algarismos arábicos **174**
  a A engenhosa idéia do valor zero **174**
  b A origem e o desenvolvimento das formas **175**
 3. Algumas observações analíticas **177**
  a Palavras e números **177**
  b Movimentos que traçam números **177**
  c A divisão em elementos básicos **178**
  d O futuro das formas numéricas **179**

X. Os sinais de pontuação **181**
 1. O espaço entre as palavras **181**
 2. Os sinais de pontuação **182**
  a Sinais estruturais de pontuação **182**
  b Sinais de pontuação expressivos **184**
  c Sinais de referência **184**
 3. O sinal "et" **185**
 4. Sinais de valores e outros **185**

PARTE 3: *Sinais, símbolos, logotipos, sinalização* **187**

 Introdução **189**
  Sinais não-alfabéticos **189**

Novos sinais para a ciência 190
Pictogramas para a indústria 191
Os sinais de direção 191
Excesso de imagens – Fastio às imagens 191
De volta à escrita pictórica? 193

I. Da ilustração ao símbolo 195
    1. A imagem 195
    2. O diagrama 197
        a Os níveis de esquematização 197
        b O auxílio do computador na esquematização 198
    3. A planta 198
    4. A alegoria 200
    5. As imagens da superstição 201

II. O símbolo 203
    1. O que significa "simbólico"? 203
    2. Da imagem simbólica ao sinal simbólico 204
    3. O uso ambíguo do conceito de "símbolo" 205

III. O patrimônio gráfico dos símbolos figurativos 207
    1. Como as imagens se transformam em sinais simbólicos   208
        a O processo de estilização 208
        b A simplificação por meio de materiais e instrumentos 211
        c Sinais simbólicos gigantescos 211
    2. Símbolos zoomorfos 213
        a Da multiplicidade à simplicidade. A representação da ave 213
        b Da vida e da morte. O símbolo da serpente 217
        c Outros símbolos zoomorfos. Arquétipos do subconsciente 219
    3. Símbolos de plantas 223
    4. A forma humana como símbolo 226
        a O corpo como figura completa 226
        b Partes do corpo humano 228
    5. Objetos, paisagens, elementos da natureza 232
    6. O símbolo do centro 236

IV. Os símbolos abstratos 239
    1. O universo e seu centro 239

2. O sinal da cruz e sua decoração 241
3. Sinais que simbolizam o movimento 245
4. Tranças, entrelaçamentos, nós 247
5. Os símbolos do Sol 250
6. As constelações da noite 254
7. O símbolo na decoração 255
8. Geometria e símbolo 257

V. Os sinais das pseudociências e da magia 261
1. Os elementos 263
2. Os signos da astrologia 265
3. Os signos da alquimia 268
4. Sinais cabalísticos, mágicos, talismãs 272

VI. As assinaturas 275
1. Os sinais dos canteiros 277
2. Os monogramas 282

VII. Os sinais da comunidade 285
1. Os brasões 285
2. Armas da família japonesa 288
3. A heráldica 288
4. Sinais da comunidade de hoje 292

VIII. As logomarcas 295
1. A identificação de mercadorias no passado 295
   a Da marcação à marca:
   como exemplo, a marcação do gado 295
   b As marcas dos comerciantes 296
   c As marcas dos artesãos e produtores 297
   d Formação estrutural dos sinais:
   as filigranas 299
2. Os sinais industriais de hoje 301

IX. Os sinais da técnica e da ciência 309
1. A pictografia dos técnicos 309
2. Os sinais das ciências modernas 311

X. A sinalização 315
1. Orientação no ambiente 315
   a Interpretação e significado dos sinais
   de trânsito 315

  b O formato das placas de trânsito.................................. **316**
  c As cores.. **316**
  d A reação do motorista ao sinal...................................... **317**
 2. Os pictogramas **317**
 3. Sinalização em forma impressa.. **319**
 4. Aspectos emocionais no labirinto dos caminhos............ **322**
  a A orientação em edifícios públicos **322**
  b Sistemas de pictogramas para eventos...................... **323**
 5. Sinais de operação **323**

Tentativa de uma síntese **327**
Epílogo **329**
Bibliografia **331**

*A palavra ou a língua, escrita ou falada,
parece não ter nenhuma importância
no mecanismo do meu raciocínio.
Os elementos psíquicos básicos do
pensamento são sinais determinados
e figuras mais ou menos claras,
que podem ser reproduzidos
ou combinados "à vontade".*

ALBERT EINSTEIN

PARTE 1 **RECONHECER E FORMAR SINAIS**

TRÊS CONSIDERAÇÕES COMO INTRODUÇÃO

1. Desordem – ordem

"No princípio", diz o livro da Gênese, "a Terra era sem forma e vazia." Para um indivíduo do século XX, é difícil imaginar um vazio, um caos, pois ele aprendeu que um tipo de ordem parece prevalecer tanto no que é infinitamente pequeno quanto no que é infinitamente grande. A consciência de que não existem elementos casuais ao nosso redor ou dentro de nós, mas de que toda a matéria (inclusive a mental) obedece a uma composição ordenada, leva a pensar que até o traço ou o rabisco mais inocente não pode existir acidentalmente, por puro acaso, mesmo que o observador não reconheça claramente as causas, a origem e o motivo desse "desenho".

Essas considerações básicas que apresentamos inicialmente permitirão reconhecer e julgar com mais facilidade a origem, o sentido e a mensagem de determinado sinal no decorrer do presente estudo.

Sobre uma superfície vazia – neste caso, ilustrada por um quadrado delimitado por linhas, e que serve apenas para simbolizar o conceito de "vazio" (1) –, tentemos espalhar e distribuir dezesseis pontos ao acaso e de modo desordenado. A ilustração 2 mostra como é difícil dispor esses dezesseis pontos de forma que pareçam realmente ter sido colocados ao acaso, sem haver qualquer relação entre eles, sem evocarem determinada estrutura, uma imagem, uma representação geométrica ou figurativa.

Ao contrário desse procedimento de espalhar os pontos, é muito fácil formar e conceber um sem-número de figuras (3) ou arranjos (4) com os mesmos dezesseis pontos.

1

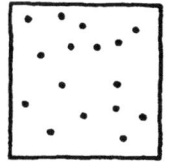

2

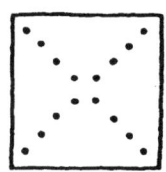

3

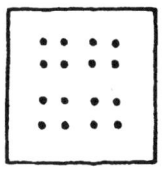

4

4 SINAIS E SÍMBOLOS

A partir dessa constatação, pode-se tirar uma conclusão paradoxal: de fato, a produção de uma ordem seria mais fácil do que a de uma desordem, de uma *amorfia*.

A razão pode estar no fato de que crescemos com figuras, imagens e esquemas elementares, marcados e gravados em nosso subconsciente, que constantemente influenciam nosso horizonte e nossa imaginação. Os estudiosos não concordam nem mesmo com a possibilidade de que certas formas arquetípicas possam ser transmitidas hereditariamente e de forma considerável à "simples retina" de uma criança ainda não nascida e, por esse motivo, estar presentes no indivíduo desde o início.

2. Lembranças de uma figura

5

Antes de todas as considerações sobre a verdadeira representação de sinais, gostaríamos de aplicar um teste bastante simples sobre o comportamento inequívoco da memória. Como objeto de observação, escolhemos um dado, cuja imagem dos seis lados certamente está marcada na memória de todos os leitores. A intensidade causada pelo impacto ao ver a figura ao lado (5) e a força da emoção desencadeada por ela variam de pessoa para pessoa. Cada um vivencia o encontro com o sinal de uma maneira distinta: superficialmente infantil ou profundamente sólida (como um jogador entusiasmado).

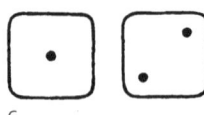
6

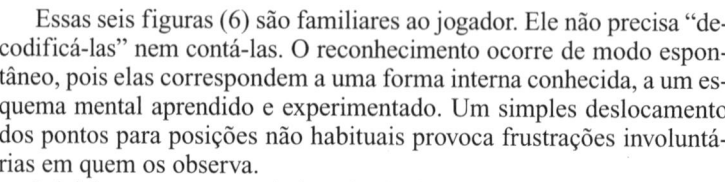

Essas seis figuras (6) são familiares ao jogador. Ele não precisa "decodificá-las" nem contá-las. O reconhecimento ocorre de modo espontâneo, pois elas correspondem a uma forma interna conhecida, a um esquema mental aprendido e experimentado. Um simples deslocamento dos pontos para posições não habituais provoca frustrações involuntárias em quem os observa.

7

8

9

Inicialmente, o ponto deslocado da figura "um" (7) causa desconforto. A sensação da idéia de "centro" (segurança, estática) encontra-se ancorada na sensação de simetria. Todas as disposições simétricas são próximas à estrutura do nosso corpo e, por isso, mais acessíveis, mais compreensíveis, ao contrário da assimetria, que precisa ser compreendida. O ponto deslocado também faz surgir a dúvida de que talvez possa se tratar da conhecida figura "dois" pela metade.

Uma estranha figura "dois" (8) encontra-se muito distante da disposição diagonal habitual, que divide o espaço do referido quadrado em duas partes iguais. Aqui os pontos não estão fixos, mas suspensos. A associação com os olhos num rosto não pode ser desconsiderada.

A figura (9) em si, como representação do valor três, não é incômoda, embora seja bastante diferente da clássica disposição linear dos três pontos do dado. O que nos parece interessante aqui é o aparecimento de um sinal arquetípico: o triângulo, que para o jogador rotineiro evoca, naturalmente, lembranças inusuais.

Mesmo na figura "quatro" (10), o sinal arquetípico "quadrado" não é sentido como incômodo, uma vez que reconhecemos a forma tradicional, nesse caso apenas deslocada para a extremidade. No entanto, deve-se observar que, normalmente, do conjunto "quatro" para cima, as unidades precisam ser contadas para serem reconhecidas, a não ser que uma disposição figurativa dos pontos, como o quadrado, ajude no reconhecimento instantâneo.

O segundo exemplo de uma figura "quatro" desordenada (11) deve esclarecer esse fato. Apenas uma olhada rápida não é mais suficiente para que se reconheça o número quatro (os olhos movimentam-se com mais freqüência).

Não é fácil descobrir o valor cinco nessa figura (12). A reação à "vertical" e à "horizontal" realiza-se com muito mais rapidez do que a reação "diagonal". À primeira vista, essa figura parece sempre uma cruz.

Nessa ordem completamente nova do "cinco" (13), destaca-se ainda mais o fenômeno "horizontal – vertical", e, além disso, deve-se observar que essa figura entra em conflito com o sinal arquetípico da letra T, profundamente enraizada no observador.

O mesmo vale para esse ordenamento de pontos (14): a letra L torna-se claramente evidente. A assimetria reforça o incômodo. A contagem dos pontos provoca dúvida entre os grupos de *cinco* e *seis* pontos, na medida em que o ponto inferior à esquerda é contado duas vezes: uma na linha vertical, outra na horizontal. A imagem do "cinco" no dado é desorganizada de várias formas nesse exemplo, e o jogador não consegue mais lembrar como era.

Mesmo essa disposição do "cinco" (15) não é fácil de ser reconhecida. A comparação com a figura que representa o "seis" (a mais importante, a vencedora) é tão evidente que uma forte frustração sobrepõe-se a qualquer raciocínio. Três exemplos para as alterações da figura "seis" (16, 17, 18) mostram claramente que a imagem sedimentada na memória pode ser confundida ou apagada com deslocamentos relativamente pequenos.

No primeiro exemplo para o "seis" (16) prevalece a imagem do triângulo no primeiro plano; no segundo (17), o incômodo é provocado

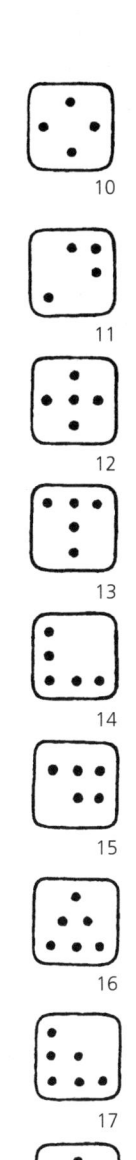

10

11

12

13

14

15

16

17

18

19

pela assimetria rigorosa e pela superfície triangular que emerge em forma de trama; no terceiro (18), os pontos se reúnem num círculo por meio de linhas invisíveis. Em todos os casos, porém, a contagem é indispensável. Talvez isso se torne mais fácil no último exemplo devido à indicação de um hexágono.

A disposição desses pontos no dado faz lembrar, de forma singular, a codificação do computador (19). Um código nada mais é do que uma figura que a máquina precisa reconhecer ao confrontá-la com a matriz programada que "assimilou" anteriormente. O processo de reconhecimento nos seres humanos ocorre exatamente da mesma forma.

3. Luz e sombra – branco e preto

Vivemos numa época em que dispomos de várias possibilidades para transformar os pensamentos em formas visíveis. Em todos os estudos mencionados, fala-se apenas numa expressão bidimensional, no sentido convencional do desenho e da comunicação gráfica, ou seja, simplesmente o papel branco passa a receber cores. Todas as outras técnicas de comunicação (audiovisual, cinética etc.) foram intencionalmente excluídas. O objetivo deste estudo é concentrar-se na essência da simples formação dos sinais e limitar-se somente a esse aspecto.

A superfície branca do papel (apesar das estruturas visíveis existentes) é considerada "vazia", como uma área inativa. Com o primeiro surgimento de um ponto e de um traço, a superfície vazia é ativada. Uma quantidade da superfície, mesmo que pequena, é encoberta por eles. Por meio desse processo, o vazio transforma-se em branco, em luz; como resultado, tem-se um contraste com o aparecimento do preto. A luz só pode ser reconhecida em comparação com a sombra. Na verdade, o que realmente acontece quando desenhamos e escrevemos não é o acréscimo do preto, mas a remoção da luz. O trabalho do escultor também consiste essencialmente em remover algo do bloco de pedra e, desse modo, dar-lhe uma forma. A escultura final é o que "restou" do material (20).

Visto dessa forma, o sinal adquire um valor completamente diferente no que diz respeito à sua capacidade de comunicação. Todas as considerações seguintes serão baseadas nessa dualidade "luz e sombra", "branco e preto".

I. OS ELEMENTOS DE UM SINAL

1. O ponto

Um ponto, no sentido científico, é um conceito abstrato que indica com precisão a localização de um encontro, de um significado, de uma intersecção etc. Fala-se de pontos de cruzamento, pontos de intersecção e também de pontos fracos, pontos de atrito, entre outros.

No sentido gráfico, o ponto é uma superfície material, visível ao olho humano. É a menor unidade gráfica e, por assim dizer, o "átomo" de toda expressão pictórica.

Raras vezes, porém, um ponto se apresenta como elemento isolado. Geralmente possui um significado em relação a outro sinal, como o pingo no "i", que dá ao traço vertical o sentido da vogal (1); ou o ponto geométrico no meio do círculo, que simbolicamente representa o "centro" (2).

O alinhamento de pontos formando uma superfície transforma-se em retícula, isto é, não serão mais vistos como pontos isolados, mas como efeito abstrato de sombra, ou como base para nossa técnica de reprodução do meio-tom (3).

2. A linha

a   A linha imaginária

De um ponto para outro, o observador traça uma linha imaginária. Ao observar o céu, o homem primitivo traçava linhas imaginárias entre

8 SINAIS E SÍMBOLOS

as estrelas próximas umas das outras, e da organização dos grupos de estrelas resultaram imagens que deram origem às constelações.

Pontos dispostos em linha reta, com intervalo constante, são reconhecidos como linha (4), sobre a qual se é convidado a escrever.

No jogo de dado, vimos que a disposição de três pontos evoca a imagem de um triângulo. No desenho de um hexágono feito com pontos, pudemos observar a idéia de movimento circular (5).

Com um pouco mais de imaginação, também é possível conceber dois triângulos entrecruzados que levam ao símbolo judaico de seis pontas, a estrela de Davi (6).

A partir dessas observações, concluímos que, em determinada fase, o olho traça uma linha para representar as distâncias mais curtas entre dois pontos, e somente no segundo ato de reflexão é capaz de imaginar intersecções.

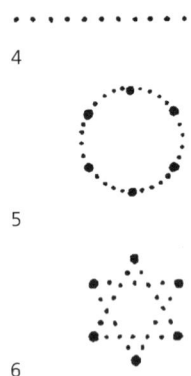

b   A linha em si

O protótipo "linha" é, desde o início, concebido como uma reta. Partimos do princípio de que a imagem da linha é simulada pela justaposição de pontos e de que a linha induz a uma complementação. Com base nessa consideração, gostaríamos de dizer que toda expressão linear resulta de um ponto colocado em movimento. É o caso, por exemplo, de um lápis, cuja ponta forma um ponto ao tocar o papel e deixa transparecer uma linha reta com o movimento da mão que desenha.

Essa idéia é abstrata, pois o fato de precisar traçar uma reta sem régua significa, para a anatomia da mão e do braço, certa reflexão mental, uma vez que o desenho espontâneo de um traço é condicionado à suspensão do cotovelo, do ombro ou do pulso e, nesse caso, leva inicialmente a um movimento circular (7). Além disso, deve-se notar que o traçado de uma linha vertical não segue as mesmas leis mecânicas do traçado de uma linha horizontal. A força de gravidade da Terra será sempre um auxílio para que a mão humana trace uma reta vertical com mais precisão do que uma reta horizontal que, por vários motivos, não pode ser exata. Pensamos, a princípio, na imagem de um terreno acidentado (colina, montanha) e, em seguida, na comparação entre a terra firme e a imensidão do universo, e ainda talvez na idéia profundamente enraizada em nós de que a Terra é redonda e, por conseguinte, de que uma reta horizontal teoricamente não pode existir para nós.

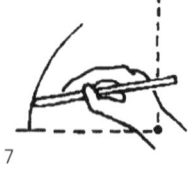
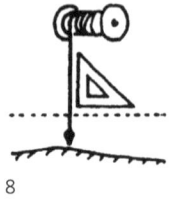

Os canteiros, pedreiros e arquitetos sabem muito bem que a única reta firme só pode ser encontrada no fio de prumo e que, a partir dele, pode-se estabelecer e deduzir todas as medidas dimensionais restantes (8).

c *A horizontal e a vertical*

O homem sempre se movimentou em superfícies horizontais. Por esse motivo, sua capacidade ótica orientou-se predominantemente para as laterais, uma vez que a zona de perigo encontrava-se sobretudo ao seu redor. De um esforço milenar e hereditário, podemos hoje constatar que nosso campo de visão é muito mais extenso na dimensão horizontal do que na vertical (9).

Quanto ao campo de visão das aves e dos peixes, sabemos que não há diferença entre a horizontal e a vertical, visto que o movimento e a percepção de perigo desses animais não se encontram apenas no plano horizontal, mas também têm seu senso de direção no ar ou na água (10).

A partir dessas observações, conclui-se claramente que o comportamento ótico do ser humano é, portanto, bastante limitado. A avaliação de uma dimensão horizontal não apresenta nenhuma relação com a dimensão vertical. Uma torre de trezentos metros, por exemplo, parece-nos altíssima, enquanto a mesma medida, estimada ao longo de uma rua, chega a ser insignificante (11).

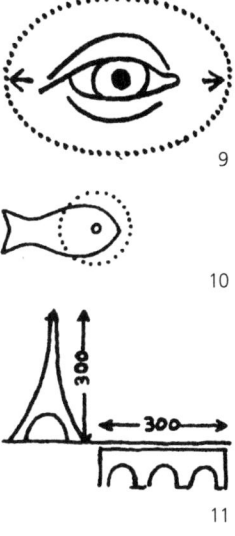

O ser humano confere à horizontal um significado totalmente diferente da vertical. A primeira é uma dimensão concreta, algo que se pode controlar e medir com os próprios passos. A Terra é plana, e a horizontal teórica *é* um conceito existente. Em contrapartida, tudo o que *cai* na Terra realiza um movimento vertical e, por isso, não é algo que *existe*, mas um fenômeno que *acontece* (sem a intervenção humana), como o relâmpago, a chuva e até mesmo os raios do sol (12).

Parece-nos necessário destacar neste texto em que medida movimentos horizontais e verticais podem desencadear reações totalmente diferentes no subconsciente humano.

O homem gosta de se comparar à vertical, que constitui o elemento ativo em determinado plano e o símbolo do ser vivo, que cresce para cima (13).

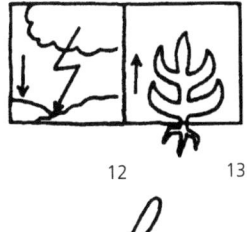

A horizontal já existe, enquanto a vertical deve ser feita. O homem está habituado a confrontar sua atividade com a passividade. No mesmo sentido, uma linha vertical existe apenas em comparação com determinada horizontal. Quando se aprende a escrever, traça-se, em primeiro lugar, linhas horizontais que receberão as letras (14).

d *A diagonal*

Em vez da segurança e precisão que caracterizam a vertical, o ser humano vê a diagonal com certa ressonância de insegurança. Uma posição inclinada não pode ser assimilada com segurança, a não ser talvez o ângulo de 45° que, com alguma precisão, pode ser avaliado pelo olho como uma posição entre a horizontal e a vertical (15). Um exem-

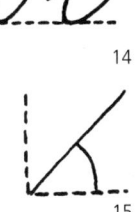

10 SINAIS E SÍMBOLOS

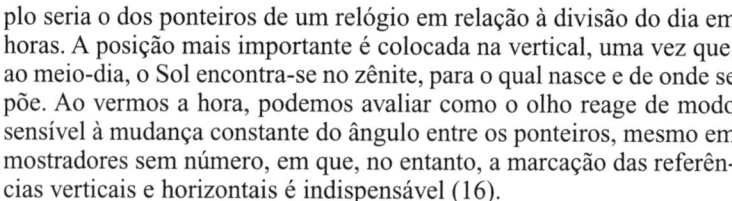

plo seria o dos ponteiros de um relógio em relação à divisão do dia em horas. A posição mais importante é colocada na vertical, uma vez que, ao meio-dia, o Sol encontra-se no zênite, para o qual nasce e de onde se põe. Ao vermos a hora, podemos avaliar como o olho reage de modo sensível à mudança constante do ângulo entre os ponteiros, mesmo em mostradores sem número, em que, no entanto, a marcação das referências verticais e horizontais é indispensável (16).

Deve-se observar que uma diagonal sempre será analisada em relação à horizontal ou à vertical mais próxima. Quanto mais ela se aproximar ou se afastar de uma ou de outra (e portanto desviar-se do ângulo ideal de 45°), mais sua imagem sofre alterações: ao aproximar-se mais da horizontal, tem-se a impressão de uma elevação (17); ao aproximar-se da vertical, a sensação é de uma queda (18).

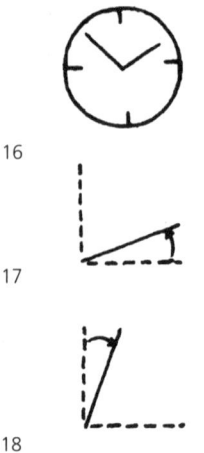

Nosso hábito de leitura da esquerda para a direita influencia a análise de uma diagonal. Se é vista do lado inferior esquerdo para o superior direito, seu efeito é de uma "subida" (19). O contrário, do lado superior esquerdo para o inferior direito, é de uma "descida" (20).

e A curva

A abóbada celeste e o globo terrestre são a origem do conceito de círculo que se introduziu na vida do ser humano. O homem sente a abóbada e sua vida passa-se no círculo (21).

Essa percepção do círculo conduz a um conceito da eternidade: o Sol e as estrelas "giram" sobre a humanidade, que os observa há milênios. Ao contemplar o céu, não importa de qual ponto, ela sempre se coloca no centro de um círculo, que é seu verdadeiro lugar. Sendo assim, a constelação humana é inevitavelmente egocêntrica. Aonde quer que vá, o homem leva consigo o seu centro. Por isso, para o observador, uma curva circular evoca uma "sensação" totalmente diferente da provocada por uma reta perfeita.

No desenho, existem dois tipos básicos de linhas curvas: o primeiro deriva da geometria precisa (22); o segundo resulta de um movimento natural da mão do desenhista (23).

Este estudo, que pretende "organizar graficamente" a definição dessas linhas, não pode dedicar-se à expressão pura e espontânea do movimento, embora tenhamos consciência de que por trás de todo conceito gráfico baseado na geometria existe um impulso natural, escondido na intuição do desenhista. Ou, para expressar esse pensamento de outra forma, pode-se dizer também que o projetista concretiza suas idéias empregando mentalmente a geometria.

Não há dúvida de que a linha circular ideal é traçada com o auxílio do compasso. O círculo completo bem como os segmentos da sua circunferência dependem de um raio virtual, cuja presença sugere, a partir dessa linha circular, uma sensação oculta da exatidão e da existência de um centro invisível (24). Na curvatura oval, o raio transforma-se em vetor variável e a percepção de uma regularidade virtual também se faz presente (25). As curvas com raio constante, isto é, circunferências totais ou parciais, produzem apenas uma expressão primária, enquanto as curvas com raio variável geram possibilidades ilimitadas de expressão (curvas logarítmicas).

Todas as formas, não importa sua natureza – do arabesco aos traços espontâneos à mão livre –, poderiam teoricamente ser divididas e reduzidas a elementos geométricos, mesmo que mínimos (26).

3. Relação entre as linhas

a   As linhas e os movimentos das mãos

As apresentações seguintes não podem ter início sem algumas observações a respeito da anatomia da mão. É significativo dizer "traçar uma linha", pois a musculatura da mão dispõe-se de tal forma que é muito mais fácil executar esse movimento do que um impulso.

Se examinarmos essa observação quanto ao desenho de uma simples cruz, desenhada rapidamente sobre o papel, certamente constataremos que a vertical foi traçada de cima para baixo e a horizontal, da esquerda para a direita (a menos que se trate de um canhoto). Não há necessidade de um esforço especial para fazer com que a horizontal e a vertical se "encontrem", pois o cruzamento ocorre automaticamente em algum ponto (28) (exceto, naturalmente, se o ponto de intersecção indicar alguma região matemática). A facilidade com que se desenha uma cruz fez com que esta se tornasse o sinal mais empregado universalmente. É usada para marcar, contar, assinar e até jurar.

Vejamos agora um segundo tipo de relação: uma linha vertical unida à horizontal pela extremidade (29). Notam-se dois fenômenos: por um lado, o desenhista, a princípio, não afasta seu lápis do papel para fazer os dois traços, o que motiva uma pausa abrupta e uma mudança de direção em prejuízo da qualidade da aresta que, conforme o caso, fica pontiaguda ou redonda.

Por outro, pelo esboço ao lado (30), conclui-se que é mais fácil desenhar os dois primeiros ângulos do que os dois últimos, uma vez que os primeiros são feitos de movimentos consecutivos, enquanto os últimos exigem um traço e um impulso.

A terceira relação entre duas linhas consiste num contato que cha-

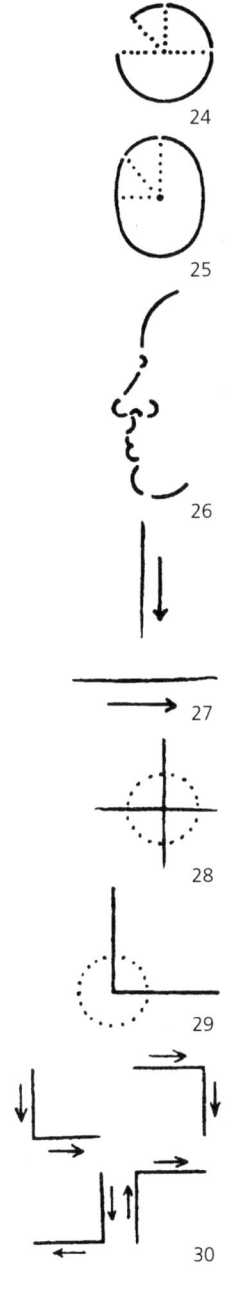

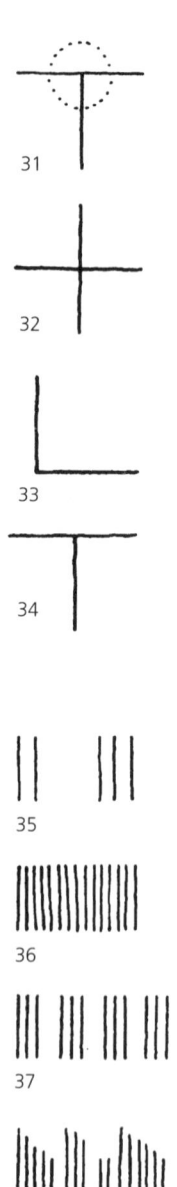

maremos de "solda" (junção, colisão). Com uma de suas extremidades, um traço toca a outra linha num ponto qualquer (31). A análise do movimento necessário para essa intersecção mostra um aspecto totalmente diferente: o ponto de conexão em que se forma o "T" exige uma "concentração motora" e um "levantamento" da mão para reposicionar-se em determinado ponto.

Com essas considerações, baseadas em circunstâncias anatômicas e fisiológicas, chegamos à objetividade necessária para observar esses três sinais no que diz respeito à sua morfologia. Todos eles se constituem dos mesmos elementos fundamentais, a linha vertical e a horizontal, porém, mesmo assim, cada um mantém seu próprio poder expressivo.

Mais tarde faremos uma análise da *cruz* como protótipo de um sinal. Por hora gostaríamos apenas de destacar que a imagem de uma intersecção não evoca nenhum "objeto" em nossa memória (32).

No *sinal do ângulo*, os dois elementos básicos tendem a se unir num único movimento, no qual se percebe o início da definição de uma área. Por isso, esse sinal tem um caráter menos absoluto que a cruz. Parece, antes, o começo de um desenho incompleto (33).

O *sinal em forma de T* faz pensar em "construção" e "equilíbrio", devido ao contato de uma de suas extremidades com a horizontal (34).

Essas observações levam à conclusão de que os três conceitos de relação (intersecção, ângulo e junção) são totalmente diferentes entre si e não podem ser reunidos numa única categoria.

b Seqüência e ritmo

Duas linhas paralelas não formam um sinal, mas representam a contagem segundo um ordenamento. Essa impressão é reforçada com o acréscimo de uma terceira linha (35). Três ou mais linhas paralelas próximas umas das outras produzem o efeito gráfico da materialização de uma superfície (36), também chamado de "tracejado".

Esse tipo de seqüência linear, repetida a intervalos regulares, permite a "visualização" de um conceito rítmico (37). O traço elementar desaparece para ser visto como "sinal" de uma medida, cujos espaços intermediários não são necessariamente iguais. Variando o comprimento dos traços dessa seqüência, pode-se obter uma imagem musical (compasso) (38).

Logicamente, todas essas considerações nos afastam do sinal em si e nos conduzem ao domínio da arte aplicada, em que repetições de linhas são utilizadas para a fabricação de molduras, frisos, tecidos etc.

c *A proximidade*

A imagem de sinais ou de seus elementos agrupados depende do espaço que os une ou separa. Elementos vizinhos e agrupados são compreendidos como um todo, em oposição àqueles dispostos em intervalos maiores, que são interpretados como uma separação. Um exemplo claro para o caso em questão é a diferença do espaço entre as *letras* e entre as *palavras*. O último deve ser notavelmente maior para que o grupo de letras possa sobressair como palavra (39).

39

Intervalos iguais numa seqüência de linhas fazem com que o espaço entre as "barras" seja visto como um fundo contínuo. Porém, tão logo os pares de linhas se aproximam, a uniformidade do fundo desaparece, os espaços menores se destacam e são "materializados" pela proximidade. Em outras palavras, quem observa vê no primeiro exemplo uma grade de seis barras e, no segundo, uma cerca de três estacas (40).

40

Outro exemplo mostra claramente que a distância é reconhecida como um espaço vazio, e a proximidade como a delimitação de algo concreto. No primeiro exemplo, quatro retas cruzam-se em seu centro. Os intervalos entre elas são idênticos e produzem a imagem de uma roda. No segundo, as linhas estão afastadas umas das outras. Os espaços entre elas variam e a proximidade entre os pares faz transparecer uma matéria, enquanto as distâncias são mais nitidamente percebidas como intervalos. O segundo sinal parece mais uma cruz do que uma roda (41).

41

4. A morfologia dos sinais

a *A "geografia" da percepção*

Partimos do princípio de que o observador de um sinal não apenas assume um ponto de vista determinado, como também ocupa certa posição "geográfica" em relação a ele. No caso de um quadrado, ele pode se encontrar tanto dentro (42) quanto fora (43). Se estiver dentro do quadrado, logo perceberá a existência de um pavimento, de paredes e cantos. Do lado de fora, o objeto pode ser visto como um cubo, uma janela etc.

42

b *Simetria e assimetria*

Quando um indivíduo vê um objeto (no nosso caso, um sinal), tenta, primeiramente, ocupar uma posição precisa em relação ao seu próprio ponto de referência. Na maioria dos casos, essa posição será simétrica: horizontal (a superfície plana) *e* vertical (a força da gravidade).

Esse comportamento está relacionado ao fato de a estrutura externa do corpo humano ser simétrica. (Na verdade, a evolução temporal em

43

14 SINAIS E SÍMBOLOS

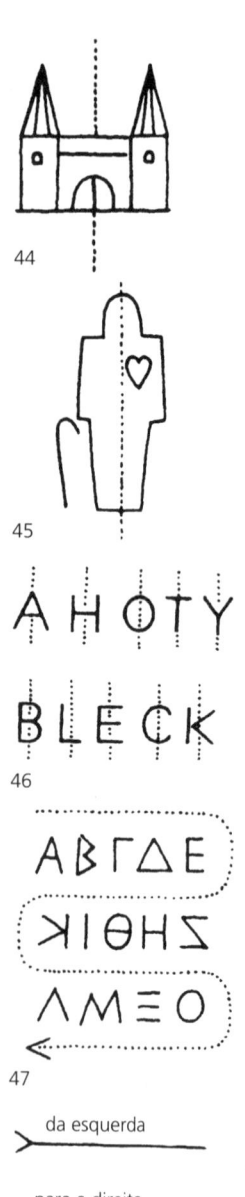

44

45

46

47

da esquerda

para a direita

48

que o ser humano se encontra num determinado momento também é sentida como simétrica: para trás fica o passado, para a frente, o futuro; o presente, o agora, localiza-se no centro.)

De fato nos sentimos bastante tranqüilos ou seguros quando vemos uma figura ou construção simétrica, embora saibamos que seu interior é organizado assimetricamente por razões funcionais. Por exemplo, é muito provável que um castelo construído simetricamente (44) mostre uma estrutura interior assimétrica. As únicas exceções seriam talvez as igrejas, os teatros e os cinemas, que possuem uma função central.

Gostaríamos de ressaltar que os seres humanos estão sempre em confronto com uma simetria externa e um funcionamento assimétrico interno do seu próprio corpo (45). O coração não bate no meio do corpo; a mão direita é mais usada que a esquerda; na vida moderna, é preciso aprender a dirigir com a mão esquerda, porém, sem sair do lado direito da rua. Por fim, uma dúvida pode surgir: será que o ser humano perdeu seu *centro*?

A evolução da escrita ocidental é assimétrica. Lemos da esquerda para a direita num certo período de tempo, do início ao fim. Algumas das 26 letras do nosso alfabeto são simétricas, outras não (46). Quando lemos ou escrevemos letras maiúsculas, não nos damos conta de que o A ou o O são formas simétricas, enquanto o B, o C ou o D são assimétricas. (Curiosamente, todas as vogais, com exceção do E, são simétricas: A I O U Y.)

Sabemos que os fenícios, e até mesmo os primeiros gregos que fizeram uso do alfabeto, escreveram de modo simétrico, alternando linhas da esquerda para a direita e da direita para a esquerda (47). (Esse movimento é semelhante ao do camponês quando ara a terra.) Conseqüentemente, as letras precisavam ser "viradas" a cada linha, o que fazia com que as assimétricas fossem escritas ora voltadas para a direita, ora para a esquerda. Com o passar do tempo, esse procedimento, que ficou marcado na mente humana como arquétipo, deixou de ser compatível com o formato da letra, visto que, para tanto, era necessário "programar" sempre duas formas originais diversas. Essa situação fez com que a leitura e a escrita se tornassem assimétricas. A partir de então, as linhas e a direção da leitura começam sempre da esquerda para a direita (48). (Essa mudança não habitual do sentido da escrita, alternado entre esquerda e direita, para o sentido único da direita ocorreu no período greco-etrusco, por volta de 650 a.C.)

Por isso, ao observarmos um sinal, somos fortemente influenciados por esse sentido de leitura "da esquerda para a direita" que herdamos de nossos antepassados. (Para os hebreus, que lêem da direita para a esquerda, e para os chineses, que lêem de cima para baixo, as convenções são diferentes.)

Em oposição a esse registro assimétrico de escrita, pode-se afirmar que sinais isolados, emblemas, brasões (49), e sobretudo os sinais de trânsito (50) são reconhecidos e entendidos simetricamente, num primeiro impulso, como objetos. Isso não significa que um sinal de trânsito precise ser simétrico para ser claro e inequívoco, porém deve estar disposto numa estrutura simétrica (placa), pois é visto centralmente. A sinalização escrita, em contrapartida, segue uma lei totalmente assimétrica.

49

50

· O sentido da simetria dos símbolos será estudado mais profundamente na terceira parte deste livro.

c *Tabela morfológica 1*

O comportamento do observador em relação a uma figura é muito complexo. Para entender o processo de assimilação é necessário limitar-se desde o início a um esquema com divisões simples, que permite analisar a origem. Sendo assim, elaborou-se a primeira tabela morfológica, que consiste apenas num quadrado com uma cruz em seu centro, a fim de evitar todas as influências "parasitárias" ou "anedóticas".

O esquema é composto de três verticais e três horizontais que, sobrepostas, se tocam alternadamente, se cruzam e se completam (51). Pela matemática, é possível produzir 49 variáveis (7 × 7) com esses seis traços. Chamamos esse procedimento, que busca todas as possibilidades contidas numa estrutura, de aproveitamento total de um programa.

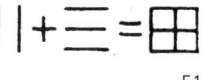

51

Ao observar essa tabela, o leitor percebe imediatamente que os sinais mais fáceis começam no canto superior esquerdo, em A1, e se condensam à medida que se aproximam do canto inferior direito da página, para finalmente formarem um sinal completo em G7.

No meio da página encontra-se a cruz D4, evidente encontro da vertical com a horizontal. Esse núcleo fornece o ponto de intersecção ou de separação a partir do qual se formam os quatro pontos cardeais. A cruz é o sinal mais abstrato que existe; praticamente não delimita área, uma vez que não indica um espaço interno. Seus ângulos não são percebidos como sendo internos a uma área, visto que a intersecção não produz a imagem de um "canto". Traçar uma cruz tem mais o significado de "cancelar" do que de "desenhar".

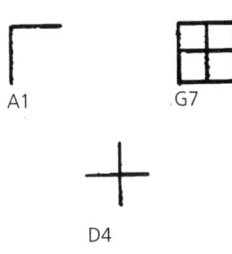

A1   G7

D4

Exatamente em oposição à cruz aparece o quadrado C3. Quando olhamos a página inteira, esse sinal tem um destaque especial. Sua área interna parece mais branca; o espaço cercado é ativo, isolado na página. A maioria das pessoas que observa um quadrado identifica-se com ele. Esse símbolo é a expressão primitiva do objeto, da propriedade, da habitação.

C3

16 SINAIS E SÍMBOLOS

Tabela morfológica 1

A partir dessas duas observações, concluímos que os sinais sem área delimitada tendem a evocar conceitos abstratos, enquanto superfícies fechadas lembram objetos.

Um exemplo típico para esse caso seria o desenho C5, que a princípio podemos associar espontaneamente a um móvel. Em C7 vemos um símbolo para alguma construção; em G3 e em G7, cortina e janela, respectivamente. Na figura C6 pode-se reconhecer um recipiente com líquido. Na maioria dos casos, um traço livre só pode ser visto como figura quando estiver associado a um objeto delimitado e depois puder ser reconhecido como o desenho de um objeto de traços finos. É o que ocorre na figura C5, que mostra os pés de uma mesa, ou na C6, que pode representar uma parede de vidro. Com um pouco de imaginação, a figura E6 também poderia ser vista como um peixe mergulhando, cujo corpo é representado pelo quadrado, e as nadadeiras delgadas, pelas linhas que partem dele.

Voltando aos sinais mais abstratos, sem área delimitada, observamos que, com esse experimento simples, é possível dividir as zonas de percepção humana em dois conceitos: acima-abaixo e esquerda-direita.

O desenho C1 desperta a sensação de proteção, enquanto C2 faz pensar numa armadilha. A proteção vinda de cima é de importância vital para quem vive no hemisfério norte, pois protege da chuva e do frio. Para um indivíduo do hemisfério sul, talvez a figura D5 sugira sombra e vento e, portanto, frescor. No mesmo contexto de "acima e abaixo" pode-se verificar que o sinal D1 exprime a idéia de "pendurar", enquanto D2 refere-se à imagem de "crescer", "estar em pé". D3 é sentido como uma coluna, um suporte, uma balança e até mesmo como símbolo da lei.

A sensação de esquerda-direita é própria sobretudo do mundo ocidental, em que o hábito do movimento da direita para a esquerda, cultivado pelo aprendizado da escrita, consolidou-se em nós e influenciou fortemente nosso modo de observar o mundo. Um exemplo bastante explícito é a figura A4, que não deixa dúvidas quanto ao seu significado de "ponto de partida", "início". Em oposição, B4 representa o "objetivo", o "ponto de chegada". Num sentido mais apurado da percepção, A1 poderia ser considerada como um comando ("dar") e B2, ao contrário, como uma ordem a ser cumprida ("esperar").

Com a figura B6 podemos muito bem imaginar o leme de um navio. A5 pode ser reconhecida como uma bandeira que o vento movimenta da esquerda para a direita, enquanto em B5 é a haste da bandeira que parece estar se movendo na mesma direção.

A observação mais importante da tabela 1 é que toda vez que um sinal assemelha-se a uma letra torna-se difícil imaginar uma figura di-

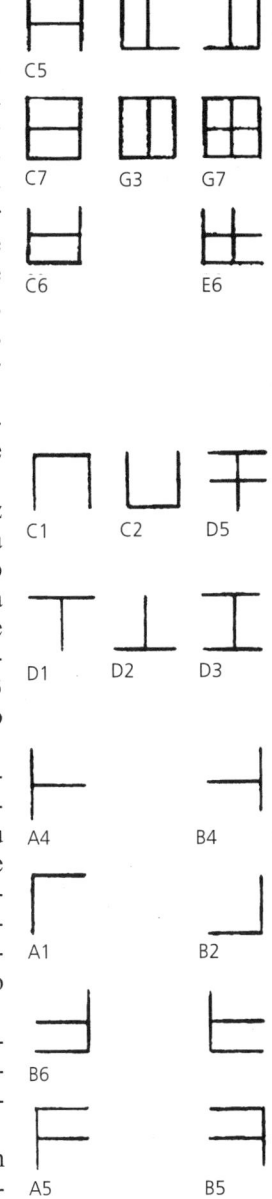

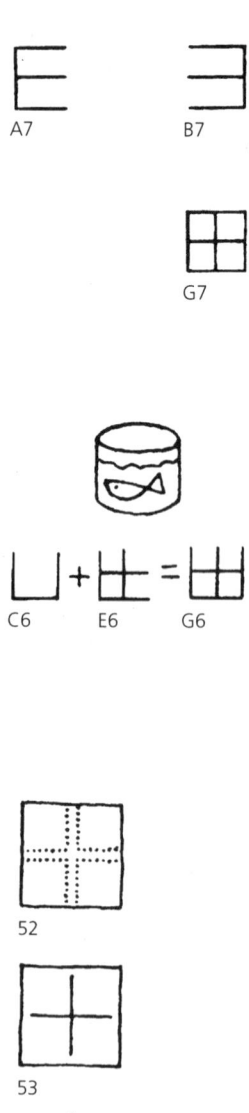

ferente. O exemplo mais claro disso é a figura A7, que sem dúvida só poderia representar a letra E. A figura B7, ao contrário, talvez pudesse ser vista como uma andorinha voando. Disso resulta que todos os sinais, cujas formas aproximam-se de letras, são mais difíceis de ser percebidos como imagens, visto que já existem no subconsciente do observador como letras, excluindo praticamente qualquer outro tipo de interpretação.

Em nível intelectual, o último desenho da tabela (G7) pode ser aceito como perfeito e completo, menos no que se refere à sua expressão gráfica. Mesmo sabendo que essa figura contém uma variedade de objetos, animais, sinais e letras, o observador só consegue torná-los evidentes com muita dificuldade. O total fechamento do quadrado e a absoluta simetria da cruz encobrem as imagens novamente.

O sinal condensado da figura G6 poderia ser visto como um exemplo cômico de "codificação", representando, entre outros, o peixe E6 "escondido" num aquário (C6). Os sinais cabalísticos, de alquimia e muitos outros carregados de significados simbólicos consistiam nesses tipos de representação enigmática, facilmente memorizada por ser semelhante a outra imagem mais comum, e cuja solução era conhecida apenas pelos iniciados.

Na terceira parte dessas considerações voltaremos ao tema dos símbolos codificados.

Quanto ao caráter teórico desse sinal, interessa-nos um outro aspecto ainda não analisado: a divisão ou repartição de uma área. Linhas tracejadas, "soldadas" nas margens, dividem uma superfície totalmente circunscrita em novas áreas internas, produzindo um efeito novo. A cor branca do quadrado, que anteriormente sobressaía, é perturbada. O significado das linhas internas não pode ser definido de modo figurativo. Elas assumiram um papel de "divisão", visto que a cruz delimita, ao mesmo tempo, os quadrados à esquerda, à direita, superiores e inferiores (52). Do ponto de vista gráfico, é muito importante saber se à linha é dada a função de *desenhar* ou *separar*.

Nesta análise, a noção de "solda" é bastante significativa. A cruz "não-soldada" (53), em contrapartida, perde automaticamente o significado de subdivisão. Mesmo ultrapassando as margens (54), a cruz divide o quadrado e, ao mesmo tempo, mantém seu caráter autônomo, pois a extremidade visível de suas linhas permite a visualização completa das duas figuras.

d   *Tabela morfológica 2*

Para simplificar a exposição das regras, mantivemos os sinais principais. A única novidade é que os traços entre os "pontos de solda" poderão ser retirados. Com isso, o número de figuras novas será muito maior. No entanto, para a representação na tabela 2, foram escolhidas apenas algumas dos grupos típicos.

A fileira A é composta de sinais com superfícies totalmente circunscritas e que lembram figuras características de arquitetura, planejamento, divisão e organização. Porém, a última figura dessa linha, A7, constitui uma exceção, pois os dois elementos entram em contato num ponto de intersecção. O mesmo procedimento ocorre com o número 8 no símbolo de infinito (55) ou na ampulheta (56).

55

56

As fileiras B, C e D contêm apenas sinais abertos; o início e a extremidade das linhas são visíveis. Na B, as linhas sinuosas formam figuras a partir de *um único traço*. Na C, cada desenho é composto de duas linhas que se cruzam e exprimem uma imagem aberta e irradiante com sua extremidade visível. Na fileira D encontram-se apenas os sinais formados por elementos "soldados". Na E estão presentes elementos abertos e fechados; as superfícies não possuem linhas divisórias; somente o último desenho, E7, indica uma cruz. A presença de superfícies circunscritas põe outros objetos em evidência: suporte para partitura, leme, remo, cachimbo, sapo etc.

Na fileira F faltam traços de ligação. Por isso, as figuras não são propriamente sinais, mas transformam-se em divisões e expressões rítmicas por meio do alinhamento compassado dos traços (sobretudo os quatro primeiros sinais). Os últimos três referem-se antes a indicações de movimentos, no sentido da função e da técnica.

Na fileira G, a semelhança com letras é tão grande que se tende involuntariamente a *ler* essa linha, sobretudo porque os sete sinais formam a palavra GESUCHT (procurado), cuja silhueta já é conhecida do observador. O fato de as letras G, S, U e C não terem formas arredondadas não faz diferença e passa até despercebido.

5. Topologia dos sinais

Os matemáticos estabeleceram uma teoria para o cálculo geométrico de superfícies e volumes, que classifica em grupos corpos de todos os tipos e de todas as formas.

Um corpo, cuja superfície estendida forma uma única área, é um objeto do grupo zero. Por esse ponto de vista, todos os cubos, esferas,

Tabela morfológica 2

inclusive as bolas e as maçãs, pertencem ao grupo zero. Até mesmo um cálice com superfície contínua, seja ela côncava ou convexa, deve ser incluído nesse grupo (57 a, b).

Em contrapartida, uma rosca ou uma xícara com asa não pertencem ao grupo dos corpos com superfície contínua, pois são "furadas", o que faz com que o cálculo matemático fique muito mais complicado. Corpos que apresentam uma perfuração na superfície são atribuídos ao grupo topológico número um (57 c, d). Corpos com duas ou mais perfurações são classificados nos grupos dois, três ou n (57 e, f).

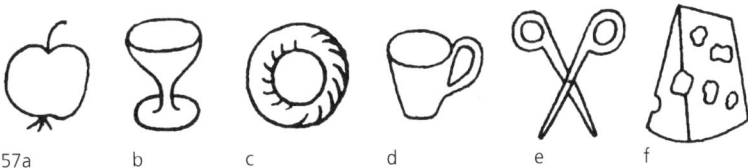

57a   b   c   d   e   f

Nossa tentativa de estabelecer uma teoria análoga para os sinais gráficos, embora apenas bidimensionais, fez com que os sinais sem forma interna circunscrita, pertencentes ao grupo zero, fossem considerados como abertos. O protótipo desse sinal seria a cruz, que inclui todos os desenhos das fileiras B, C, D, F e G da nossa tabela morfológica. Ao grupo um pertencem todos os sinais com *uma única* superfície circunscrita, como na fileira E. Os outros sinais mais complexos, como os da fileira A, devem ser classificados no grupo dois, três e n.

Nesse contexto, é interessante examinar as letras do alfabeto conforme esses critérios. Com eles constatamos que a maior parte dos caracteres maiúsculos e minúsculos pertencem ao grupo zero, pois não possuem formas circunscritas. Apenas cinco letras do alfabeto, tanto maiúsculas quanto minúsculas, devem ser atribuídas ao grupo um, e apenas o "B" maiúsculo e o "g" minúsculo em sua forma tradicional fazem parte do grupo dois.

A partir dessas observações, é possível concluir que os símbolos fonéticos relativos aos antigos sinais figurativos (entre outros, os hieróglifos) abstraíram-se, ou seja, abriram-se progressivamente, a fim de estabelecer uma ligação mais próxima com o material de suporte da escrita (pergaminho, papel etc.). Com esse procedimento, poucos espaços em branco são isolados. Em vez disso, palavras (unidades), linhas e páginas são "inscritas" (preenchidas) com sinais individuais que devem permanecer ocultos para não interromper o fluxo do pensamento literário.

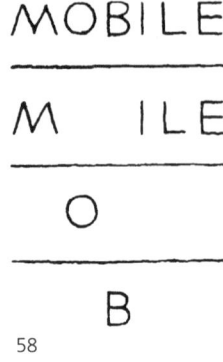

58

59

A palavra MOBILE (58) ilustra esse aspecto, pois contém exemplos de cada um dos grupos. As letras M I L E pertencem ao grupo zero, o O ao grupo um e o B ao dois. O e B formam "ilhas", enquanto as letras restantes ligam-se à superfície externa. Contudo, seria errado utilizar essa teoria para tentar abrir arbitrariamente os caracteres com formas fechadas, pois é na diferença de sua imagem que se apóia a legibilidade. Muitas vezes, porém, o desenhista de caracteres encontra possibilidades interessantes de abrir formas fechadas em determinadas inscrições (59).

No alfabeto grego, que aliás apresenta bem menos formas internas fechadas, encontramos a belíssima letra Ω.

Na técnica moderna de composição tipográfica, os contornos das letras originais são codificados, ou seja, as formas são divididas em pontos de coordenadas. Na composição, esses *quanta* são relembrados para que o sinal seja restituído. Por isso, quando a letra pertence ao grupo 1 ou n, é absolutamente necessário que no computador esteja registrado se o contorno é externo ou interno (60).

Voltando ao grupo genérico de sinais, gostaríamos de observar que a simplicidade ou a complexidade de uma figura não depende necessariamente da classificação topológica descrita anteriormente. Sendo assim, um labirinto muito complicado pode, por exemplo, ser inserido no modelo de um sinal topológico do grupo zero. A principal condição para que isso aconteça é evitar cruzamentos e manter as linhas visíveis do início ao fim (61).

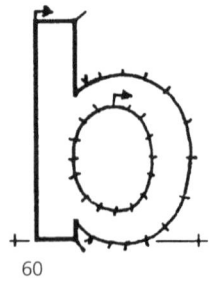

60

61

II. OS SINAIS BÁSICOS

Amparados pela arqueologia, partimos do princípio de que o homem já nasce com certo senso geométrico. Em várias regiões da Terra, encontramos vestígios de sinais primários com formas idênticas, que remontam aos tempos mais remotos, e não se pode descartar a hipótese de que tenham tido significados semelhantes para as diversas populações de épocas diferentes.

Essa observação limita-se intencionalmente a um número pequeno de figuras características: quadrado, triângulo e círculo para as figuras fechadas, cruz e flecha para as abertas.

1. O quadrado

Ao trabalharmos com a tabela morfológica 1, reconhecemos nesse sinal as primeiras características: trata-se de um objeto simbólico, uma área fechada, como uma sala com pavimento, teto, paredes, proteção etc. (1).

Na época pré-histórica, representava a superfície da Terra, bem como os quatro pontos cardeais. No mundo simbólico chinês, as quatro arestas eram vistas como os pontos mais remotos da Terra.

Tão logo o quadrado transformou-se em retângulo, perdeu seu caráter neutro e simbólico. Quem observa procura imediatamente a diferença entre altura e largura. Um retângulo é reconhecido como tal enquanto uma dimensão não for menor que a metade da outra (2) (quando uma linha divisória central fizer transparecer dois quadrados). Retângulos com diferenças laterais ainda maiores assemelham-se a vigas ou pilastras (3).

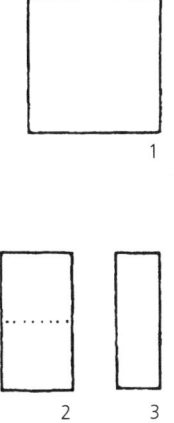

24 SINAIS E SÍMBOLOS

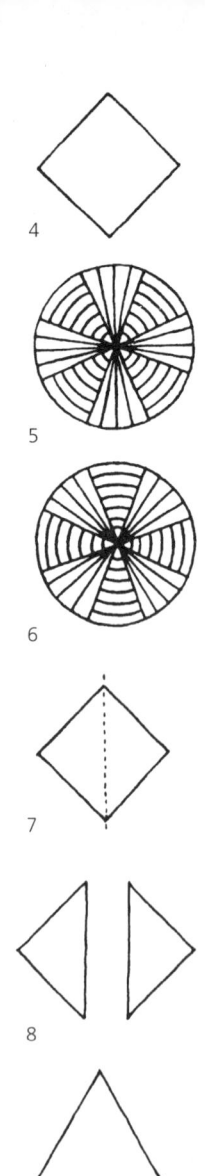

Com o quadrado apoiado sobre uma ponta (4), entramos no domínio das linhas diagonais. A imagem desse sinal é perturbadora; sua posição sobre uma ponta indica uma intenção. Por isso, essa forma é usada como base ideal para a sinalização, especialmente nos Estados Unidos.

2. O triângulo

Antes de nos ocuparmos detalhadamente com o triângulo, gostaríamos de nos adentrar no campo da teoria da forma (*Gestalttheorie*) para fazer um breve comentário sobre o experimento de Rubin. Segundo ele, a atenção da sensibilidade humana é inicialmente despertada pelos movimentos verticais e horizontais. A primeira ilustração (5) mostra que as áreas traçadas com raios são vistas, a princípio, como uma cruz colocada sobre o disco provido de círculos. Por outro lado, na segunda ilustração (6) surge uma dúvida entre a cruz disposta de forma oblíqua e o fundo traçado por círculos. Pode-se, portanto, afirmar que o olho humano procura, antes de tudo, a vertical e a horizontal. Se nenhuma dessas dimensões estiver presente, o observador tentará imaginá-las a fim de posicionar o sinal, que será interpretado com base na posição fisiológica do indivíduo: vertical (força de gravidade) e horizontal (plano de apoio).

Não é surpreendente que a imagem de um triângulo seja sempre analisada a partir de uma vertical ou uma horizontal. Num quadrado apoiado em uma de suas arestas, a forma triangular torna-se presente, uma vez que o sinal é recortado vertical ou horizontalmente no subconsciente do observador (7). Se colocarmos o triângulo verticalmente sobre um de seus vértices, ele passa a indicar uma direção, transferindo o movimento da vertical para a horizontal (8). Por isso o triângulo simples é muito usado para indicar direção, principalmente quando se trata de movimentos horizontais, para a esquerda ou para a direita. Mas se for necessário indicar as direções para cima, para baixo e até no sentido diagonal, essa forma pode gerar confusão (vide descrição da seta na seção 4). Triângulos com um lado horizontal constituem a forma ideal de sinalização devido à sua disposição simétrica (9, 10). O triângulo com base horizontal (9) nos transmite a idéia de estabilidade e firmeza (pirâmide). É também o símbolo para a expressão "esperar", como uma montanha, cuja única função ativa é a de conter a erosão.

Em contrapartida, seu reflexo apoiado sobre uma das pontas (10) tem um caráter muito mais ativo. É o símbolo de um instrumento, de uma ação e de uma balança. A longo prazo, essa posição é sentida como um limite (não se pode ficar muito tempo sobre uma perna só).

O primeiro sinal é um símbolo agradável; o segundo tende a produzir um reflexo alarmante. O triângulo com o vértice para cima nos lembra a forma de um telhado. Seria interessante para um arquiteto refletir por que os sótãos com teto inclinado (11) têm um efeito tão íntimo. O *alinhamento superior* retangular de um espaço cúbico é um pouco inquietante, enquanto o ângulo superior escantilhado passa uma sensação segura de proteção.

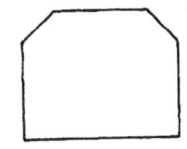

11

3. O círculo

O homem moderno tem uma relação mais espontânea com a linha reta do que com a curva. O encontro diário com o terreno plano e com os diversos tipos de construções baseia-se, em primeiro lugar, em dois princípios fundamentais (horizontal-vertical). As formas arredondadas são apreciadas mais com os sentidos do que com a mente. No entanto, deve-se notar que existe uma tendência a tornar mais suaves e mais humanas as formas dos móveis, das construções e inclusive as formas aerodinâmicas dos veículos (automóveis, trens, aviões, navios). Há um esforço para habituar as pessoas a uma nova imagem do seu ambiente. Se isso fará com que se sintam mais seguras, mais livres ou, ao contrário, mais inibidas, só o futuro poderá dizer. Tomando o círculo como ponto de partida, o observador encontra a linha com retorno eterno: ela não tem nem começo nem fim e circunda um centro invisível, porém muito preciso. É a idéia do curso do tempo, que não vem de nenhum lugar e não tem fim. Para os primitivos, o círculo certamente tinha uma grande importância simbólica, devido à associação com o Sol, a Lua e as estrelas. Hoje ele está associado à idéia de rodas e engrenagens de todo tipo. Se não fosse pela possibilidade que o homem moderno tem de dirigir um veículo, a vida em seu espaço cada vez mais planificado dificilmente poderia ser imaginada. Por essa razão, gostaríamos de utilizar a forma circular para diferenciar de algum modo o efeito psicológico do observador.

Quando examinamos um círculo, lembramos imediatamente de um objeto conhecido. A ordem em que os objetos "aparecem" varia de pessoa para pessoa. Um teste interessante poderia ser feito a partir da seqüência dos objetos que uma pessoa nomeia ao observar um círculo. Apresentaremos a seguir as imagens associadas aos objetos vistos. Em primeiro lugar, os conceitos em que o volume não é necessariamente reconhecido ou procurado: sol, lua, disco usado em atletismo (12 a). Com um pouco mais de esforço para perceber o volume esférico, é possível lembrar-se da esfera, da bola e do balão (12 b). Somente

26 SINAIS E SÍMBOLOS

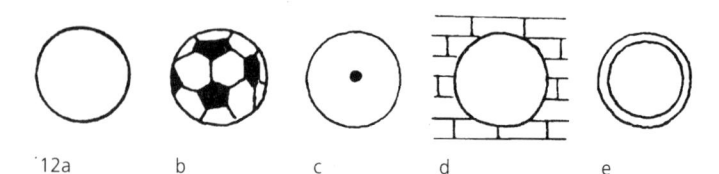

12a b c d e

depois surge a idéia do centro invisível, que se assemelha à roda, ao pião e ao disco de vinil (12 c). Gostaríamos de ressaltar que a invenção da roda foi muito importante para a humanidade. Por isso sua imagem consolidou-se fortemente em nós.

É compreensível que um sinal represente algo material. Por outro lado, nada impede que o observador de uma forma circular tenha uma reação oposta e veja a matéria não dentro do círculo, mas fora dele, o que possivelmente faz surgir a imagem de um furo redondo (12 d).

Também pode acontecer de a própria linha ser reconhecida como matéria, produzindo o desenho de um bambolê (12 e), com o qual brincávamos quando crianças. Mais do que qualquer outro sinal, o círculo corresponde amplamente às expectativas das sensações. Conforme o seu caráter, o indivíduo posiciona-se *dentro* ou *fora* do círculo.

A sensação de estar dentro dele talvez possa ser interpretada como um impulso em direção ao centro (13 a) ou como a busca por uma misteriosa unidade da vida. Em contrapartida, uma vida ativa irradia-se do centro invisível em direção ao exterior, à periferia (13 b). Encontramos o mesmo processo em determinada fase do crescimento, quando uma nova vida se desenvolve dentro do ovo, buscando o espaço externo. O fechamento inquietante é sentido como claustrofobia.

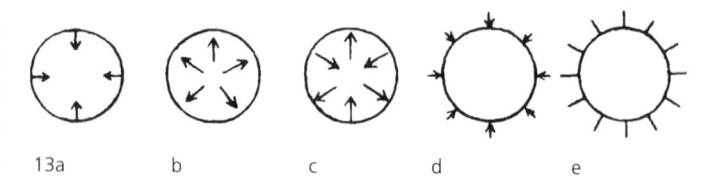

13a b c d e

Essas duas sensações também podem ser experimentadas simultaneamente (13 c). Nesse caso, fala-se de como a pulsação da vida é sentida dentro de um espaço estabelecido, e os impulsos podem ser interpretados como contrações e dilatações do coração.

O círculo também pode ser uma proteção contra as influências externas (13 d). Esse caso também nos lembra a idéia da casca do ovo que preserva a vida. Na psicologia, os conceitos de cobrir e envolver são muito importantes. A criança que deixa o corpo materno traz dentro de si, ao mesmo tempo, a sensação de proteção e de impulso vital para a independência. Nossas sensações "ambivalentes" perante uma abertura são conhecidas: angústia e medo misturados a segurança e proteção. O círculo natural da vida fecha-se na misteriosa necessidade de abandonar o ambiente seguro ao nascer e no não menos misterioso impulso sexual, que leva o homem a depositar a semente de uma nova vida no mesmo local.

Num espaço externo, o círculo nos faz lembrar do Sol (13 e) que, com seus raios partindo da forma circular, é um doador de vida indispensável. O mesmo ocorre com a Lua, que ilumina a noite refletindo o Sol.

Desde a importante invenção da roda, o círculo transformou-se no símbolo do movimento na história da humanidade. Não no mesmo sentido do movimento da flecha, que atravessa o ambiente, porém mais indiretamente no sentido da roda, que possibilita o seu próprio movimento e o do veículo construído sobre ela.

O olho que acompanha o movimento circular da roda (14) possui uma rotação muscular. A sensação de "mudar de lugar, rodar" que se tem ao observar um círculo é provocada pelos músculos do olho. O fato de o círculo não indicar nem começo nem fim confere a esse movimento certa insegurança (uma sombra de pânico), já que é preciso lidar com a realidade do eterno retorno. A direção rotativa é influenciada pelo movimento dos ponteiros do relógio (15). Por que eles se movem nesse sentido? No relógio de sol, o sinal para o meio-dia encontra-se na parte inferior, porque o indicador projeta sua sombra para baixo. As horas da manhã são lidas do lado esquerdo, e as da noite, do lado direito. A disposição dos números nos mostradores dos relógios atuais sofreu, provavelmente, a influência da nossa direção de leitura da esquerda para a direita. Essa suposição pode se confirmar pelo fato de os hebreus, que lêem da direita para a esquerda, possuírem relógios cujos ponteiros giram no sentido inverso ao do nosso (16).

4. A seta

Quando duas linhas oblíquas se unem formando um ângulo, produzem de algum modo a imagem de um movimento ou da indicação de uma direção. Os ângulos voltados para a esquerda ou para a direita (17) movimentam-se com mais força do que os que apontam para cima e para baixo. Como já explicitado, isso ocorre porque a noção normal

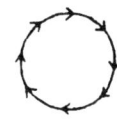

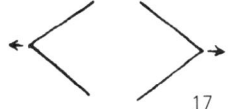

28 SINAIS E SÍMBOLOS

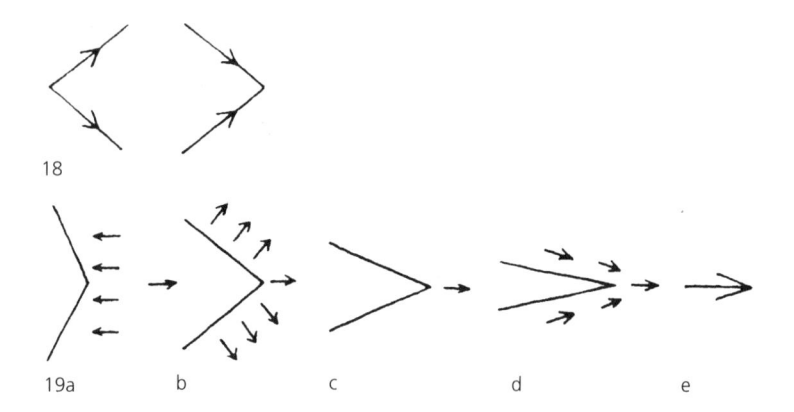

que temos do movimento orienta-se principalmente sobre um plano. (Apenas nos elevadores os ângulos dispostos na vertical recebem uma imagem nítida da direção do movimento: para cima e para baixo.)

Os matemáticos utilizam o sinal do ângulo também para expressar "maior que" e "menor que" (18). Esse conceito é mais difícil de ser captado visualmente, mas é uma prova de que o *espaço interno* circunscrito é compreendido pelo subconsciente, enquanto apenas num segundo momento a imagem de um traço em si é "vista" de forma consciente e deliberada.

Conforme o tamanho do ângulo, a imagem do seu sinal como indicação de direção varia sensivelmente. Um ângulo maior que 45° tende a ser visto como uma resistência contra uma força opositora, por exemplo como um dique (19 a). Já um ângulo de 45° é percebido como um sinal em movimento, porém lento e pesado, que penetra na matéria como um limpa-neve (19 b). Com aproximadamente 30°, o ângulo pode ser comparado a um arado (19 c). Somente inferior a 20° torna-se uma verdadeira seta (19 d). O espaço interno diminui, tornando-se menos visível. Em compensação, a ponta afiada provoca em quem o observa uma reação de perigo, contra o qual ele tem de se proteger. O sinal do ângulo transformou-se numa arma.

No sinal convencional da seta (19 e), isto é, num ângulo com um traço central, geralmente em forma alongada, os espaços internos se ampliam e se duplicam com a divisão.

Esse sinal é com certeza um dos primeiros a ter sido usado pelo homem, pois está estreitamente associado ao problema da "sobrevivência" (a caça) ou do "ferimento" (e a proteção contra ele), ou seja, uma questão de vida ou morte. Essa seta desperta no observador os sentimentos de agressividade e medo. Ambos constituem momentos primários em nossa disposição psicológica, sobretudo em nossa existência.

O sinal da seta é compreendido em duas fases: como arma voadora que fere com o impacto da ponta e como farpa cravada na carne. Com o acréscimo de uma vertical (20), as noções de lançamento e colisão tornam-se ainda mais expressivas.

Quando a linha da haste não forma uma reta, mas assume uma imagem curva (21), a idéia de "arma" transforma-se imediatamente numa sinalização: virar para a esquerda ou para a direita, contornar uma rotatória etc.

Analisaremos mais detalhadamente a verdadeira figura simbólica da seta na terceira parte deste trabalho.

5. A cruz

A cruz poderia ser nomeada o "sinal dos sinais". Como dito anteriormente, o ponto de intersecção entre as duas linhas traz algo de abstrato, na verdade invisível, porém tão preciso, que matemáticos, arquitetos, geógrafos, geólogos, entre outros, utilizam-no freqüentemente para designar a posição exata de um ponto (22).

Curiosamente a matemática escolheu esse sinal para indicar o acréscimo. Pode-se querer saber por que, por exemplo, um traço vertical não recebe o nome de "mais" e um horizontal o de "menos". A razão está provavelmente no fato de que o traço vertical também representa a forma mais primitiva do número 1 (entalhe, fenda etc.), e por isso não se encontra disponível para uma expressão mais complexa como "adicionar".

Quanto a isso, pode-se fazer uma constatação etnológica interessante: os esquimós possuem uma percepção bastante marcada da horizontal. Em compensação, o uso do movimento vertical é quase estranho para eles. Talvez o motivo deva ser buscado na construção de suas casas (iglus) (23), nas quais não se emprega o fio de prumo. Em sua escrita, o traço vertical significa "gelo", talvez em associação ao movimento de romper ou cortar os blocos de gelo.

Diante do sinal de "mais", o observador permanece neutro. Porém, basta alongar ligeiramente um ou outro braço para o sinal perder sua transparência e dar lugar a reações psicológicas. A alteração mais marcante forma-se com o alongamento da vertical para baixo (24). Desse modo, surge no mesmo instante o sinal da fé cristã. Por quase dois mil anos, a presença desse sinal marca profundamente todo o Ocidente.

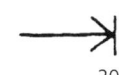

30 SINAIS E SÍMBOLOS

25

Voltaremos às numerosas modificações e alterações da cruz cristã no capítulo sobre os sinais simbólicos. Neste momento, gostaríamos apenas de observar que a proporção das horizontais colocadas em relevo é semelhante à da figura humana (como a imagem inteira de Cristo na cruz), e que justamente por isso possui um profundo significado simbólico.

Para comprovar o quanto esse sinal pode nos causar irritação e estranheza, basta colocar a horizontal abaixo do centro (25) (cruz de São Pedro, que foi crucificado de cabeça para baixo).

Em princípio, a cruz diagonal tem um significado diferente. Os matemáticos utilizam-na como sinal de multiplicação. O X pode valer como assinatura ou ser empregado para cancelar e assinalar. Além disso, poderia igualar-se ao gesto de proteger a cabeça cruzando os braços.

Tão logo o ângulo entre os dois traços se afaste dos 45°, surge uma nova imagem: a da figura humana, com braços e pernas, em pé (26 a) ou deitada (26 b).

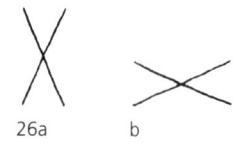

26a   b   c   d   e

27   28

29   30

Esse sinal assume uma expressão gestual particular quando se apresenta sobre uma única perna, mas também pode ser visto como cancelamento, sinalização, barreira etc. (26 c). Deslocando-se o ponto de intersecção, o mesmo sinal perde ainda mais o seu caráter abstrato. As diferentes áreas internas suscitam idéias como "aberto para cima", por exemplo um recipiente, um copo (26 d); "aberto para baixo", como uma tenda ou um abrigo (26 e).

A cruz normal ou o sinal de mais é a personificação absoluta da simetria. Os quatro espaços internos com ângulo reto (27), dispostos em torno de um ponto central, fixam tão fortemente o sinal no papel, que é impossível imaginar um movimento ou uma rotação. Em contrapartida, pode-se observar que quando as linhas verticais são dispostas na diagonal, os espaços internos transformam-se alternadamente em ângulos obtusos e agudos (28), dando a impressão de dinâmica. Os conceitos de *estática* e *dinâmica* referem-se, por um lado, à posição vertical de um homem em pé (29), e por outro, à daquele que anda ou corre inclinando-se para a frente (para a direita) (30).

As diferenças básicas dessas expressões são particularmente conhecidas pelos tipógrafos. A escrita normal é reta (31), enquanto a cursiva é inclinada (32) e freqüentemente empregada na citação de um texto "falado". O fato de a escrita "inclinar-se para a frente" está relacionado ao nosso hábito de ler da esquerda para a direita, que por sua vez está associado ao indivíduo que corre.

Um exemplo divertido a respeito desse tema é a caricatura de um carro de corrida, ao qual o desenhista acrescentou rodas ovais inclinadas para enfatizar a idéia de velocidade (33).

III. A UNIÃO DOS SINAIS

Na verdade, não existem muitos sinais elementares. Além disso, é difícil verificar a partir de que ponto um sinal pode ser considerado único ou composto. (Em casos especiais, poder-se-ia dizer que uma flecha constitui-se de três retas, e um quadrado, de dois sinais de ângulo ou quatro retas.) Basicamente, essa hipótese tem apenas uma importância secundária para o contexto deste estudo.

Preferimos partir da idéia de que um sinal pode ser visto como independente quando sua imagem for totalmente inequívoca. É o que acontece quando um quadrado é visto e compreendido como tal e não como quatro retas, e uma cruz como uma cruz, em vez de um traço horizontal dividido por uma vertical. A intersecção das duas linhas deve ser entendida de tal forma que o conjunto "cruz" seja inconfundível.

Essa consideração inicial nos serve sobretudo como base para as apresentações posteriores a respeito das leis de associação de sinais diferentes.

Com a combinação dos sinais surge, além dos aspectos gráficos, uma impressão mental, filosófica e até "alquímica". Se, por exemplo, um círculo e uma cruz são combinados, um vasto campo de expressões simbólicas abre-se imediatamente aos pensamentos. Nas próximas duas partes do livro encontraremos muitas vezes esse aspecto do sinal que se transforma em linguagem por meio de alinhamento e composição. No momento, nosso principal interesse é o efeito puramente sensitivo da combinação gráfica para o observador.

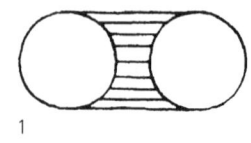

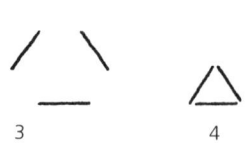

1. Relações entre sinais de mesmo formato

Dois círculos adjacentes são vistos como um par de sinais, quando se aproximam a ponto de a área entre eles ter pelo menos a mesma dimensão de sua área interna (1).

Essa questão do espaço entre os sinais é um dos fatores mais importantes para a qualidade de uma escrita. O leitor ingênuo não percebe com quanta sutileza os espaços entre as letras (2) precisam ser coordenados por quem escreve para que o processo de leitura de uma palavra ou frase impressa possa decorrer tranqüilamente.

Da mesma forma que a aproximação de duas letras se transforma na imagem de uma palavra, elementos básicos individuais, próximos uns dos outros a certa distância, formam sinais completos (3). A ligação efetua-se naturalmente pelo contato (4), por intersecções ou pela fusão total.

Como primeiro exemplo, gostaríamos de considerar dois círculos que se tocam com um alinhamento horizontal (5 a). Essa ligação exprime um estado de igualdade. Em sua complexidade, poderia ser o sinal da amizade ou da irmandade. Por outro lado, dois círculos dispostos verticalmente (5 b) evocam a idéia de hierarquia, do superior ou do inferior. O efeito desse sinal é mais instável do que equilibrado, como uma estátua ou um monumento. Na terceira ligação (5 c), disposta de forma oblíqua, entra em jogo um pouco de agressividade, e a imagem que se tem é predominantemente a de puxar e empurrar. (Nesse caso, representar graficamente "engrenagens" ou "rotações" talvez fosse o exercício mais adequado.)

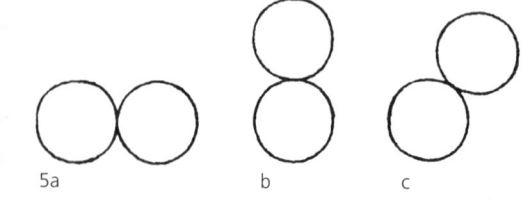

A partir da observação dos três primeiros exemplos, conseguimos reconhecer, por outro lado, as três diferentes expressões elementares: horizontal, vertical e diagonal. Não temos dúvida de que ainda nos encontramos no campo dos sinais lineares. A espessura do traço não tem um valor próprio definido, por isso as linhas dos dois círculos se unem, formando também o número 8. O olho segue o traço tanto em dois círculos distintos quanto alternadamente de um para o outro. Nesse sentido, além da característica do número 8, reconhecemos na posição horizontal o sinal de "infinito", também símbolo para o eterno retorno.

O quarto exemplo (5 d) aparece nessa série apenas para ilustrar que, quando dois círculos se sobrepõem, a imagem altera-se totalmente (vide explicação da figura 9). Com a junção de dois quadrados (6), o efeito é semelhante ao do número 8 composto por dois círculos. Ambos os sinais encontram-se num ângulo, formando nitidamente uma cruz. O olho segue as retas e contorna alternadamente um sinal após o outro, em direção contrária. Da idéia de linhas que se cruzam a todo instante surge certo fascínio. Dois quadrados adjacentes (7), com dois lados conjugados, fundem-se fortemente num novo sinal, um longo retângulo. O traço central não é mais visto como duas laterais, mas apenas como uma divisão. Se dois quadrados forem deslocados um contra o outro (8), os elementos individuais se destacam claramente – pelo menos de modo mais claro que nos dois primeiros exemplos, pois não se notam nem cruzamentos nem traços de divisão. Dos três exemplos, esse sinal é o que melhor representa o conceito de "composição".

Outro passo importante para nossa observação resulta da intersecção de sinais (9). Sobrepondo duas formas, surge automaticamente uma terceira área interna, comum a ambas. (Na teoria dos conjuntos, os matemáticos indicam essa operação com o sinal ∩ e chamam a área comum de "intersecção".) A sobreposição de figuras leva a infinitas possibilidades numéricas, das quais nos limitaremos a apenas alguns exemplos.

Em primeiro lugar, observamos que a "luminosidade" de cada sinal fechado, descrita anteriormente, é reduzida de modo considerável pela sobreposição com outro sinal. A nova área resultante, formada a partir da intersecção dos dois sinais, contém sua própria luminosidade, obviamente em detrimento dos sinais originais. Na maioria dos casos, a forma geométrica da nova área é diferente: no centro do círculo surge a forma de uma lentilha.

Em dois outros exemplos de intersecção de quadrados (10) ou triângulos (11) iguais, o problema é mais simples porque a forma resultante reproduz novamente um quadrado ou um triângulo, pertencentes, portanto, à família dos sinais originais.

A sobreposição central completa de duas áreas geométricas iguais e a rotação de uma área em relação à outra criam novos sinais, na maioria dos casos autônomos. De pentágonos (12 a), quadrados (12 b) ou triângulos (12 c) justapostos surgem estrelas de todo tipo com efeitos diferentes, a cujo teor simbólico retornaremos com mais detalhes. Da justaposição de dois losangos (12 d) ou formas ovais (12 e) também se

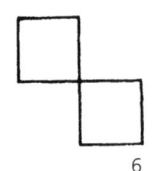

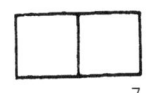

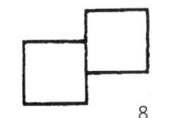

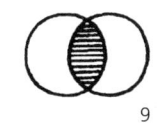

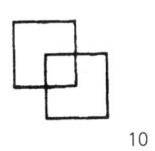

36 SINAIS E SÍMBOLOS

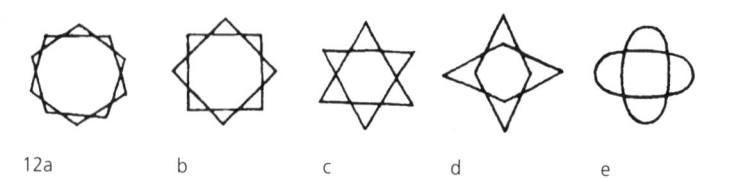

12a   b   c   d   e

desenvolvem novos sinais bastante interessantes. Do mesmo modo que no caso das estrelas, a intersecção parcial cria nessas duas figuras novas formas geométricas anexas. A divisão da figura básica torna o sinal muito mais rico.

A sobreposição de dois círculos de raios iguais não pode gerar *nenhum* ângulo novo por meio de rotação.

No primeiro exemplo (13 a), dois círculos com raios diferentes, dispostos concentricamente, produzem a figura de um bambolê. Se o círculo interno diminuir muito, o sinal nos faz lembrar de um disco ou de um alvo (13 b).

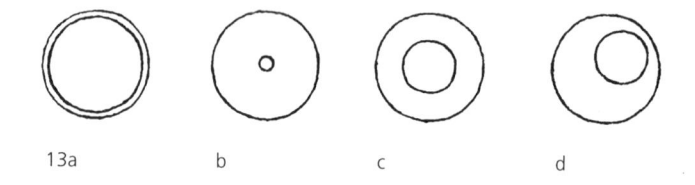

13a   b   c   d

Quando o círculo interno apresenta aproximadamente a metade do raio do círculo externo (13 c), o primeiro efeito é de uma roda (derivada obviamente da idéia de "pneu de automóvel"). Nos três casos, o círculo interno é visto mais como um furo do que como um relevo.

Quando o mesmo círculo é deslocado do centro (13 d), surge repentinamente uma situação bastante diversa. Temos a impressão de ver o interior de um cano, com a percepção em perspectiva de seu início e fim. Reconhecemos também um cone visto de cima.

Quando o círculo menor toca a margem do maior, deixa de ser visto como saída de um cano. O sinal perde a imagem tridimensional como um todo e volta a ser esquemático. Na posição inferior (14 a), o sinal transmite a idéia de um ponto em repouso, uma pausa. No entanto, se for colocado no alto (14 b), o círculo menor produz o efeito de instabilidade, de uma gota pingando.

Disposto horizontalmente de um lado (14 c), provoca uma sensação de equilíbrio e associa-se também ao nível de bolha de ar. Na diagonal (14 d), percebe-se um movimento, como o giro de uma esfera, e apenas nessa posição aparece novamente certo efeito da perspectiva de um cone.

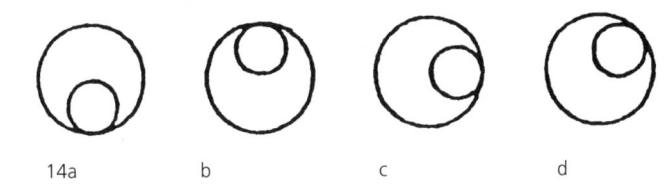

2. Relações entre sinais de formato diferente

Não há dúvida de que as associações entre formatos *diferentes* estimulam muito mais e de modo imediato os impulsos estéticos. Dentre milhares de possibilidades, escolhemos o círculo e o triângulo (15). Na maioria dos casos, as situações de aproximação, encontro e intersecção dos desenhos levam a considerações como as tratadas no capítulo III, no item "Relações entre sinais de mesmo formato". A partir dos exemplos dados, o próprio leitor pode associar os desenhos a proteção, equilíbrio, alto-falante e até a uma figura humana primitiva.

A sobreposição de dois sinais de formas diferentes conduz a uma nova consideração: um triângulo pequeno num círculo grande (16 a) não desperta mais a impressão de um objeto visto em perspectiva, mas sua imagem permanece totalmente bidimensional. Mesmo no caso contrário, o círculo pequeno dentro de um triângulo grande resulta na mesma imagem gráfica bidimensional (16 b). Dependendo das relações de grandeza de ambos os sinais, é possível ver orifícios recortados numa forma geométrica.

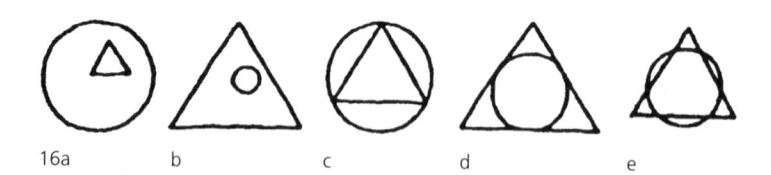

16a b c d e

Porém, se os sinais internos tocam os externos (16 c, d), essa noção material desaparece e faz surgir uma imagem puramente gráfica do sinal interno dividido em várias partes. A intersecção de dois sinais desiguais em que as linhas se cruzam (16 e) oferece resultados semelhantes aos dos sinais de mesmo formato, descritos e sobrepostos na figura 12.

3. A expressão do espaço interno

Parece-nos importante neste momento acrescentar uma consideração genérica e menos técnica a respeito do significado do espaço interno em sinais fechados. Um sinal fechado – não importa sua forma, porém particularmente o quadrado ou o triângulo – não é apenas um sinal, mas sobretudo a delimitação e a circunscrição de uma superfície. Isso ocorre sobretudo quando um segundo sinal, uma figura ou um objeto é colocado em seu interior. Nesse caso, gostaríamos de classificar a delimitação externa como volume e o sinal interno como objeto. Disso resulta, automaticamente, uma situação geográfica. A área é dividida em seções com diferentes significados e capacidades expressivas. Surgem conceitos como acima, abaixo, voltado para o canto, exposto no centro etc. (vide novamente 16 a, b).

Na arte oriental, em particular, é comum encontrar uma moldura contornando representações pictóricas. Numa relação tão estreita com a superfície nitidamente delimitada, um pássaro voando só pode ser desenhado na parte superior (17). Mesmo vazia, a parte inferior não perde sua expressividade, pois o vazio não significa necessariamente "nada". Ao contrário, a ausência adquire, inicialmente, uma imagem espiritual. *Estar ausente é tão importante quanto estar presente.* O peixe na parte inferior do desenho (18) também apresenta a mesma relação com o volume total.

Nos costumes tradicionais, é comum considerar (talvez com razão, como forma de isolar o segundo plano) as delimitações laterais de uma superfície como moldura. O objeto colocado no centro, como na figura 19, transmite apenas uma impressão, a de ter sido "exposto". O valor expressivo da área total permanece anônimo devido ao vazio que circunda o objeto.

Conhecemos um exemplo semelhante de valorização do espaço por meio da divisão das áreas internas nas armas da heráldica (20). A parte interna de um escudo ou de uma arma obedece a divisões bastante rigorosas, nas quais a valorização simbólica de sinais e atributos deve ocupar determinada posição hierárquica, mostrando claramente se o símbolo representa o senhor, o súdito ou a população inteira.

Outro exemplo possível seria a antiga representação hebraica do mundo (21). A metade superior do círculo dividido simboliza a terra, e o ponto, o povo de Israel. O traço horizontal é o mar e, na parte inferior, o resto da Terra, dividida em Oriente e Ocidente.

4. Relações entre sinais fechados e abertos

Como exemplo ilustrativo, escolhemos dois pares de sinais: a cruz, sempre combinada com o círculo, e o quadrado, sempre associado a um tridente.

Enquanto o sinal aberto estiver "soldado" a uma linha do sinal fechado por meio de uma única extremidade, a junção surge de modo ideal, pois a composição gera um sinal novo e bastante legível, com uma relação rica em significados (22 a, b). Ao serem sobrepostos, os dois componentes voltam a ser reconhecidos mais facilmente. A ligação realizada com o cruzamento do traço que invade o segundo elemento sofre uma alteração de significado, gerando certa ressonância de volume (22 c, d, e, f). Assim que surgem pontos de solda por meio da fusão com várias extremidades de linhas, a capacidade expressiva do componente – e, na maioria dos casos, também a do sinal inteiro – é

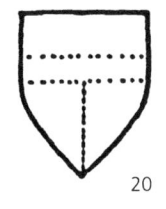

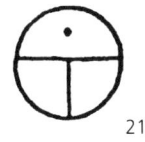

40 SINAIS E SÍMBOLOS

prejudicada (22 g, h). Quando, por combinação de dois sinais, as linhas se sobrepõem ou se prolongam mutuamente, ou ainda se justapõem em intersecções, a imagem dos sinais geralmente altera-se de tal forma que eles se tornam irreconhecíveis (22 i, j).

A fusão completa dos dois desenhos volta a produzir o sinal totalmente cifrado (22 k, l).

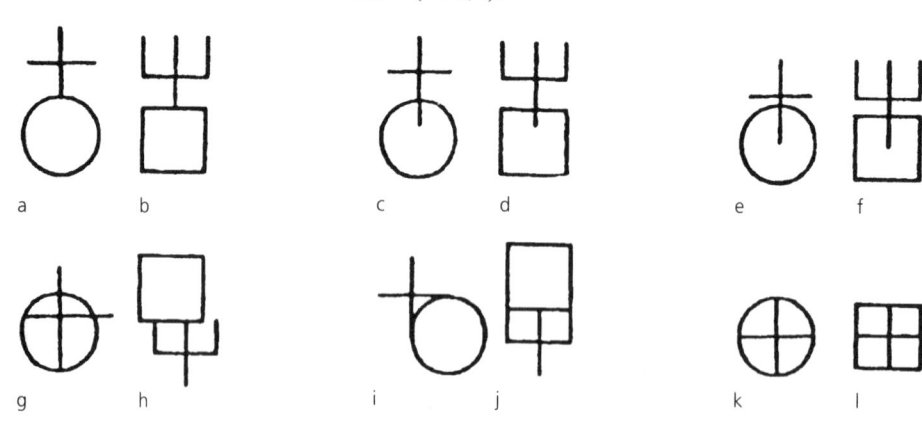

22

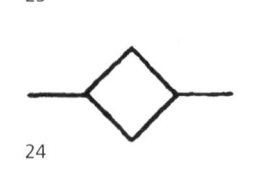

5. O jogo com dois sinais em forma de garfo

A melhor ilustração para o tema "combinação de sinais abertos" é dada pelo conjunto de dois sinais em forma bifurcada. (Voltaremos a encontrar uma parte desse alinhamento de sinais, do ponto de vista filosófico, na tabela sobre o dualismo. No momento ela será apresentada apenas quanto a aspectos puramente formais.)

Dois garfos dispostos um contra o outro (23) atraem-se ou se repelem conforme o valor dado à forma triangular, percebida tanto como flecha quanto como sinal de ângulo (em matemática "maior que" e "menor que").

Ao serem aproximadas, as extremidades se unem (24) formando um quadrado, já presente na imaginação. Desse modo, os dois garfos perdem sua própria expressividade e o quadrado prevalece.

Numa segunda aproximação, os garfos voltam a ser visíveis (25), mostrando claramente a importância das extremidades dos traços. Com a diminuição de suas laterais e o aparecimento das duas formas cruzadas, o quadrado reduzido perde muito de sua autonomia.

Se os sinais forem sobrepostos centralmente (26), as formas originais de garfo desaparecem por completo e apenas com muito esforço podem ser recuperadas pela imaginação, visto que os dois braços abertos transformam-se em três novas retas prolongadas, cuja forma resultante é a de uma estrela simétrica, com uma estrutura bem mais simples.

Num outro deslocamento surgem duas pequenas flechas (27), porém os garfos permanecem identificáveis.

Os dois sinais reaparecem apenas com a reconstrução das áreas internas do ângulo (28), embora essa fusão das horizontais em comum faça com que eles sejam considerados mais como sinais individuais do que como dois elementos combinados.

6. O sinal "completo"

Os chineses inventaram um quebra-cabeça chamado Tangram (29). Esse jogo consiste numa pequena chapa quadrada, dividida em sete partes. Com essas sete partes, a imaginação dos jogadores é estimulada a compor imagens abstratas ou figurativas (30). Não há vencedores nesse jogo, porém não deixa de ser um estimulante exercício mental, de reflexão e talvez até criativo.

Tentamos compor um jogo semelhante, baseado em nosso conhecimento e modo de pensar ocidental. Sobrepomos os sinais primários, como o quadrado, o triângulo, o círculo e a cruz, mencionados até o momento em nossas considerações, para formar um sinal completo (31). O acúmulo dos diversos elementos produz uma imagem tão complexa e enigmática, que não pode mais ser chamada de um verdadeiro sinal, mas de um esquema com milhares de possibilidades. Com base nessa grade, a formação dos sinais consiste na remoção dos elementos, permitindo que apenas os remanescentes possam ser vistos e reconhecidos.

Dentre as inúmeras possibilidades, escolhemos uma que organizamos para apresentar em duas tabelas. Ao observá-las, talvez o leitor sinta vontade de procurar outras figuras e, conseqüentemente, de continuar o jogo.

a   Tabela morfológica 3: sinais abstratos

A apresentação torna clara a idéia fundamental de que os sinais foram classificados como abertos e fechados, simples ou compostos. Nossa tentativa de organização topológica serve de base para esse agrupamento (em forma de fileiras).

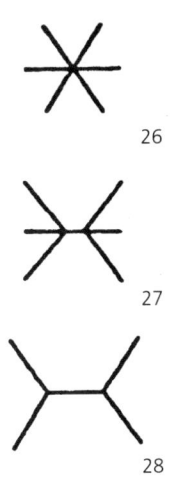

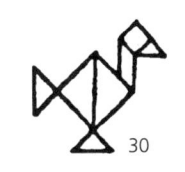

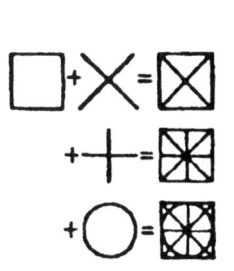

42 SINAIS E SÍMBOLOS

Tabela morfológica 3

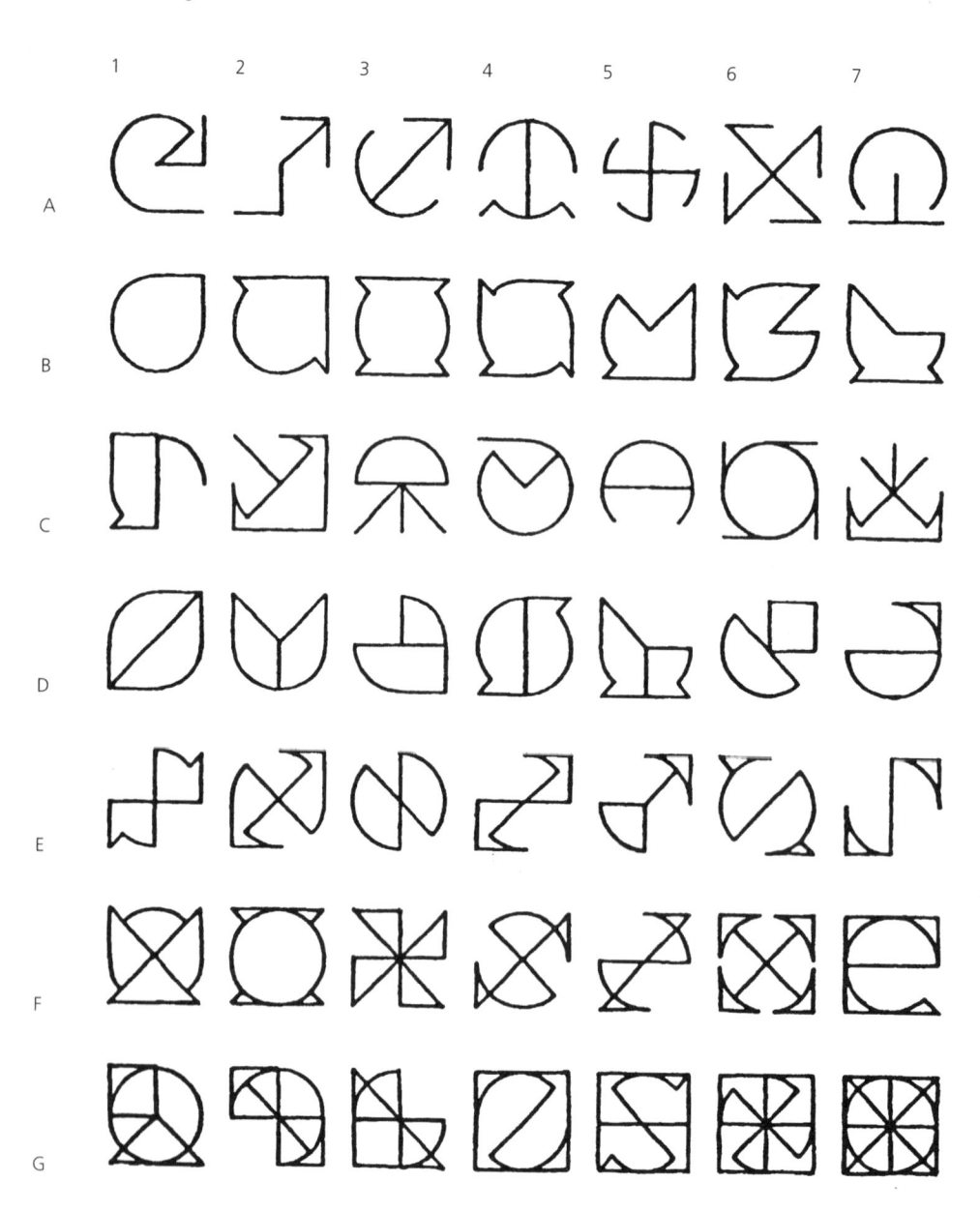

    1   2   3   4   5   6   7

RECONHECER E FORMAR SINAIS **43**

Tabela morfológica 4

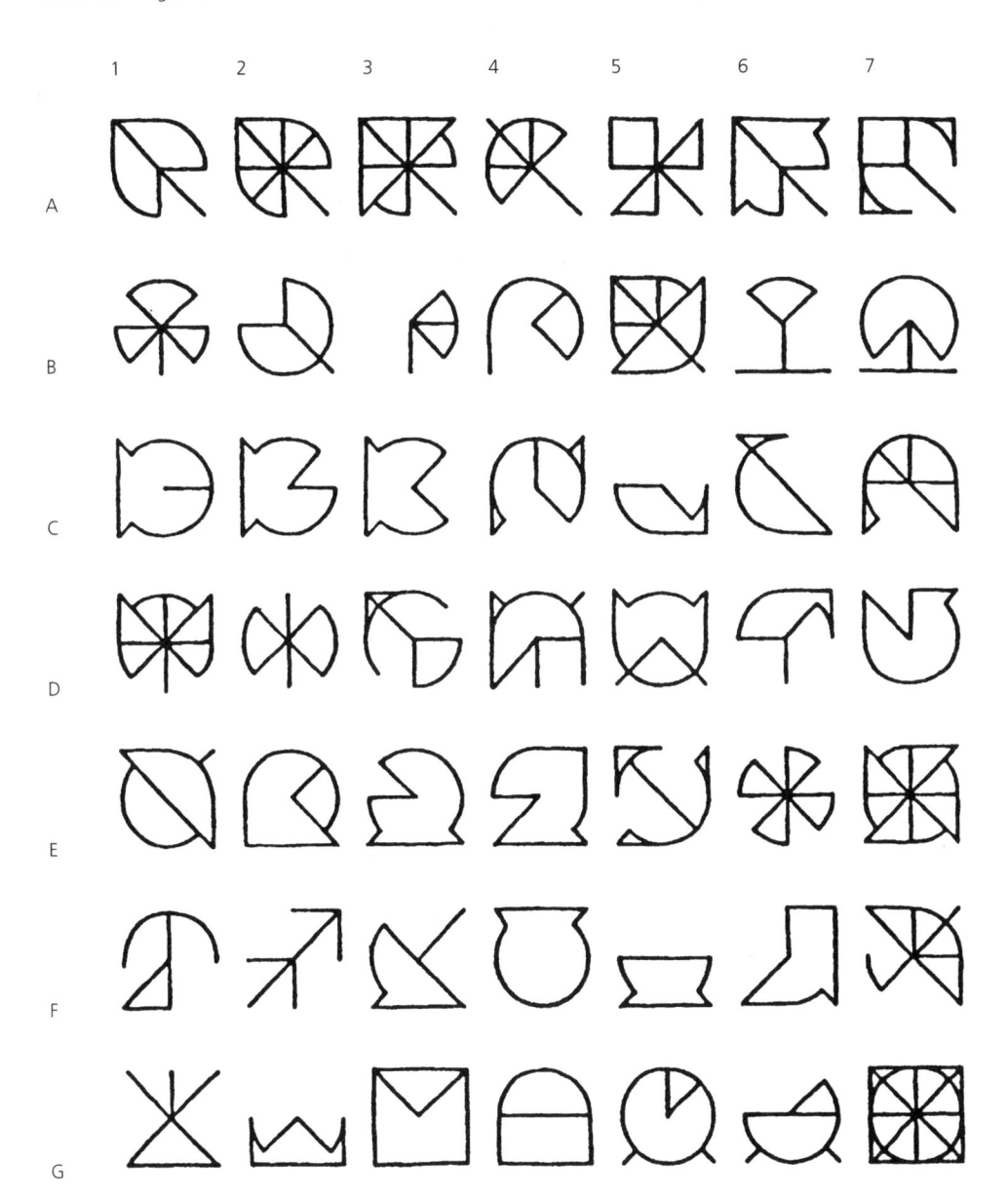

Na primeira linha horizontal A, reconhecemos sinais lineares abertos com junções soldadas e cruzadas. No último sinal (A 7), sugere-se uma ligação por aproximação. A fileira B consiste apenas em formas fechadas com um único contorno (grupo topológico n.º 1). A C mostra também sinais com uma única área fechada, cujo contorno, porém, é prolongado por traços livres. Nas fileiras D e E encontram-se sinais com duas formas fechadas, coligados por linhas divisórias, cruzes ou linhas prolongadas. Nas duas últimas, F e G, temos sinais da definição topológica n, ou seja, com muitos espaços internos fechados, alinhados e unidos de todas as formas possíveis já mencionadas.

Por fim, em G7 encontramos o sinal completo que, como dito anteriormente, não tem mais expressão própria e pode ser compreendido somente como um esquema de construção.

b Tabela morfológica 4: sinal-objeto

Nesta tabela reúne-se certo número de sinais "figurativos", produzidos pela simples remoção da estrutura básica.

As fileiras A e B indicam formas estilizadas do mundo botânico: folhas, flores e silhuetas de árvores. Na C e na D vemos figuras estilizadas do mundo animal: um peixe de corpo arredondado, como um linguado abrindo a boca, um lúcio, um caranguejo, borboletas, pássaros, ratos, gatos, galinha etc. A partir da fileira E, é possível reconhecer vários objetos: elmos, roda eólica, balestra, radar, cabeça, bota, guarda-chuva, coroa, berço etc., até reencontrar o sinal de partida na última linha à direita, quase como uma concessão pouco nítida da simplicidade.

Sendo assim, o observador desta folha pode se perguntar por que no sinal de base, na chamada "trama", não reconheceu imediatamente o grande número de possibilidades. Essa é uma pergunta fundamental que ocorre em todas as atividades criativas do homem após o término da sua obra: "Por que não pensei nisso antes?"

Por outro lado, esse experimento pode ser um estímulo para quem é criativo: muitas vezes, uma forma útil de superar o medo da folha em branco é subdividir sua superfície com uma trama antes de construir um sinal sobre ela. Como exemplo, vide o capítulo sobre os sinais dos canteiros e os sistemas de pictogramas.

7. Entre esquema e figura

Talvez o observador das duas tabelas anteriores tenha percebido o grau de conhecimento necessário para absorver conscientemente um sinal, ou seja, o grau de aproximação com uma forma figurativa. Com o limite de uma forte estilização, determinada pelo esquema básico, o conceito de "busca" por uma forma já existente no subconsciente é ainda mais desenvolvido.

Esse problema pode ser retomado por um pequeno experimento. À primeira vista, a combinação de um círculo dentro de um quadrado (32 a) é para o observador apenas um esquema, uma sugestão das muitas possibilidades que podem ser vistas nesse sinal.

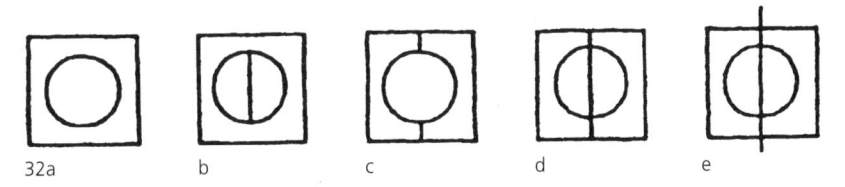

```
  32a        b        c        d        e
```

Ao ser dividido por um traço central (32 b), o círculo adquire repentinamente um significado maior: aproxima-se da representação de um objeto redondo (noz, besouro etc.), enquanto a moldura quadrada é vista apenas como um suporte, uma base, o tampo de uma mesa, entre outros.

Em outra figura, o traço reto não separa a forma circular, mas a base (32 c). Com isso, o quadrado desperta muito mais o interesse do observador. Nesse desenho, é mais fácil reconhecer um furo circular num tampo quadrado, dividido em duas partes, ou também um *punchingball* preso a uma moldura.

No quarto sinal (32 d), os elementos básicos, que são o círculo e o quadrado, reaparecem, porém o traço vertical divide o conjunto em duas partes. O cruzamento das linhas circulares e verticais dá novamente ao sinal o aspecto de um desenho técnico, que mais uma vez se transformou em esquema. As possibilidades figurativas de representação e as associações desaparecem quase completamente. Com isso, o sinal também perde o seu poder de atração.

Na última figura (32 e), a extensão da linha central torna a característica esquemática ainda mais expressiva ao deixar visíveis as duas extremidades do traço.

8. Sinais de adivinhação

Em relação à representação de um objeto na forma mais simplificada do sinal, deve-se mencionar aqui, mesmo que à margem de nossas

46 SINAIS E SÍMBOLOS

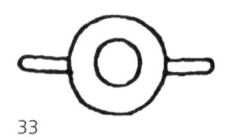

observações, os sinais de adivinhação. Toda ambigüidade desperta interesse e dá lugar a uma análise visual e intelectual. O sinal de adivinhação é simplesmente um sinal de objeto, porém codificado, porque o ângulo de visão é escolhido de forma que a silhueta normal ou a perspectiva da figura permaneça invisível. Numa seleção reduzida, apresentamos: um mexicano sobre uma bicicleta, visto de *cima* (33); um padre visto de *baixo* para cima (34); um ovo frito visto *lateralmente* (35); um sanduíche de tomate preparado por um iniciante (36).

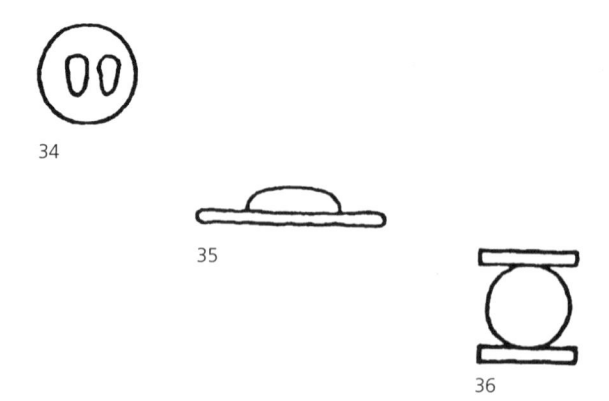

IV. O SINAL NA DECORAÇÃO

Com relação às nossas observações, o tema da decoração nos interessa apenas no que diz respeito ao sinal que, como "expressão única", forma a base, permanecendo presente e reconhecível em seu interior. O campo da decoração – que consiste em pura geometria, bem como no alinhamento de objetos, por mais estilizados que estes possam ser – deve ser propositadamente apresentado à parte, visto que os conceitos de "ornar" e "enfeitar com símbolos" dependem de condições e leis completamente diferentes. O próprio observador tem uma relação diferente tanto com um quanto com outro.

O sinal disposto de forma a compor um ornamento esconde-se como unidade e torna-se parte integrante de uma estrutura. Freqüentemente, quase não é possível reconhecê-lo em detalhes, mas sua presença misteriosa reforça a busca por seu significado, por sua expressão.

Como ilustração a esse respeito, limitamo-nos a três formas elementares: a cruz, a suástica e o quadrado. A maior parte dos exemplos apresentados inspira-se em ornamentos encontrados nos mosteiros medievais etíopes. Alguns são estruturados diretamente nos tijolos das paredes, outros são retirados das decorações pintadas sobre elas.

O primeiro ornamento (1) forma-se a partir de uma suástica linear, deixando visíveis as quatro extremidades dobradas de cada cruz. Uma observação mais atenta permite perceber outra suástica, desta vez bidimensional e um pouco matizada sobre o fundo branco.

O segundo (2) é composto pelos mesmos elementos lineares, porém, em vez de dobradas, as extremidades da suástica estão unidas entre si. Sendo assim, o sinal linear da suástica transforma-se, ao mesmo

48 SINAIS E SÍMBOLOS

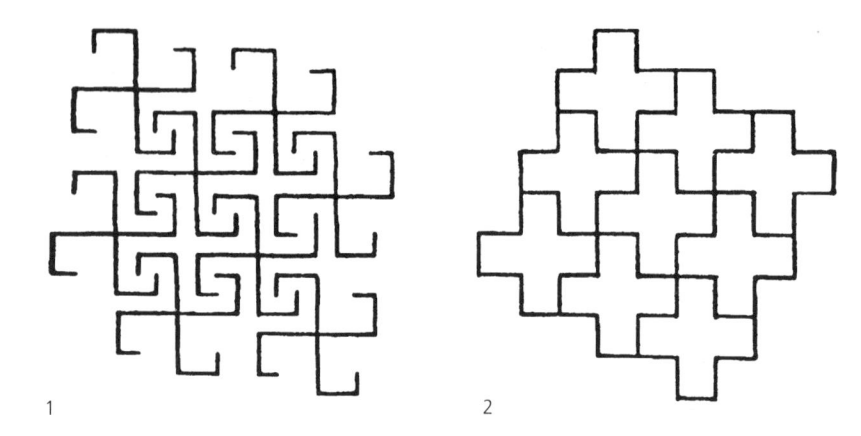

tempo, no contorno de uma cruz bidimensional que emerge do segundo plano. Diferentemente do primeiro ornamento, essa disposição também poderia ser *pintada* em duas dimensões.

O terceiro exemplo (3) tem uma estrutura básica semelhante. Todas as linhas que atravessam sinuosamente a superfície são, simultaneamente, sinais e traços de separação entre as suásticas alinhadas de forma bidimensional.

O quarto exemplo (4) é composto de cruzes bidimensionais agrupadas e totalmente separadas. Numa observação mais detalhada, o fundo entre as cruzes destaca-se novamente como uma série de suásticas interligadas.

Uma outra seqüência de exemplos mostra o conjunto de dois elementos diferentes: uma cruz de superfície ampla e o quadrado. No alinhamento simétrico da cruz surge um quadrado como forma básica entre quatro cruzes (6).

Do mesmo modo aparecem, por exemplo, formas ovais como base numa estrutura de losangos côncavos (5).

Na maioria das estruturas de formas simples, pode-se identificar mais ou menos os espaços intermediários da base, como expressão das formas complementares.

O último exemplo (7) consiste na sobreposição de sinais. Trata-se, neste caso, da simples repetição de uma única forma quadrada que, por sua vez, chega a evocar muitas outras imagens por meio de intersecções, conforme os espaços internos, delimitados por uma linha, possam ser reconhecidos como fundo ou sinal.

O leitor deve ter percebido que a seleção dos poucos exemplos foi determinada pela presença simultânea dos *traços* e do *fundo*, a fim de mais uma vez despertar a atenção para o valor expressivo do espaço interno e intermediário, da abertura e do fechamento de um sinal, e também para os efeitos de linhas cruzadas e soldadas.

No segundo plano encontra-se uma das principais idéias de nosso estudo: a expressão simbólica do sinal, que nem sempre é reconhecida com clareza no uso ornamental. Ela corre pelos entrelaçamentos da estrutura como uma presença misteriosa ou o ponto fundamental entre a consciência e a inconsciência.

V. OS SINAIS DO DUALISMO

Todos os sentimentos, pensamentos e esforços do homem para entender a si mesmo e o ambiente que o cerca nos levam sempre à questão da dualidade. A consciência da vida e da morte, deste e do outro mundo, do bem e do mal, do espírito e da matéria e de todos os outros impulsos provocados pela reciprocidade conduziu a diversos dogmas, visões do mundo, religiões e filosofias. Não faz parte de nossa tarefa tentar esclarecer esses domínios complexos. Porém não podemos ter dúvidas quanto ao fato de sentirmos que pertencemos a grupos de dualidade, dos quais os mais elementares são certamente aqueles de princípios masculinos e femininos.

Aliás, não podemos esquecer que o simples fato de agirmos conscientemente durante o dia, em contraste com nossa subconsciência (e inconsciência) durante a noite, representa a condição de dualidade mais importante na vida, da qual não podemos nos separar.

Como exemplo mais marcante para a expressão gráfica dessa unidade de pensamento gostaríamos de mostrar o sinal da sabedoria de Tao-Te-Ching (1). Duas formas de gotas perfeitamente complementares, ou de vesículas de peixe, unem-se dentro de um círculo. A separação de ambas não se dá por um traço divisório, mas pelas cores preta e branca, mutuamente delimitadoras. Dentro de cada forma insere-se um ponto da cor oposta como consolidação da igualdade absoluta e da complementação. Posteriormente veremos com mais detalhes a representação profundamente simbólico-dualista da sabedoria do I-Ching no âmbito das escritas asiáticas.

1

52 SINAIS E SÍMBOLOS

Para poder compará-las, tentamos reunir numa tabela alguns sinais dualísticos típicos. Seguindo o esquema da representação medieval do dualismo, na primeira fileira vertical (A) foram colocados os elementos femininos, passivos e estáveis, enquanto na segunda (B) foram dispostos os masculinos, ativos e penetrantes. Na terceira fileira (C), encontram-se os mesmos sinais num primeiro contato, que gostaríamos de chamar de "encontro". Na quarta (D), os sinais estão em parte mais unidos, mas apenas na fileira E a intersecção dos dois elementos se realiza numa nova unidade.

A primeira fileira horizontal é composta pela imagem mais reduzida: acima à esquerda, no primeiro campo (1 A), encontra-se o traço

Sinais para a representação dualista ocidental

horizontal, que na linguagem simbólica cristã significa a humanidade que espera, enquanto o traço vertical ao lado (1 B) representa a mensagem de Deus. No terceiro campo (1 C), as linhas se juntam numa extremidade. Essa figura do ângulo reto servia como sinal da lei e da justiça. Em 1 D temos a vertical que encontra a horizontal em seu centro, provocando a sensação de uma ligação mais forte entre os dois elementos (soldagem). Essa imagem sugere a noção de equilíbrio e julgamento. Porém, apenas em 1 E, onde os elementos vertical e horizontal se *cruzam* no centro, é que surge o sinal da perfeição. No sentido cristão, trata-se do ato divino de "redimir" a humanidade que espera. Com essa monumental simplicidade, o sinal de Cristo sobreviveu aos séculos.

No segundo nível, vemos uma exposição medieval da Gênese. O primeiro círculo (2 A) representa a Terra com o horizonte, a superfície da água e a abóbada celeste. Ao lado, em 2 B, o círculo é dividido verticalmente, o que remete ao Sol e à Lua, ao dia e à noite. No campo 2 E, com a sobreposição dos dois sinais na combinação da Terra com a luz, encontramos o símbolo da vida.

Na terceira fileira horizontal temos, primeiramente, o triângulo com o vértice para cima (3 A). Apoiado sobre a base horizontal, como uma montanha prestes à erosão, apresenta-se o princípio feminino. O triângulo vizinho (3 B), equilibrado sobre uma ponta e ativo como uma ferramenta à espera da "penetração", representa o princípio masculino. Em 3 C, os dois triângulos se juntam nos vértices. Com o prolongamento das linhas laterais, surge uma nova cruz, alta como um X; um sinal bastante harmônico para o encontro e, na Idade Média, usado para medir o tempo (ampulheta). Em 3 D, os dois triângulos uniram-se na base, formando um quadrado dividido em duas partes e com o ângulo voltado para cima. Esse é o sinal da unidade e da paz. Em 3 E ocorre a verdadeira intersecção dos triângulos, cujo significado principal pode ser comparado ao da cruz. Ao compor a estrela-de-davi, símbolo da fé judaica, a interpretação hebraica combina o divino e o terreno.

No quarto nível, gostaríamos de retomar o sinal em forma de garfo, descrito anteriormente. Na Idade Média, era o símbolo da trindade. Pitágoras já o via como representação esquemática do curso da vida: a princípio, o caminho reto que a certo ponto se divide numa estrada "boa" e noutra "ruim". Aberto para cima (4 A), é o símbolo da alma que espera; aberto para baixo (4 B), o sinal para "a chegada do redentor". Em 4 C, ao se tocarem nas extremidades, os dois se unem e produzem um novo sinal único. Nesse encontro, os garfos desaparecem e surge um sinal em forma de losango, como uma materialização do abstrato. Em 4 D, os dois garfos que se cruzam voltam a ser visíveis, formando o sinal do conhecimento. Somente no último campo (4 E) aparece a união total dos dois num ponto central. Essa última junção mostra-os em forma de estrela completamente nova. As formas de garfo não podem mais ser reconhecidas. À quinta fileira, gostaríamos de acrescentar outra expressão do dualismo que, pela sua própria forma e por estar livre da influência de ressonâncias míticas ou filosóficas, representa uma das imagens mais claras e interessantes dos dois extremos. Trata-se, por um lado, do quadrado côncavo 5 A e, por outro, em oposição, do círculo 5 B. O observador logo percebe que não é propriamente o quadrado o responsável pelo contraste mais forte em relação ao círculo, como se poderia facilmente supor, mas uma forma com quatro lados bastante curvados, que combina quatro segmentos do círculo ao avesso em vez da curvatura convexa contínua, formando um sinal muito agressivo, com ângulos que terminam em linhas difusas. A junção desses dois sinais em 5 D e 5 E gera figuras graficamente atraentes, cuja imagem, porém, evoca em menor escala a sensação de dualidade, uma vez que parte das formas é anulada, produzindo elementos totalmente novos: pontas curvadas em 5 D e formato lenticular em 5 E.

Não podemos concluir este capítulo sobre o dualismo sem antes nos referirmos ao mito andrógino de Platão e à idéia de que cada um de nós é, portanto, a metade complementar do outro, dividido como um peixe de corpo arredondado, e que gerou dois seres (2).

2

VI. A SUPERFÍCIE

1. Da linha à superfície

Todas as considerações expostas até o momento foram baseadas numa expressão puramente linear: o traçado da linha, cuja espessura ainda não foi analisada. Na criação de formas gráficas bidimensionais, a linha representa o meio expressivo mais simples e puro e, ao mesmo tempo, também o mais dinâmico e versátil.

A idéia de que uma linha é produzida por um ponto em movimento pode ser transferida para a superfície, formada a partir do movimento horizontal de uma linha (1). Comparando essa superfície com a produção de uma peça de tecido, temos inicialmente a fibra, com a qual se faz o fio que, por sua vez, é entrelaçado de modo a compor um pano maior (2). O desenhista sabe que, com um instrumento preciso e pontiagudo, pode produzir superfícies pontilhando, tracejando etc., da mesma forma que um fio que é tecido e entrelaçado até formar uma fazenda.

Quando a estrutura da organização das linhas na superfície se perde, esta se condensa, cobrindo, portanto, toda a área da base e, conseqüentemente, produzindo o efeito de uma verdadeira mudança de material (3). O tipógrafo (ou o desenhista) classifica essa superfície como "brilhante" ou "opaca". Uma impressão de boa qualidade é aquela que deixa transparecer a estrutura da base de forma eficaz. Expressões como "engordurado", "borrado" e "desfiado" aludem a uma sensação desagradável (alergias), quando a área impressa perde a imagem de sua estrutura. O mesmo vale para tecidos felpudos. O feltro não é um tecido; consiste apenas em fibras comprimidas.

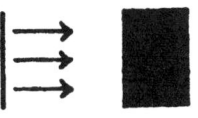

Quanto a isso, seria apropriado falar sobre retículas, meios-tons etc., porém esse assunto aponta para outra direção. Preferimos continuar nos limitando ao contraste preto e branco.

a   A espessura das linhas

Para dispor de um vocabulário dos conceitos sobre a espessura das linhas nas próximas considerações, tentamos compor a seguinte classificação em que empregamos propositadamente expressões materiais, a fim de explicitar a visualização figurativa. Um sinal simples, como uma cruz no quadrado, é suficiente para ilustrar o estudo, delimitar o comprimento do traço e obter uma proporção uniforme entre a espessura e o comprimento.

Definimos uma linha fina como *fio* (4 a). Trata-se de um traço de caráter esquemático. O olho não considera a espessura, embora lembre-se de materiais finos, como fios, vidro e raios. Denominamos o segundo grau de espessura de *barra*, haste ou bastão (4 b). O traço deixa de ser apenas uma imagem abstrata para adquirir um corpo delgado. O fio transformou-se em barbante. Pela primeira vez surge um contraste entre a moldura preta e a área interna branca. Portanto, o traço pode ser percebido não apenas como linha, mas também como área.

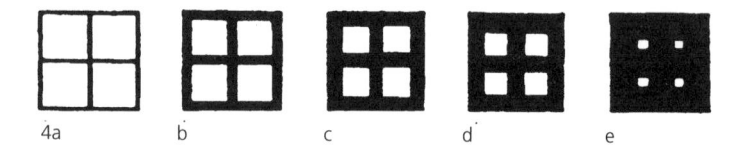

4a   b   c   d   e

Ao terceiro grupo de largura do traço resolvemos chamar de *trave* (4 c). É a espessura de um mastro, de uma parede e também a espessura normal dos caracteres impressos, cuja proporção relativa aos espaços intermediários em branco não causa nenhum estranhamento aos nossos olhos. Um traço um pouco mais espesso recebe o nome de *tronco* (4 d), ou também pilar, como expressão para o elemento maciço e basilar. Corresponde praticamente à espessura dos caracteres em negrito. Transmite a idéia de "força". Sua ilustração mostra os espaços internos quase com o mesmo valor do contorno em preto. A última categoria de traços espessos transforma-se em massa (4 e). O conceito de "linha" desaparece, e os espaços internos são vistos como aberturas na base.

Em resumo, podemos dizer que chegamos a uma gradação das espessuras das linhas, obtendo fios, barras, traves, troncos e massa. Uma linha é vista como tal, ou seja, é compreendida como um movimento traçado longitudinalmente, quando sua espessura não ultrapassa determinada proporção em relação ao comprimento (5). A linha mais grossa que a metade de seu comprimento perde a expressão dinâmica do traço e assume a imagem estática da superfície de quatro lados (6).

Para exemplificar o grande contraste existente entre essas noções de dinâmica e estática, apresentamos lado a lado uma linha com a espessura de um fio (7), como expressão dinâmica do movimento retilíneo, e uma área maciça, o quadrado (8), como expressão estática.

Desse modo, seria possível analisar a imagem de qualquer superfície circunscrita por linhas retas, com base no desenvolvimento resultante de uma simples linha. No entanto, o leitor deve saber que neste estudo não nos preocuparemos com a compreensão geométrica da construção das formas, mas estaremos em busca de uma "geometria dos sentidos", a fim de entender o efeito dos sinais sobre nós.

b *O aumento e a redução da espessura da linha*

Na maioria dos casos, uma linha com a espessura de um fio é percebida inicialmente como uma idéia abstrata: serve para sublinhar, riscar, contornar e delimitar. Porém, basta a espessura do traço sofrer uma alteração (9 a, 10 a) para a linha perder essa anonímia e adquirir uma nova característica.

Um traço que começa com a espessura de um fio e termina como uma barra (9 b) não deixa de ser avaliado como um movimento linear, mas a forma cônica resultante exprime uma imagem mais concreta: faz pensar num raio, numa agulha ou numa arma afiada. A partir de determinado grau do aumento da espessura, o traço desaparece repentinamente, e o sinal é visto como um triângulo (9 c).

Uma linha fina, tomada como ponto de partida, pode ter seu centro alargado sem que as extremidades sejam alteradas (10 a), transformando-se numa superfície em forma lenticular (10 b – 10 e), cuja extensão é ampliada até alcançar a forma circular (10 f) e, além dela, a forma oval na horizontal (10 g). Observa-se claramente que, ao atingir o círculo completo, as extremidades superiores e inferiores dos pontos

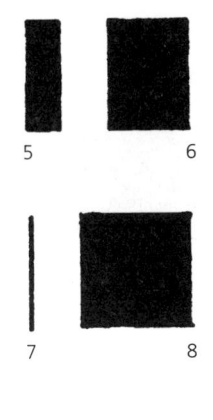

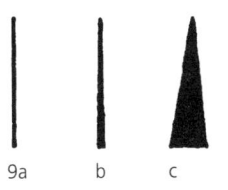

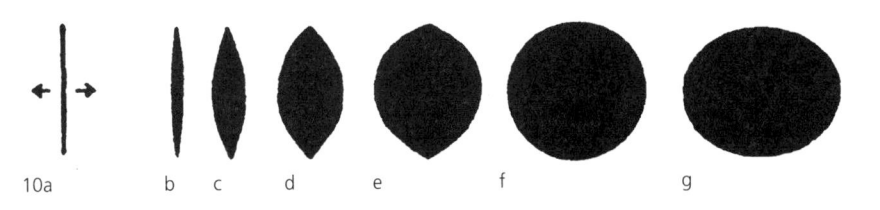

58 SINAIS E SÍMBOLOS

fixos deixam de ser visíveis e não reaparecem horizontalmente na forma oval.

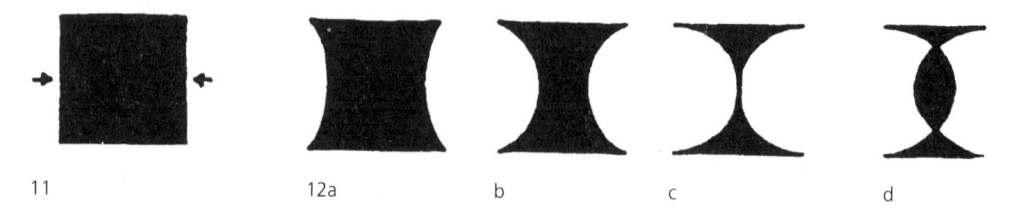

Contrariamente a esse desenvolvimento da forma, temos o quadrado fixo (11), cujas retas laterais se curvam progressivamente para dentro (12 a, b) até se encontrarem numa única linha (12 c) e ultrapassarem o ponto limítrofe, compondo novamente um formato de lente (12 d).

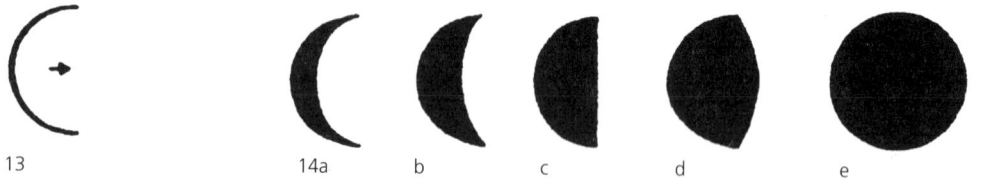

Num terceiro exemplo, uma linha semicircular (13) é preenchida gradualmente até completar a vertical, passando por estágios em forma de foice (14 a, b), atingindo o semicírculo (14 c) e ultrapassando-o (14 d) até chegar ao círculo completo (14 e). Todos nós conhecemos esse ciclo por meio das fases da Lua. Por isso, ele constitui uma das imagens mais marcantes em nosso subconsciente.

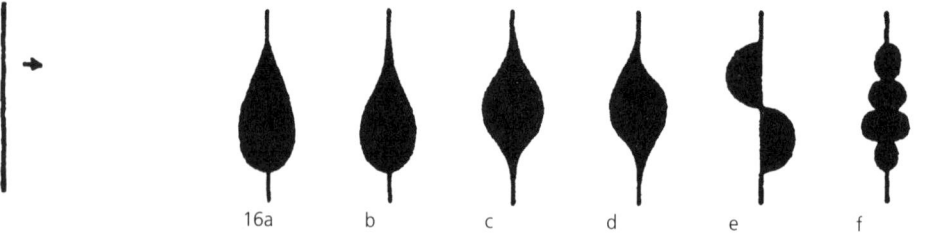

Não há razão para falar das infinitas variações da forma (16 a – 16 f), produzidas por uma linha assimetricamente mais espessa ou mais fina (15). Mencionaremos apenas duas que podem ser derivadas daquela geometria dos sentidos: a primeira se refere às formas de chama (16 a – d), muito freqüentes em representações simbólicas do espírito; a outra, à forma de gotas (16 b), como símbolo para a água e a lágrima. Desenvolvida sobre uma linha curva, a gota transforma-se em vesícula de peixe (17), forma que desempenhou um papel muito importante na decoração gótica.

No capítulo sobre a dualidade, analisamos as leis que regem as formas côncavas e convexas. Todos os exemplos precedentes orientam-se por esse princípio. Gostaríamos ainda de acrescentar a seguinte observação: a curva convexa (18), ou seja, a forma que se dobra para fora, expressa um movimento ativo, iminente, como o início do desenho de um objeto. Em contrapartida, a curva côncava (19) só é possível num objeto já existente e justamente por isso representa um movimento regressivo, mais voltado para o passado do que para o futuro. A esse parágrafo poderiam ser adicionadas muitas reflexões psicológicas de ordem simbólica e inseparáveis em sua ambivalência.

c   *A forma de fita*

As observações sobre o desenvolvimento de nossas escritas serão apresentadas na segunda parte por meio de um instrumento, cujo funcionamento, porém, deverá ser descrito neste tópico. Trata-se da pena de ponta larga. Ao tocar o papel, ela não desenha um ponto, mas uma linha fina. O traçado dessa ferramenta é a ilustração da linha em movimento, descrita anteriormente, que se transforma em superfície (20). Com a pena de ponta larga podem ser produzidos, ao mesmo tempo, um traço fino e um grosso que, conforme a posição e o movimento, são reforçados ou diminuídos a partir de convenções bastante precisas relativas à técnica da escrita. Esse fato contém todos os segredos da chamada "caligrafia", que com o passar dos séculos formou a maior parte das escritas ocidentais (21).

2. O sinal branco em fundo escuro

a   *Do contorno ao negativo*

Na tabela morfológica 1 pudemos constatar que a intensidade do efeito branco do papel é máxima no sinal totalmente fechado do quadrado. Pretendemos desenvolver essas reflexões posteriormente. No momento, gostaríamos de tratar da relação com a espessura do traço.

Como ponto de partida, levaremos em consideração uma cruz delineada por um traço com a espessura de um fio (22 a). Nesse exemplo,

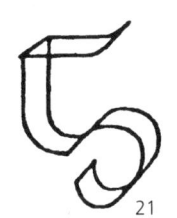

60 SINAIS E SÍMBOLOS

22a   b   c   d   e

o grau de luminosidade da forma interna do sinal ainda não pode ser definido. Em contrapartida, no segundo caso, cujo contorno foi desenhado com a espessura de uma "haste" (22 b), a área interna em branco parece apresentar uma tonalidade mais clara do que a da área do papel externa ao desenho. No terceiro exemplo, em que o contorno é definido por uma "barra" (22 c), o fenômeno parece mais evidente. No quarto, com a espessura de um "tronco" (22 d), a imagem do sinal se inverte: o contorno preto não é mais visto como linha, mas como uma superfície à qual se encontra submetido o traço branco, quantitativamente inferior. No último exemplo (22 e), a cruz destaca-se com luminosidade da massa que a circunscreve, como se fosse o negativo de um sinal autônomo.

O positivo de um sinal de qualquer formato, aplicado sobre um fundo branco (23), possui uma autonomia expressiva, em oposição ao negativo (24), pois o próprio suporte tem uma limitação formal (a não ser que se trate de um papel inteiramente preto). Eis por que não se pode evitar que o negativo de uma forma interna seja influenciado pela área do contorno preto que a circunda, assumindo, desse modo, um novo significado. As duas formas se combinam. Em muitos casos, ocorre de a forma externa ter uma imagem diferente da interna, como mostra o exemplo ao lado: a cruz branca mantém-se com seu próprio significado sobre a base que, por sua vez, apresenta o formato de um escudo. As duas juntas constituem um brasão (24).

23   24

A esse respeito, é necessário mencionar outra realidade gráfica: dois sinais idênticos, sendo um deles preto sobre fundo branco, e o outro, branco sobre o fundo preto, não produzem o mesmo efeito. O branco sempre parecerá maior e mais espesso do que o positivo (vide exemplos 23 e 24), pois a luz branca comparada com o fundo escuro tem uma irradiação mais eficaz. Para corrigir essa ilusão de ótica quando se tratar, por exemplo, de caracteres, a diferença de espessura a ser acrescentada pode chegar a 10%.

Outro modo de expressar o negativo de um sinal encontra-se no exemplo ao lado, que demonstra o negativo de uma cruz, com sua área interna preenchida pelo positivo de outra (25). Um contorno linear

25

(dessa vez negativo) volta a aparecer, fazendo com que o sinal receba certa profundidade misteriosa.

Esse tipo de contraste gráfico convida a várias outras versões inusitadas quando a cruz interna é afastada. Em deslocamentos paralelos precisos, as espessuras dos traços entre verticais e horizontais alternam-se e criam efeitos de relevo (26). Em deslocamentos transversais (27), percebem-se duas cruzes totalmente separadas uma da outra.

b   A luminosidade variável de um espaço interno

Uma área branca e circular no centro de um círculo preto maior apresenta em sua superfície um efeito de luminosidade constante (28). Quando, porém, o círculo interno é deslocado até a borda do externo, sente-se que a luminosidade diminui até se "diluir" com o contraste branco e preto (29), provocando a sensação de estarmos diante de uma abóbada, que realça a imagem de uma forma esférica na parte branca desse desenho.

c   A indicação da forma

Dois ou mais sinais amplos, dispostos um ao lado do outro, fazem com que o espaço intermediário entre eles ganhe uma expressão concreta. Novamente, o exemplo mais simples é a cruz: quatro superfícies quadradas pequenas, dispostas num quadrângulo (30), sugerem a imagem de uma cruz branca no espaço intermediário. Quanto mais os quadrados se aproximam uns dos outros, mais a área interna aparece como sinal. A maior visibilidade ocorre quando a cruz adquire a espessura de um tronco (31). No momento em que a distância entre os quadrados se reduz, a espessura da cruz branca perde a característica de superfície e assume a de traço ou fio, transmitindo a idéia de uma superfície escura que foi dividida (32).

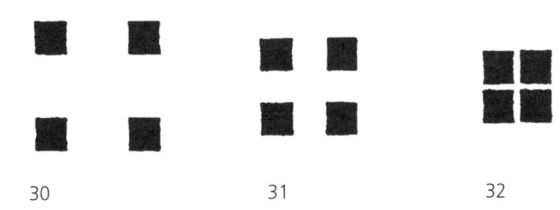

30   31   32

Seria possível apresentar exemplos semelhantes com várias outras formas. Um deles é o dos quatro triângulos com base côncava (33), que parecem contornar uma grande forma circular.

Não poderíamos deixar de demonstrar neste capítulo o perfil em cor escura, conhecido há bastante tempo, de duas cabeças, uma contra a outra (34), que nessa posição simétrica deixam transparecer a imagem de um vaso branco entre elas. Na psicologia da forma, esse efeito é chamado de figura oscilante. A passagem de uma representação a outra depende da imaginação do observador. Ambas as figuras têm aproximadamente o mesmo valor na memória.

3. O desenho do tabuleiro de xadrez

Quadrados brancos e pretos são enfileirados alternadamente numa superfície. O desenho do tabuleiro de xadrez (35) e todos os gráficos derivados desse princípio são bastante atraentes (o juiz de um campeonato de automobilismo acena com uma bandeira quadriculada por razões totalmente determinadas pela visibilidade).

As peças desse jogo (as pretas contra as brancas) defrontam-se num território neutro, sobre cuja estrutura organiza-se a dinâmica do jogo. Ao observar um tabuleiro de xadrez, sentimos certa vibração gráfica, provocada pelo fenômeno da percepção ininterrupta dos elementos pretos e brancos, constantemente alternados como figura ou base.

Além disso, constatamos que nos pontos de cruzamento onde os cantos dos quadrados pretos ou brancos se tocam surge uma situação gráfica praticamente insolúvel: de fato, ao desenhar tal cruzamento, é impossível fazer com que os cantos pretos *e* os brancos se toquem. Ou as pontas pretas se fundem (36), ou uma passagem entre elas permite que as pontas brancas se unam (37). A observação e a reflexão mais atentas desse impossível ponto duplo de encontro pode chegar a irritar a vista.

Nas artes gráficas atuais, bem como na decoração antiga e mesmo na criação artística livre, esses fenômenos com efeito visual muito agressivo foram largamente empregados (Op-art, Albers, Vasarely). Em menor quantidade e no lugar certo, esses desenhos são estímulos práticos, mas quando usados em excesso, como em tecidos ou em revestimentos de parede, tornam-se "indigestos".

O exemplo ao lado (38) mostra esquematicamente o efeito dobradiça que vibra na linha vertical e une o negativo de um desenho com o positivo de outro, mediante o encontro simultâneo de pares de ângulos brancos e pretos.

VII. A SIMULAÇÃO DO VOLUME

O fundamento de qualquer expressão gráfica baseia-se em seu vínculo elementar com o que é bidimensional. Ao longo dos séculos, o conhecimento dessa situação inicial, reduzida e ligada à superfície, estimulou desenhistas e pintores a "romper" o plano da imagem, destacando-o ou penetrando em sua profundidade. Os objetos que, de início, eram primitivamente dispostos lado a lado, sobre a mesma superfície, aos poucos foram sendo colocados um atrás do outro. O pequeno e o grande identificavam-se por uma distância maior ou menor, respectivamente. Ligados por alinhamentos, propiciavam o surgimento de perspectivas. A mudança de claro para escuro modelava-os. As sombras projetadas completavam a simulação de um espaço dividido.

Passando para o campo dos sinais, analisaremos o aparecimento de um volume com base em alguns modelos bastante simplificados.

1. Camadas sobrepostas

Dois sinais construídos, uma cruz e um quadrado, são sobrepostos concentricamente. O primeiro experimento consiste em observar o mesmo sinal duplo, inicialmente na posição oblíqua e, em seguida, na vertical-horizontal. Da comparação de ambos resulta que, na diagonal (1), a cruz e o quadrado dificilmente são reconhecidos. Percebe-se mais claramente uma reunião de pequenos quadrados que compõem uma superfície organizada em forma de tabuleiro de xadrez.

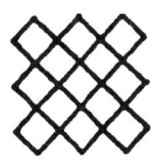

64 SINAIS E SÍMBOLOS

Em contrapartida, na versão reta (2), tanto a cruz vertical-horizontal como o quadrado aparecem nitidamente numa determinada sobreposição. Nos capítulos iniciais, observamos o mesmo evento e realçamos o fato de o ser humano considerar, pela sua própria constituição física, primeiramente as posições horizontais-verticais e, somente após ter superado certa resistência, as diagonais. (Vide a respeito o exemplo de Rubin, p. 24).

Numa combinação (3), essa figura dupla pode sofrer variações pela simples omissão de traços isolados, possibilitando as seguintes observações: como ponto de partida, o sinal básico é repetido (3 a) e avaliado principalmente como plano ou esquema, devido aos seus doze pontos de intersecção. Em 3 b, o sinal da cruz aparece mais distintamente, e o quadrado é visto como "transparente". A figura 3 c constitui um estágio intermediário em que a presença do volume não é nítida em virtude do ponto de intersecção das duas traves, que apresentam quatro cruzamentos em seu interior.

Em 3 d, o contorno do quadrado é interrompido. Mesmo assim, essa forma é imediatamente reconhecida. A imaginação do observador continua a traçar as linhas sob a cruz. O mesmo efeito de sobreposição ocorre claramente em 3 e: supõe-se que a cruz esteja atrás da placa quadrada. Trata-se, portanto, de um efeito ótico em que a imaginação vê e completa o suposto objeto no segundo plano, por meio de detalhes indicados na borda do objeto que ocupa o primeiro plano.

Talvez esses dois últimos exemplos demonstrem com mais clareza o fenômeno psicológico da "lembrança" (de um sinal).

Nas figuras 3 f e 3 g, a sobreposição volta a ser menos evidente. É necessário um esforço maior para distinguir em 3 f três placas sobrepostas (uma cruz quadrada e outra dividida em duas tábuas longas).

Por outro lado, em 3 g tem-se a visão frontal de troncos empilhados *ou* de um pião. Esse desenho é tipicamente ambíguo e responde a dois arquétipos diferentes do observador: o dos troncos ou o do movimento giratório do pião, conforme a intensidade da imagem de um ou outro na memória. Em 3 h, i e j podem ser vistos entrelaçamentos: no primeiro, uma espécie de fivela de cinto, trespassada por duas tiras; no segundo, uma fita vertical entrelaçada por três outras fitas horizontais; e no terceiro, uma forma de cruz atravessa uma fivela de frente para trás.

Além disso, em 3 i aparece novamente a visão frontal (como nos troncos em 3 g) de uma construção feita com tijolos, com forte destaque para o furo no centro.

Os exemplos da última fileira são todos visões frontais de objetos predominantemente planos, recortados (3 k) e de aparência espessa na representação do corpo de um processo mecânico de compressão (3 l), ou de movimento giratório (3 m). Em 3 n e 3 o, tipos de construções particulares tornam-se evidentes. O aparecimento dos dois símbolos, a cruz de Lorena em 3 n e a cruz de Cristo em 3 o, revela ao observador a variedade de arquétipos presentes no seu subconsciente.

2. O entrelaçamento

Partindo novamente de uma representação esquemática, desta vez com dois anéis sobrepostos, o novo exemplo exprime um desenho técnico ou uma abstração devido às numerosas intersecções (4 a).

Assim que as linhas cruzadas são removidas, surge um objeto recortado, embora sem relevo (4 b).

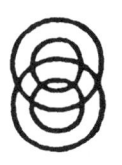

4a   b   c   d   e

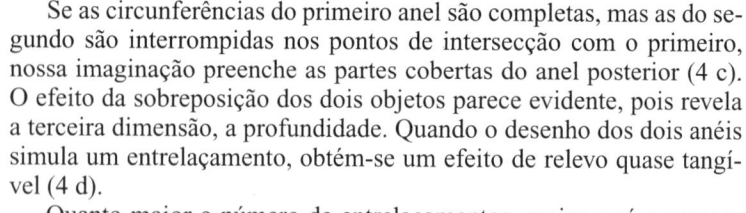

Se as circunferências do primeiro anel são completas, mas as do segundo são interrompidas nos pontos de intersecção com o primeiro, nossa imaginação preenche as partes cobertas do anel posterior (4 c). O efeito da sobreposição dos dois objetos parece evidente, pois revela a terceira dimensão, a profundidade. Quando o desenho dos dois anéis simula um entrelaçamento, obtém-se um efeito de relevo quase tangível (4 d).

Quanto maior o número de entrelaçamentos, maior será a percepção do volume (4 e).

Este tipo de laço, encontrado no mundo inteiro, é um elemento básico importante na pintura ornamental e na escultura. Um dos exemplos mais antigos é o nó górdio oriental (5). Essa expressão também é vista nas runas, nos capitéis romanos e em pinturas orientais.

3. O branco "sugestivo"

Dois elementos quaisquer – sejam eles traço ou superfície – podem ser unidos de duas maneiras: por uma nítida soldagem ou com o auxílio de uma junção simulada, apenas aparente. Esta última é puramente ótica (proximidade). Trata-se da justaposição de dois elementos, separados por um espaço branco mínimo (6), que revela dois fatos: em primeiro lugar, a união ótica de uma figura com um intervalo em branco bastante reduzido permite que ela seja facilmente decomposta nos elementos básicos; em segundo, essas lacunas no desenho, presentes sobretudo nos pontos de intersecção, dão ao observador a impressão de que um traço passa por cima do outro. A ampliação da mesma técnica para um conjunto de traços paralelos, que se alternam com o branco, reforça o efeito plástico do tecido (7). Sendo assim, o olho imagina uma estrutura têxtil com fios que se cruzam. O volume destaca-se ainda mais quando as linhas "tecidas" adquirem determinada espessura (8).

4. A perspectiva

O sinal é, por natureza, bidimensional, sem a idéia de "volume". Os pictogramas são quase sempre desenhados de perfil, e o volume consta apenas como hipótese.

Na construção gráfica de um sinal, muitas vezes é tentador destacar a figura da sua base plana, buscando conferir-lhe um volume aparentemente tridimensional. Para tal objetivo, existem evidentemente muitas outras possibilidades além daquelas descritas nos dois últimos parágrafos.

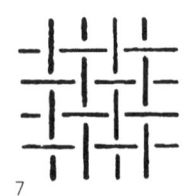

No âmbito de nossas considerações, não parece oportuno discutir o sinal perspectivo enquanto tal. Mais interessante seria indicar brevemente os novos recursos expressivos que a extensão de uma imagem linear pode conferir ao próprio sinal.

A situação inicial mais importante para a nossa observação parece ser o ângulo de visão. Este deve ser uma escolha "natural", ou seja, arbitrária, caso contrário o observador dificilmente reconhecerá a "intenção de volume" no desenho. Esse fato é claramente demonstrado no cubo transparente de Kopfermann. O ângulo de visão do primeiro desenho (9) pode ser observado como arbitrário. Todos os ângulos e todas as arestas são visíveis. No segundo desenho (10), duas arestas verticais se fundem. O ângulo de visão é rigorosamente simétrico em relação ao eixo vertical, o que faz com que a forma do cubo seja menos evidente. No terceiro (11), torna-se difícil identificá-lo. Com a coincidência dos pontos de intersecção, ele adquire um caráter tão "abstrato" que deixa de ser reconhecido como "objeto" para voltar a ser visto como um simples "sinal".

Ao aplicar as mesmas regras para exprimir o volume de um sinal pode-se constatar que dificilmente ele será reconhecido quando o ponto de fuga for exatamente central e simétrico. No caso da figura 12 a, por exemplo, a cruz não apresenta nenhuma expressão de profundidade em sua metade inferior. Em contrapartida, nos próximos dois exemplos, em que o ângulo de visão é casualmente lateral, todas as partes da superfície são projetadas no alinhamento, e os sinais aparecem no volume (12 b, c).

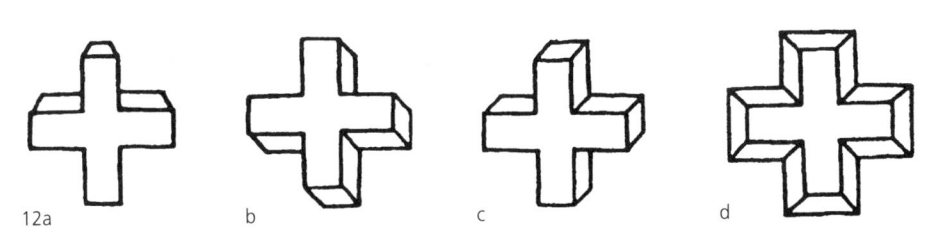

Comparando esses dois exemplos, o observador percebe sua própria "posição". Em 12 b ele se encontra numa situação inferior à figura, enquanto em 12 c é o objeto que se submete a ele.

Além da perspectiva, existe outra possibilidade de conferir um relevo "austero" ao desenho, acrescentando a ele arestas inclinadas (12 d). Diante de uma representação como essa, geralmente quem observa tem dificuldade para decidir se a reprodução de um objeto é em baixo ou alto-relevo. Esse fenômeno é acentuado no próximo exemplo de sombreamento.

5. A sombra

a   O objeto iluminado

As representações em perspectiva conduzem facilmente à utilização do contraste preto e branco para realçar a intensidade de um relevo (por meio de uma iluminação imaginária), destacando a superfície paralela com uma cor escura (13). A orientação dada à parte sombreada é muito importante, pois permite supor de que direção procedem os raios de uma fonte luminosa invisível. A maioria das pessoas usa sua mão direita para desenhar. Por isso, desde a infância procuram intuitivamente, a partir dos primeiros desenhos, uma iluminação propícia à superfície sobre a qual desenham. A melhor posição é aquela em que a luz provém do ângulo superior esquerdo, pois evita que a mão projete sua sombra no papel (14). A experiência prova que as fotografias de inscrições gravadas, de relevos e de outras estruturas tridimensionais podem dar ao observador a impressão de baixo ou alto-relevo, conforme o objeto tenha sido iluminado do lado correto ou errado.

A partir dos exemplos das circunferências brancas em relevo, com sombras projetadas em diversas direções (15), percebe-se que a reprodução "correta" de um cilindro saliente é aquela com a sombra voltada para baixo, à direita (15 f), pois a luz parece vir do alto, à esquerda. O exemplo contrário, com a sombra no alto, à esquerda, parece representar um furo redondo, cuja parede superior encontra-se na sombra (15 e).

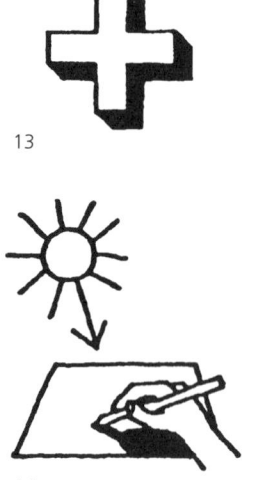

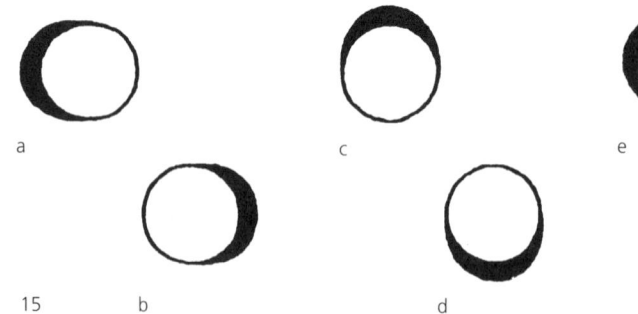

Os exemplos 15 a, b, c, d são iluminações insólitas e fornecem indicações precisas quanto à proveniência da luz: à direção horizontal correspondem a noite (15 a) e a manhã (15 b); à vertical, o meio-dia (15 d), com o raio luminoso partindo do zênite.

Por outro lado, uma iluminação vertical vinda de baixo resulta num efeito completamente irreal e teatral (15 c), amplamente utilizado na criação cinematográfica para cenas que evocam o fantástico.

b   A sombra projetada

Outro modo de contrastar o sinal consiste na projeção de uma sombra num fundo imaginário. No primeiro exemplo, a cruz escura parece estar atrás da branca. O efeito resultante é o de uma figura recortada, solta da base, e que projeta sua sombra sobre uma parede vertical posterior (16).

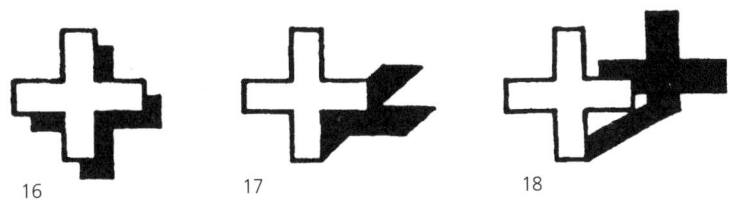

No entanto, a sombra também pode ser projetada sobre um fundo horizontal, assumindo uma forma em perspectiva (17).

No último exemplo (18), a sombra projetada descreve a presença de uma base e de uma parede no segundo plano, onde o sinal reaparece de forma difusa, sem perspectiva e de uma rigidez quase espectral.

6. O volume insólito

Não é difícil para o desenhista irritar o observador com perspectivas inusitadas ou truques. A figura ao lado (19) mostra a cruz dos outros exemplos com dois pontos de fuga diferentes no mesmo objeto. Sua visão habitual é distorcida. Embora se reconheça a superfície branca, ela parece oculta e incompreensível.

No segundo exemplo (20), o desenhista dá asas à imaginação ao determinar, em primeiro lugar, a característica principal do objeto, que são as três extremidades circulares. Uma delas perde-se ao tentar se fixar. Além disso, percebe-se que os tubos terminam de forma irrealmente plana e angular.

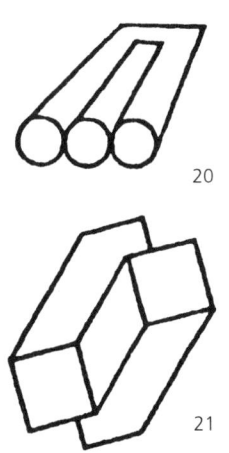

A figura oscilante, criada por Josef Albers (21), é ainda mais expressiva. Ao observá-la, sentimos que a simulação em perspectiva muda de uma trave para a outra, o que desperta em nós certo interesse, porém, ao mesmo tempo, uma perturbação incômoda.

7. Ilusões de ótica

O ser humano não é capaz de compreender uma figura de forma puramente "objetiva" ou, por assim dizer, "geométrica". A prova disso são as representações experimentais das ilusões de ótica, baseadas no princípio de uma sobreposição ou combinação de dois ou mais elementos gráficos, que misturam diferentes níveis de reconhecimento no observador, fazendo com que este hesite entre a precisão mental e geométrica e a percepção visual. A maior parte desses truques óticos baseia-se, de um lado, em combinações de estruturas que simulam direção ou volume e, de outro, em figuras exatas e sobrepostas às primeiras.

Para concluir este capítulo, mostraremos dois exemplos típicos de efeitos óticos do volume.

Um quadrado colocado sobre uma estrutura prospectiva parece deformar-se num trapézio (22).

Três figuras humanas de mesma dimensão, dispostas sobre uma calçada em perspectiva, são vistas de forma diferente: a primeira como um anão, a do meio como uma pessoa de tamanho normal e a última como gigante (23).

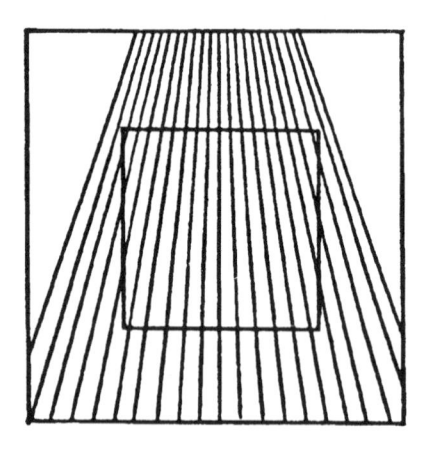

VIII. A DIVERSIDADE DO ASPECTO

1. O desenho e o material

Quando percorremos a evolução dos sinais e da escrita, podemos constatar que, no passado, sua forma externa sofreu várias transformações, estilizações e simplificações. Isso ocorreu principalmente devido aos meios de expressão usados ao longo dos séculos e que variavam conforme as mais diversas regiões geográficas. A utilização de materiais determinou a produção de ferramentas práticas, com as quais as informações podiam ser desenhadas e registradas. Desse modo, no antigo Egito, por exemplo, os hieróglifos eram cinzelados em pedra e, mais tarde, escritos sobre papiro; no norte da Europa, as runas eram gravadas em madeira, ossos e pedras, enquanto na Mesopotâmia os sinais eram marcados em placas de argila, e nas regiões ao sudeste, escoriados em longas folhas secas de palmeira.

a   Os instrumentos

Nos primórdios da história humana, as primeiras inscrições foram registradas por meio de sulcos e cortes rústicos em pedra e madeira (1). Esse tipo de incisão profunda permitia que o sinal fosse percebido não apenas de forma ótica, mas também tátil. Essa sensação de estar "ancorado" numa matéria eterna conservou seu efeito, pois ainda hoje os monumentos e lápides não são pintados, mas esculpidos com martelo e cinzel (2).

O desenho superficial e bidimensional ou a pintura sobre suportes leves, como tábuas, peles e folhas, amplia as possibilidades de expressão e permite que sejam realizadas com mais rapidez ao longo do tempo. Esses fatores foram decisivos para o crescimento da comunicação. Os instrumentos que servem para aplicar tinta, exceto as hastes primitivas que eram mergulhadas nela (3), são sobretudo os pincéis (4) e as penas côncavas (5). As duas últimas ferramentas baseiam-se no princípio do armazenamento das reservas de tinta, que permite traçar uma série de sinais sem precisar levantar a mão. Essa característica conduziu também ao nosso modo contínuo de escrever à mão.

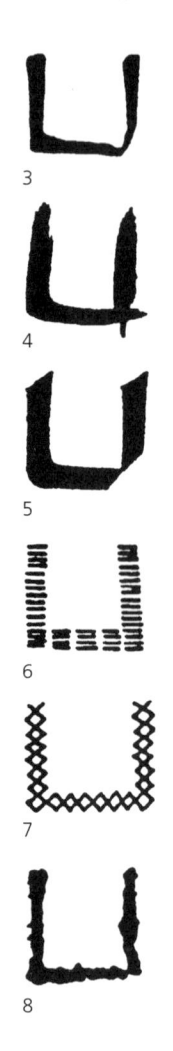

Outras possibilidades de expressão apresentam-se, por exemplo, no ramo têxtil, em tecidos (6), bordados (7) e também em tingimentos. Essas técnicas conferiram novas formas aos sinais, como podemos ver na decoração simbólica dos tapetes orientais. No caso da confecção do tecido por meio de fios ou bordados, é inevitável que haja uma forte simplificação do desenho.

As técnicas de pirografia (8) sobre madeira, cortiça e outros materiais também refletem sua própria expressão.

Ao longo dos milênios, a particularidade de todos esses recursos expressivos construiu um patrimônio de registros formais, que por sua vez formou um dos aspectos do conceito de "estilo".

Hoje dispomos de ferramentas e materiais que nos permitem certa liberdade em relação à forma tanto na técnica de aplicação (lápis, pincel, esferográfica, hidrográfica, pistola pulverizadora) quanto no corte de folhas, em fotografias etc. Esse fato não facilita necessariamente a escolha do desenhista.

Por outro lado, a técnica eletrônica de desenho desenvolveu-se de tal maneira que o ilustrador gráfico é capaz de elaborar seu esboço diretamente na tela do computador. O desenho linear gravado no computador pode ser alterado livremente com o deslocamento matemático dos pontos de coordenadas. Um simples esboço pode ser projetado, sombreado e pintado em todas as direções como volume. No entanto, a tela continua a ser um instrumento que, embora facilite o trabalho, de modo algum dispensa o conhecimento do patrimônio de nossa tradição.

b A extremidade do traço

Seria interessante estudar a influência das diversas técnicas sobre a formação completa dos sinais, porém, neste ponto gostaríamos de nos limitar a um detalhe importante: o aspecto da extremidade de um traço. Uma simples linha determina uma distância com início e fim. Caso essas extremidades não sejam aumentadas ou marcadas de alguma forma e o traço sofra simplesmente uma interrupção, a linha parece perder-se no vazio ou, como dizem os matemáticos, no infinito (9). O observador não sabe ao certo onde estão situados o início e o fim. Em desenhos técnicos, esquemas e plantas, as linhas isoladas são protegidas por pequenos traços perpendiculares (10) que as tornam inequívocas. Quase todas as técnicas da escrita e do desenho possuem as mais variadas formas de marcar as extremidades das linhas. Desse modo, no cinzelamento da escrita capitular romana, a terminação do traço é levemente realçada (11) para reforçar o efeito de luz e sombra nesse local e para conferir ao sinal mais apoio sobre a superfície.

Nas escritas caligráficas encontramos vários tipos de serifas (12), ressaltadas ou minimizadas conforme a pena utilizada, sua posição e a letra do copista. Nos países ocidentais foram usadas principalmente penas de ponta larga. Em outros círculos lingüísticos, como no sul da Índia e na Indonésia, o emprego de estiletes pontiagudos sobre folhas de palmeira deu origem a amplificações em forma de um pequeno anel no início e no fim dos sinais (13).

No que diz respeito aos sinais simbólicos, é interessante observar as formas de cruz. Na verdade, as quatro extremidades desse sinal eram o único elemento que podia ser alterado ou decorado das mais diversas maneiras ao longo dos séculos, exprimindo, por exemplo, o espírito da época, da fé ou do indivíduo. Não se deve esquecer que praticamente todos os trabalhos artesanais contribuíram para formar a imagem de um sinal tão importante como este. É o caso do ferreiro, que fazia o acabamento das extremidades em forma de caracol (14).

Na heráldica e em todos os campos da ornamentação, as extremidades dos traços foram reforçadas para enriquecer a imagem dos sinais, apresentando muitas vezes um simbolismo próprio, como mostra a composição de diferentes formas de cruz, em que é possível reconhecer símbolos como a âncora, a folha de trevo, o lírio etc. (15).

Outra idéia relacionada ao tema "extremidades" é a comparação com o corpo humano. As letras do alfabeto ocidental foram dispostas sobre uma linha como se esta fosse um pavimento. Por isso, receberam em sua parte inferior um remate horizontal em forma de pé, que

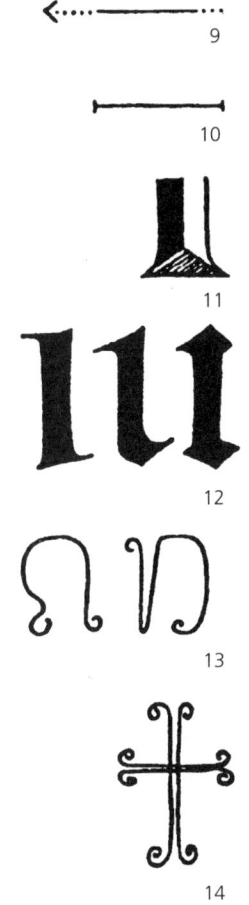

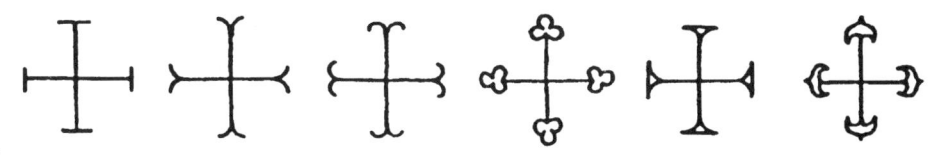

74 SINAIS E SÍMBOLOS

chamamos de "serifa" (16). Curiosamente, os indianos procederam no sentido inverso: ainda hoje encontramos escritas em sânscrito, cujos sinais superiores pendem do alto como se estivessem presos a uma corda (17).

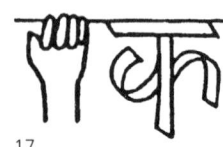

c *O instrumento adequado para o material adequado*

Três fatores importantes influenciaram e determinaram a expressão figurativa das mais diferentes épocas: em primeiro lugar, a escolha da ferramenta adequada; em segundo, os materiais disponíveis e, em terceiro, a não menos importante limitação temporal, aplicada sempre que se escreve ou desenha algo. É muito importante acompanhar o desenvolvimento do estilo nesse sentido.

2. O valor do espaço interno e do espaço intermediário

Lao-tse teria dito: "Uma roda contém dezesseis gravetos (18). No entanto, os gravetos sozinhos não formam uma roda. É a disposição inteligente e a distribuição dos quinze espaços intermediários (19) que a compõem."

Desde que começamos a examinar essas imagens percebemos a importância do espaço interno e do vazio. Ao lado da qualidade do traço encontra-se a do espaço circunscrito. A avaliação dos volumes não pode ser inferior à do traçado. A expressão gráfica bidimensional (20) pode ser comparada com o trabalho – mesmo que tridimensional – de um arquiteto (21). Predominam as mesmas regras de qualidade em relação ao material e ao espaço: o melhor material de construção pode cercar espaços pouco atraentes e desagradáveis; em contrapartida, uma simples construção de alvenaria, quando bem projetada, pode criar ambientes aconchegantes e dispostos harmoniosamente.

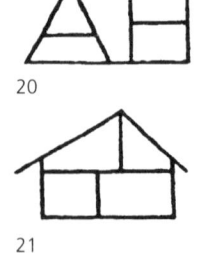

Analogamente, não é apenas a qualidade do traço, da impressão ou o refinamento de determinada técnica que garante a qualidade do sinal. O poder expressivo da obra também é confirmado pelo espaço em branco dentro dos sinais ou entre eles.

Na maioria das atividades artísticas, essa variação entre material e espaço, branco e preto, remover e conservar constitui um dos fatores mais importantes da criatividade. Sobretudo no campo gráfico bidimensional, é decisivo medir com precisão os dois pesos contrapostos, de modo que a expressão escura da forma entre em harmonia com a expressão imaterial branca e produza uma imagem que permaneça perfeita no papel.

O exemplo ao lado (22) ilustra a qualidade "plástica" da área em branco entre duas letras bem desenhadas. Muitas vezes, a beleza dos sinais é o resultado da luta entre a resistência do material e a ferramenta que supera essa dificuldade. É o que ocorre em esculturas em pedra, entalhes, trabalhos em ferro, mas também em punção e impressão.

Em contrapartida, o pensamento e o modo de expressão orientais, sobretudo na China e no Japão, manifestam o ato criativo na maestria de um gesto, que faz com que o pincel trace o sinal sobre o papel.

O ato criativo nasce quase instintivamente da mão que pinta ou escreve, ou é construído progressivamente conforme se desenha, se entalha ou se esculpe? A resposta a tal pergunta depende da vocação e da formação individual. Supervalorizar um ou outro procedimento seria uma forma errada de propor a questão, tendo em vista a diversidade de opções técnicas disponíveis atualmente (inclusive o vasto conhecimento iconográfico, difundido por toda sorte de sistemas modernos de transmissão de imagem). Quem se dedica a uma atividade criativa deve ter em mente a fidelidade ao material escolhido para poder se expressar e, a partir dele, criar uma estrutura adequada com os instrumentos adequados, como acontecia no passado, evidentemente em circunstâncias mais primitivas.

3. A imagem

O aparecimento de uma imagem resulta do contraste entre o desenho e a base. Hoje esse fenômeno é relativamente simples devido à diversidade de meios técnicos disponíveis para isso.

A maior parte de contrastes bidimensionais e, portanto, gráficos poderia ser resumida nos seguintes grupos:

a Branco e preto

O contraste bidimensional branco e preto é o mais "saliente". Simboliza a oposição entre escuro (noite) e claro (dia) em dualidade. A linha divisória desses dois elementos deixa transparecer um contorno extremamente nítido, que confere à forma sua expressão absoluta (23). Nesse sentido, percebe-se claramente se o contorno é teso, preciso ou, como é o caso do desenho à mão livre, se apresenta um aspecto menos uniforme.

Todas as técnicas de reprodução gráfica baseiam-se no contraste fundamental entre o preto aplicado e o fundo branco já existente.

b Cores

A segunda imagem bidimensional consiste no contraste das cores. A oposição máxima entre o fundo e o sinal é obtida por meio do uso de cores complementares (por exemplo, um sinal vermelho sobre um fundo verde).

É possível chegar ao contraste mínimo dispondo o desenho e o fundo na mesma escala de cores, porém com uma leve variação de tons (por exemplo, um sinal vermelho sobre um fundo laranja). Entre esses dois extremos estende-se o amplo mundo da arte de colorir, com sua riqueza em possibilidades de contraste.

c Meios-tons

Entre o preto e o branco existe uma infinita gradação de tons cinza que formam o caminho a ser percorrido pelos olhos na passagem do claro para o escuro. Na reprodução gráfica de figuras, os meios-tons são produzidos por retículas, ou seja, vários pontos alinhados que simulam aos olhos uma superfície acinzentada (24).

Essa técnica permite reproduzir imagens em tom de cinza, com todas as nuanças da modelagem e dos efeitos de profundidade.

Os níveis de cinza também podem ser obtidos mediante retículas lineares (25). É com esse princípio que funciona a televisão: a imagem na tela aparece decomposta em linhas mais claras ou mais escuras. Nessa técnica de reprodução é inevitável que a nitidez dos contornos seja prejudicada.

d Estruturas

Um contraste não depende necessariamente de uma imagem clara e escura. Também pode ser produzido por alterações na estrutura das superfícies. Um sinal traçado com linhas verticais paralelas sobre uma base de linhas horizontais (26) é bastante nítido, embora o valor cinza do desenho inteiro seja uniforme.

Essa imagem aproxima-se teoricamente do contraste complementar de cores, em que o grau de cinza não possui importância expressiva, uma vez que apenas o efeito dos diferentes "comprimentos de onda da cor" é capaz de tornar essa oposição visível.

4. A qualidade da imagem

O grau de qualidade de um produto gráfico é determinado pelas expectativas do leitor e do observador. Sendo assim, a imagem pode ser extremamente precisa, oticamente mensurável ou, em contrapartida, uma informação genérica a ser documentada.

Além disso, uma representação figurativa pode ter a contemplação como objetivo. Nesse caso, estará voltada quase exclusivamente a critérios estéticos. Entre um desenho geométrico e um ícone pintado existe uma gradação tão rica de imagens que seremos obrigados a resumi-la nas três categorias seguintes:

a   A ilustração esquemática ou "dimensional"

Desdobramentos geométricos, plantas arquitetônicas, mapas geográficos, esquemas científicos, entre outros, requerem uma imagem bastante precisa que não pode deixar nenhuma dúvida para o leitor. Sendo assim, um mapa só poderá fornecer a orientação exata de um local se as distâncias e as áreas puderem ser medidas com uma determinada escala. Esse tipo de documentação é uma descrição minuciosa que oferece diretamente informações precisas e também aquelas que na realidade não podem ser vistas. A planta de uma casa, por exemplo, mostra o sistema de aquecimento e a canalização instalados sob o pavimento. Na maioria dos casos, a realização e a reprodução dessas imagens gráficas exigem muita cautela, visto que se trata de um meio direto de comunicação entre o objeto e a compreensão.

Um bom exemplo para ilustrar essa categoria é o sinal do candelabro, desta vez apresentado em forma de desenho técnico (27), com imagens precisas das dimensões, da escala etc. de um objeto já existente ou a ser construído fora do presente livro.

27

b   A ilustração real

A maior parte das ilustrações reproduzidas graficamente representa objetos ou acontecimentos, registrados (em geral por fotografia) praticamente nas mesmas proporções que o olho humano consegue captar num breve instante. A reprodução ou representação perde a terceira dimensão e a profundidade, simuladas e compensadas por efeitos de perspectiva e de luz. Em muitos casos, perde-se também a cor adequada e, para transmitir a informação, restam apenas o contraste branco e preto e as gradações de meios-tons.

Na verdade, a imagem fotográfica não passa de um "suporte" visual que ajuda o observador a combinar constantemente suas imagens internas, a fim de conferir um sentido e uma coerência à informação dada.

Em vez do mapa da primeira categoria, poderíamos considerar uma fotografia aérea do mesmo território. As informações fotográficas não são tão precisas quanto as topográficas. Certamente não podem servir

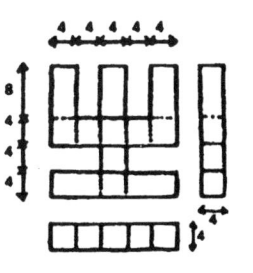

SINAIS E SÍMBOLOS

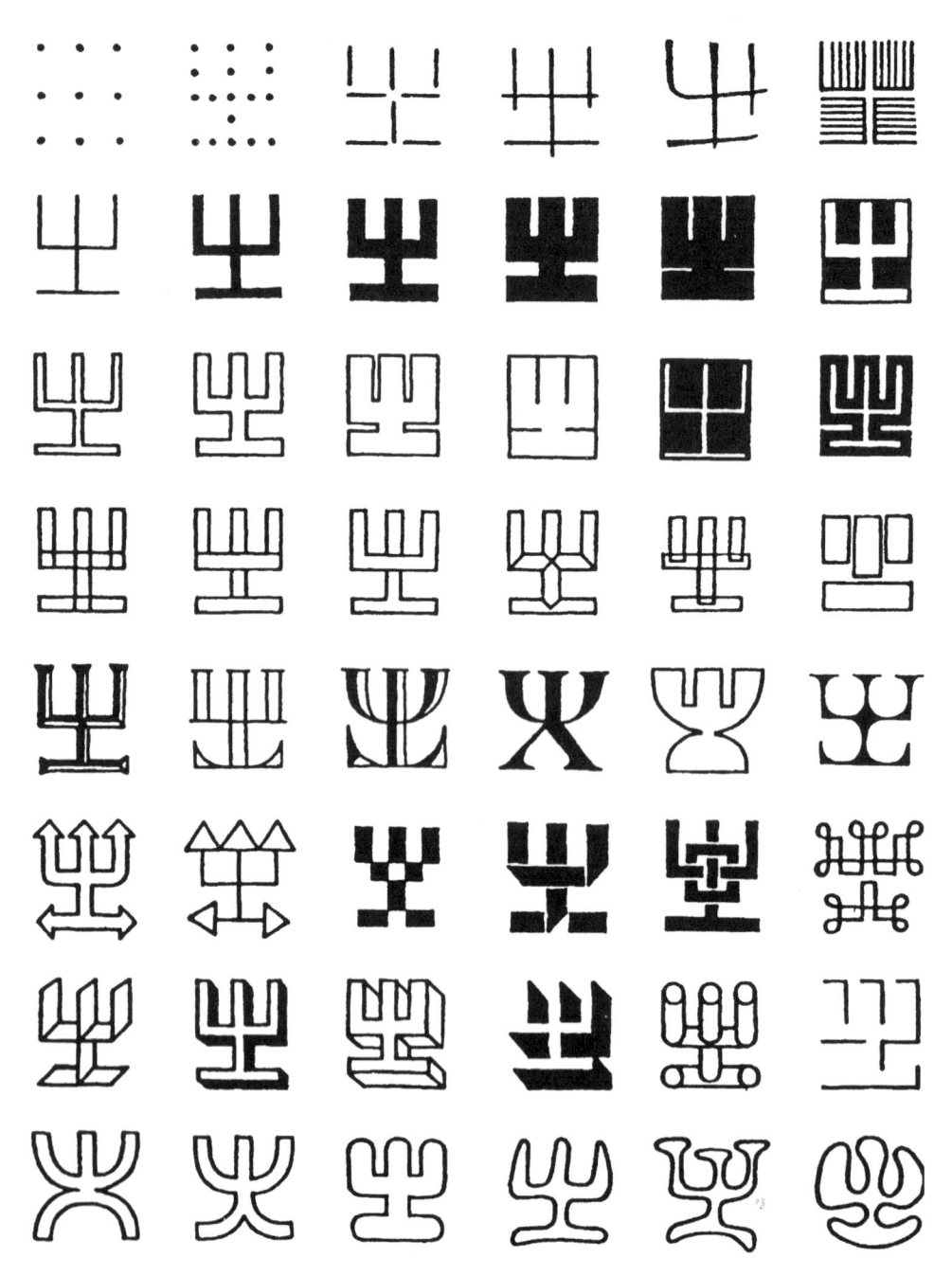

de escala, no entanto, contêm um número bem maior de elementos interpretáveis, como a natureza, a estrutura e a urbanização do solo, as vegetações de todo tipo etc.
Nesse grupo, o sinal do candelabro é reproduzido como um objeto real (28). A ilustração nos fornece informações gerais sobre a manufatura e o material. Por outro lado, sem uma descrição literária não se consegue identificar as dimensões exatas, a localização certa nem a utilidade.

c *A ilustração artística ou "contemplativa"*

28

A mesma paisagem, apresentada na primeira categoria como mapa e na segunda como fotografia, poderia aparecer nesse terceiro campo sob a forma de uma ilustração artística ou de uma pintura. O traço amarelo pode significar "seara", mas constitui sobretudo um elemento decorativo que visa causar um efeito estético completo. Ao pintor e ao artista gráfico é dada a tarefa de reproduzir e decorar um objeto de modo que dessa fonte puramente material e temática resulte uma ilustração que constitua a base informativa, mas que também desperte no observador uma reação contemplativa por meio do revestimento decorativo. Quando uma imagem o impressiona de alguma forma, ele a coloca na parede, com moldura ou apenas com uma pequena tacha, para depois poder contemplá-la por um longo tempo e viver em sua presença. Além de expressar sensações, essa imagem é para o observador uma decoração, um símbolo e uma recordação.

29

Neste estudo, o exemplo do sinal de candelabro nos leva a uma ilustração contemplativa em forma de "gravura" (29).

Tentativa de uma síntese visual

O conjunto das várias possibilidades interpretativas da figura de um candelabro foi desenhado na última tabela da primeira parte deste livro como um resumo visual. A análise intelectual e o trabalho manual com a representação bidimensional de um sinal-objeto podem ser considerados fundamentais para quem desenvolve atividades gráficas.

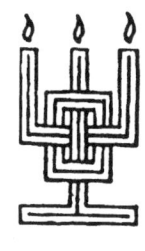

PARTE 2 OS SINAIS QUE REGISTRAM A LINGUAGEM

O mon âme! le poème n'est point fait de ces lettres que je plante comme des clous, mais du blanc qui reste sur le papier.

PAUL CLAUDEL*

* Ó minha alma! O poema não é feito dessas letras/ que finco como pregos, mas do branco que permanece no papel. (N. da T.)

I. DO PENSAMENTO À IMAGEM

1. Os protótipos

Mais do que nunca, a origem e o desenvolvimento da inteligência humana fascinam a pesquisa. A descoberta de novos testemunhos do pensamento pré-histórico, transmitidos de geração a geração, acumulam-se como peças de um quebra-cabeças, constantemente estudadas a fim de se chegar à sua montagem lógica. Produzidos na era glacial (cerca de 60 000 anos antes de nossa era), desenhos em forma de sinais riscados, esculpidos e pintados sobre rochas permaneceram intactos. Tende-se a considerar esses "monumentos" como precursores de nossa escrita. Em termos bastante genéricos, certamente o são, mas nunca como modelos relacionados ao que hoje chamamos de escrita, mesmo no que diz respeito a uma escrita pictórica.

Desenho rupestre

Naquele tempo, o homem ocupava sua mente com atividades bem mais vitais do que qualquer tentativa de registrar a linguagem. Na verdade, os desenhos em cavernas devem ser avaliados como evocações mágicas, resultantes do medo de fenômenos *sobrenaturais*, simplesmente por motivo de sobrevivência e para satisfazer o instinto natural.

2. A linguagem e o gesto

Antes da escrita, existia um tipo de linguagem ou sistema de comunicação desenvolvido em milhões de anos. Supõe-se que parte dele era feita de sons de curta duração, mas certamente esse sistema era manti-

Escrita na areia

do por outras formas de expressão, não exclusivamente relacionadas à esfera auditiva. Todas as espécies animais enviam e recebem informações que, no entanto, são expressas por todos os sentidos: visão, audição, tato, olfato e paladar. Por isso, é válido admitir que uma "linguagem" primitiva não consistia apenas em sons, mas também em vários tipos de gestos, contatos, sensações olfativas etc. A partir dessa consideração, podemos nos perguntar até que ponto essa linguagem corporal não é *parte da origem* dos testemunhos escritos.

Mesmo nos dias de hoje, o falante sente interiormente a necessidade de sustentar seu discurso com figuras ou gestos. E quando, por exemplo, encontra-se na praia, dificilmente resiste a desenhar na areia o que acabou de *dizer*, pois sente a necessidade de explicitar sua mensagem.

No período neolítico, era bem próxima da atual, o homem tentou reconhecer e compreender cada vez mais as limitações de tempo e espaço de sua própria época. A consciência da vida e da morte levou à invenção e ao impulso da auto-afirmação. A expressão das experiências passadas e dos projetos futuros, a manifestação das esperanças e dos temores e, ao mesmo tempo, o desejo de preservar esses novos conhecimentos parecem constituir uma seqüência natural, mesmo que tardia, do processo de desenvolvimento.

Por isso, quando observamos um desenho pré-histórico, temos a nítida impressão de que existiu um contato muito próximo entre a imagem e uma linguagem gestual e sonora, que servia para acompanhar, esclarecer, registrar os ritos ou narrar.

O desenho se manteve, mas a fala (e com ela também o significado dos sinais) não nos foi transmitida diretamente.

"Narração" proto-histórica de aproximadamente 10000 anos a.C.

Segundo nosso ponto de vista, o despontar do verdadeiro registro "plástico" do pensamento situa-se num progresso de mão dupla, que abrange os sons pronunciados, de um lado, e os gestos desenhados, de outro. Essa expressão complementar tendeu, progressivamente, a associar sempre os mesmos desenhos às mesmas imagens. Nesse momento, as figuras transformaram-se numa escrita que conservou o pensamento e a fala de forma a permitir sua representação e, portanto, sua leitura em qualquer época.

II. A TRANSCRIÇÃO DA LINGUAGEM

Estima-se que a escrita, no sentido de uma verdadeira preservação do pensamento e da fala, começou a existir no momento em que desenhos ou sinais surgiram relacionados diretamente com as sílabas, palavras ou frases pronunciadas.

Calcula-se que os primeiros "escribas" da proto-história tenham vivido no quinto milênio antes de Cristo, na região do Oriente Médio. Com a ajuda dos chamados "pictogramas", esquematizavam objetos, datas e ações. No entanto, a escrita propriamente dita nasceu apenas no momento em que começaram a organizar e "alinhar" os sinais lado a lado ou um sobre o outro, correspondendo à evolução linear dos seus pensamentos. Desse modo, pouco a pouco foram surgindo fileiras de sinais que, graças ao seu uso constante, desenvolveram-se até formar as culturas de escrita contínua.

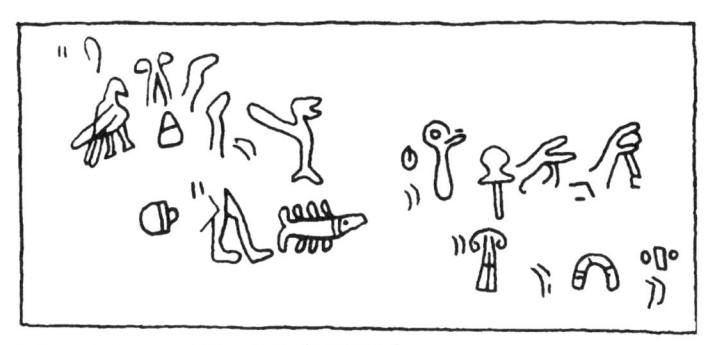

Antigos pictogramas hititas, cerca de 4000 a.C.

88 SINAIS E SÍMBOLOS

1. Dois tipos de desenvolvimento da escrita

Seguramente os pictogramas são a origem de todas as escritas resultantes de um desenvolvimento natural. O estudo das diferentes e lentas formas de evolução, que conduziram ao registro gráfico de uma linguagem, permite a caracterização de duas categorias principais.

a   As escritas que permaneceram figurativas

Essa categoria abrange todas as escritas que não sofreram alterações importantes, mesmo ao longo de muitos séculos, pois seus sinais, embora estilizados, mantiveram-se no estágio pictórico. A prova viva disso é a escrita chinesa. Em sua forma arcaica, o sinal para representar o cavalo, por exemplo, é facilmente identificável. Embora a forma em si tenha sido sistematizada após algum tempo, seus movimentos e traços principais ainda permanecem no sinal atual (quatro pernas, cabeça, cauda etc.).

Desenvolvimento da escrita chinesa

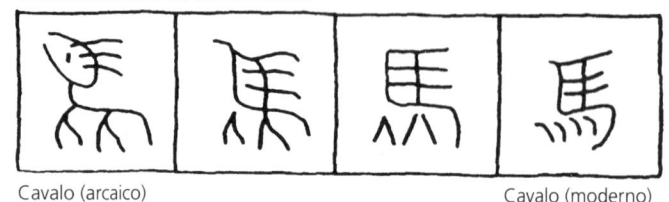

Cavalo (arcaico)   Cavalo (moderno)

b   As escritas "alfabéticas"

Por elas entendem-se todas as escritas, cujos pictogramas originais sofreram transformações em que o traçado foi reduzido à simplificação extrema. Esse fato torna-se mais evidente no alfabeto latino. No primeiro quadro do painel, nosso exemplo mostra um antigo pictogra-

Desenvolvimento da escrita latina

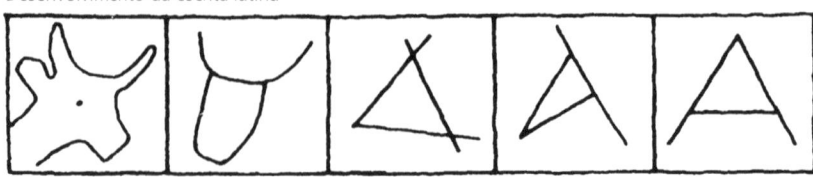

Do hieróglifo ao atual fonema "A"

ma para o touro (= *aleph*), com detalhes como a orelha, os chifres e o olho. Na evolução do sinal, suas partes mais expressivas são pouco a pouco eliminadas, dando lugar à cristalização de uma forma puramente abstrata.

2. Uma origem comum?

Quem estuda a história das várias línguas escritas de nossa civilização procura em vão uma origem comum para a formação dos sinais. De fato, já foram feitas muitas tentativas de estabelecer aproximações e associações entre escritas primitivas de diferentes regiões e continentes. Porém, nunca foi possível estipular relações uniformes e é improvável que se consiga chegar a tal resultado nesse campo.

Três sinais arcaicos para a água:

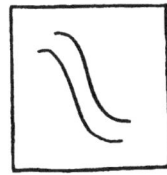

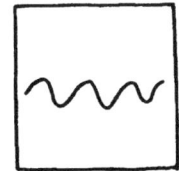

Mesopotâmia   Egito   China

Não obstante, os sinais elementares apresentam analogias inevitáveis, pelo menos no que diz respeito à representação pictórica de objetos, que deve ter sido comum a todos os povos. Basta pensar nas reproduções de figuras humanas e de animais, nos modelos típicos de armas, como flechas etc. Certamente, em todas as partes do mundo a Lua foi representada por uma forma de foice, a montanha por um triângulo e a água por uma linha ondulada. No entanto, isso não nos permite acreditar na existência de uma "escrita primitiva", mas sim numa capacidade de observação aguçada e numa sensibilidade particular de interpretação, própria dos antigos escribas.

3. Arquétipos hereditários?

Também é necessário recordar nesse momento a idéia de que, desde o nascimento, certas figuras estão profundamente ancoradas em nosso subconsciente como "arquétipos" inatos e relacionados a um signi-

Arquétipo inato?

ficado simbólico comum. Será que um gatinho já tem dentro de si a imagem do "rato" antes de vê-lo pela primeira vez? E será que uma criança é capaz de reconhecer o fogo como "perigo" sem jamais ter se queimado? Dessas dúvidas resulta uma questão fundamental, que no entanto ultrapassa os limites de nossas considerações: uma noção pictórica pode ser inata ou deve primeiramente ser experimentada para poder se fixar no subconsciente como lembrança?

4. Do pictograma ao ideograma

Com a ajuda de uma breve ilustração, tentaremos comparar sinais de três importantes círculos culturais e demonstrar alguns princípios básicos dessas escritas pictóricas.

O primeiro painel à esquerda mostra sinais chineses em sua forma arcaica; o do meio, os precursores dos caracteres cuneiformes da Mesopotâmia; e o da direita, hieróglifos do antigo Egito. Cada painel da primeira linha contém dois desenhos de objetos: porta e orelha em chinês antigo; em seguida, touro e montanha em mesopotâmico primitivo e, à direita, os hieróglifos egípcios para cântaro e água. Na linha de baixo, cada par de objetos combina-se, formando um novo significado de valor expressivo mais complexo. Essa combinação exprime uma característica associada aos dois sinais: a orelha atrás da porta significa "escutar" ou "espionar"; as montanhas na cabeça do touro querem dizer "selvagem" (o touro sente falta das montanhas); a água em combinação com o cântaro denota "frescor", "frio".

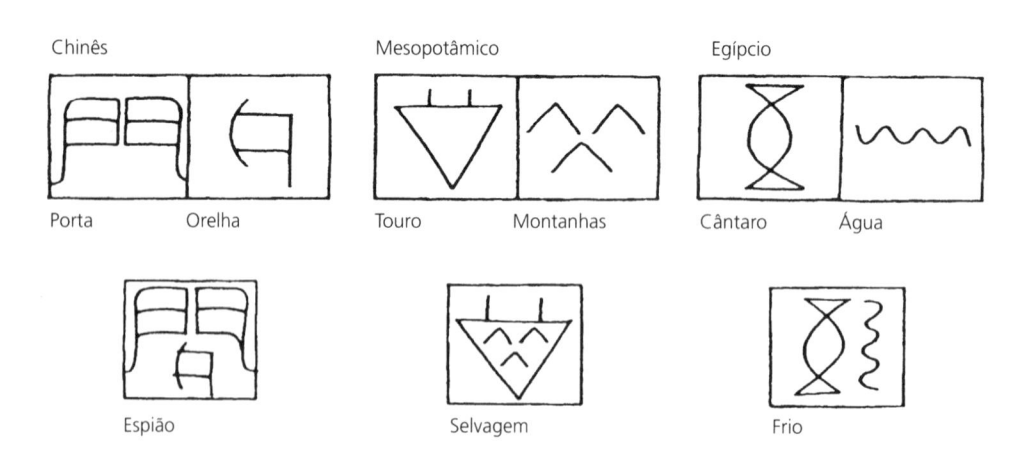

Chinês — Porta — Orelha

Mesopotâmico — Touro — Montanhas

Egípcio — Cântaro — Água

Espião

Selvagem

Frio

OS SINAIS QUE REGISTRAM A LINGUAGEM **91**

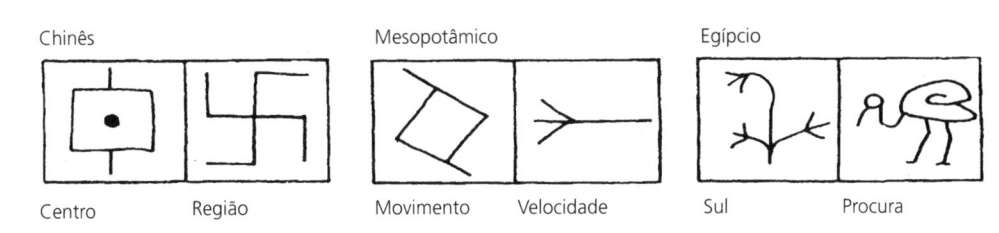

Chinês		Mesopotâmico		Egípcio	
Centro	Região	Movimento	Velocidade	Sul	Procura

Em três outros exemplos mostramos pares de pictogramas com conteúdo abstrato: no chinês, o ponto (flecha) no alvo significa "centro"; a suástica indicando as quatro direções do vento está para "região". O sinal cuneiforme primitivo para o sol representa "movimento"; a flecha exprime velocidade. No terceiro painel à direita, dois sinais hieróglifos, puramente figurativos, ilustram conceitos abstratos: a planta voltada para o sol indica o "sul"; a ave com a cabeça abaixada significa "procura".

O último exemplo mostra seis sinais no limite do figurativo: em chinês, um ponto situado acima ou abaixo da linha significa, respectivamente, "acima" ou "abaixo"; em mesopotâmico, um ângulo obtuso é o mesmo que "abaixar", e uma cruz na diagonal, "proteger". No sinal cruciforme egípcio para "divindade" pode ser reconhecida uma figura humana. No hieróglifo para "dia", os raios solares da manhã, do meio-dia e da noite são indicados de forma explicativa.

A partir dessa série de exemplos é possível compreender como um "pictograma", numa primeira fase evolutiva, pode se transformar numa expressão ideográfica ou num "ideograma".

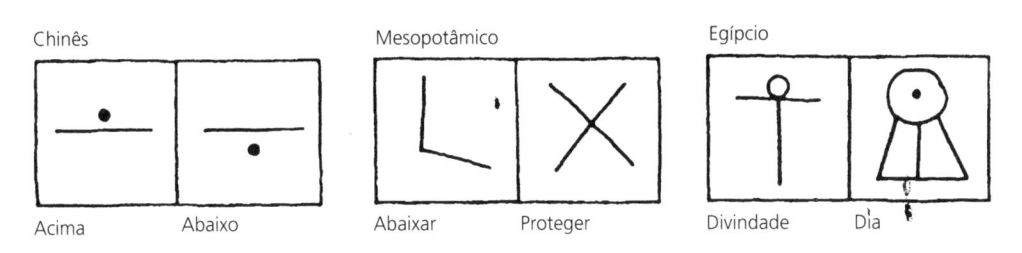

Chinês		Mesopotâmico		Egípcio	
Acima	Abaixo	Abaixar	Proteger	Divindade	Dia

5. Os determinativos

Em relação a esse tema, seria oportuno comentar os inúmeros processos essenciais para a formação de todos os sistemas lingüísticos e

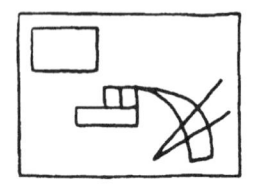

Campo

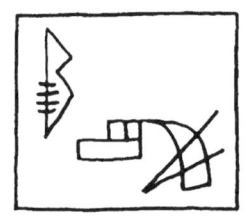

Camponês

Uhr (relógio) e
Sprung (salto)

Bee (abelha) e Leaf (folha)
Belief (crença)

das gramáticas. No entanto, isso transcenderia o âmbito de nossas observações puramente gráficas.

A esse respeito, daremos apenas um exemplo significativo: os chamados "determinativos", que assumiram um papel muito importante nas primeiras regras da escrita.

Quando se apresenta ao lado do retângulo que significa "terreno", o símbolo sumério para "arado" torna-se um sinal determinativo e passa a exprimir a idéia de um "campo cultivado".

Por outro lado, o mesmo símbolo para "arado" pode transformar-se no determinativo "camponês" quando colocado junto ao pictograma para "homem" ou "pessoa". Além disso, os traços transversais acrescentados ao símbolo "homem" são designações hierárquicas de posição ou mérito.

6. Do ideograma ao fonograma

A utilização de um pictograma para reproduzir um som silábico – e não mais para registrar um conceito – representa uma das etapas mais importantes para a verdadeira transcrição da linguagem.

O "pictograma" transforma-se em "fonograma". Em forma de rébus, a palavra alemã *Ursprung* (origem) – como hoje é compreendida – poderia ser representada pelas figuras do relógio (*Uhr*) e do salto (*Sprung*). Um exemplo tirado da língua inglesa é a representação do conceito *belief* (crença, convicção) a partir de *bee* (abelha) e *leaf* (folha).

Desse modo, pictogramas e ideogramas deram origem a sinais silábicos. Não apenas o significado de uma inscrição, mas também sua pronúncia foram permanentemente preservados na escrita.

III. O PATRIMÔNIO GRÁFICO DAS ESCRITAS PICTÓRICAS

1. Da escrita pictórica suméria à escrita cuneiforme

Há mais de quatro mil anos antes de Cristo, já vivia na Mesopotâmia, entre os rios Tigre e Eufrates, um povo de raça desconhecida, os sumérios, cuja cultura fascinante permaneceu por muito tempo na escuridão da história. Provavelmente eram tribos nômades vindas do nordeste e que acabaram se estabelecendo naquela região de planícies férteis, onde, porém, tiveram de enfrentar árduas condições climáticas para se desenvolver. Essas dificuldades de sobrevivência exerceram uma forte influência em sua evolução, tanto no sentido intelectual quanto no econômico e social. Os sumérios e seus seguidores semitas tinham um modo lógico-científico de pensar, como se pôde constatar claramente, sobretudo na origem de sua cultura escrita.

Os testemunhos mais antigos da escrita suméria remontam ao quarto milênio antes de Cristo. São universalmente considerados os primeiros exemplos de desenhos, que podem ser identificados como uma verdadeira "escrita". Trata-se de pictogramas grafados em argila, nos quais a linha reta é predominante, o que nos permite concluir que já utilizavam a espátula como técnica de impressão sobre a argila. No período neolítico, a simplificação da forma é bastante surpreendente e nos leva a indagar de forma espontânea a possível existência de versões precedentes e ainda não descobertas desses pictogramas.

Os desenhos altamente estilizados representam ora objetos completos, ora apenas partes mais detalhadas dos mesmos. Uma das mais recentes teses a respeito associa a escrita pictórica suméria aos inúmeros

Teoria de Schmandt-Besserat

Óleo

Ovelha

Lã

Objetos de argila como precursores da escrita?

Sumério

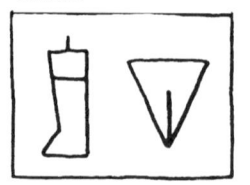

Homem (pênis)   Mulher (vulva)

Egípcio

Homem   Mulher

objetos de argila, modelados das mais diversas formas e descobertos em muitos sítios arqueológicos do Oriente Médio. Até o presente momento, não se deu muita atenção a esses pequenos objetos, que foram secundariamente qualificados como brinquedos, jóias ou amuletos.

Descobriu-se há pouco tempo que muitas dessas figuras em argila são incrivelmente semelhantes aos pictogramas mais antigos. Os símbolos para óleo, ovelha e lã, por exemplo, são "cópias" idênticas dos desenhos de objetos feitos em argila milênios antes. Freqüentemente eram inseridos em recipientes côncavos de barro, como se tivessem sido inventariados para fins comerciais, sendo que um número correspondente de pequenas figuras era registrado no recipiente como lembrete. A quantidade de cabeças de gado ou de grãos, inicialmente conservada de maneira abstrata, mais tarde passou a ser desenhada na parte externa dos recipientes de forma reduzida e estilizada. Desse modo, a figura acabou originando um sinal. Talvez essa descoberta nos explique a simplificação da imagem, que se estilizou muito tempo antes dos pictogramas desenhados em figuras moldadas de argila, e que pode ser considerada o primeiro testemunho "plástico" da escrita, atribuído ao oitavo milênio antes de Cristo.

É surpreendente o confronto dos sinais sumérios para homem (pênis) e mulher (vulva) com os hieróglifos egípcios correspondentes da mesma época. Os últimos reproduzem o corpo inteiro, porém sua "legibilidade" é bem menos precisa que os sinais dos sumérios.

As ilustrações a seguir mostram o quanto a escrita suméria se limita ao essencial. Nota-se nesses exemplos o efeito gráfico marcante de uma estilização, como no caso do conceito "mão", em que o mecanismo anatômico dos quatro dedos distendidos e do polegar contraposto em movimento é claramente esquematizado. Dentre sinais desse gênero, que podem, evidentemente, ser considerados concretos, misturam-se também os geométricos, de caráter mais abstrato (última fileira), que não podem ser decodificados sem uma explicação ou um processo de aprendizado.

Particularmente interessante é a combinação de vários sinais com novas imagens por meio da utilização do sistema de determinativos (penúltima fileira).

No terceiro milênio, a expressão escrita mudou completamente. Nenhuma outra escrita conhecida sofreu uma metamorfose tão marcante. Em oposição aos monumentos estáticos egípcios, dos quais o observador tinha de se aproximar, o povo mesopotâmico preferia o movimento. A idéia de transmitir e trocar informações transformou-se no principal fator de sua escrita. O material mais usado eram placas de barro, que

OS SINAIS QUE REGISTRAM A LINGUAGEM

Pictogramas sumérios mais antigos, que tendiam a apresentar uma expressão abstrata por volta de 3500 a.C. (Barton, Unger)

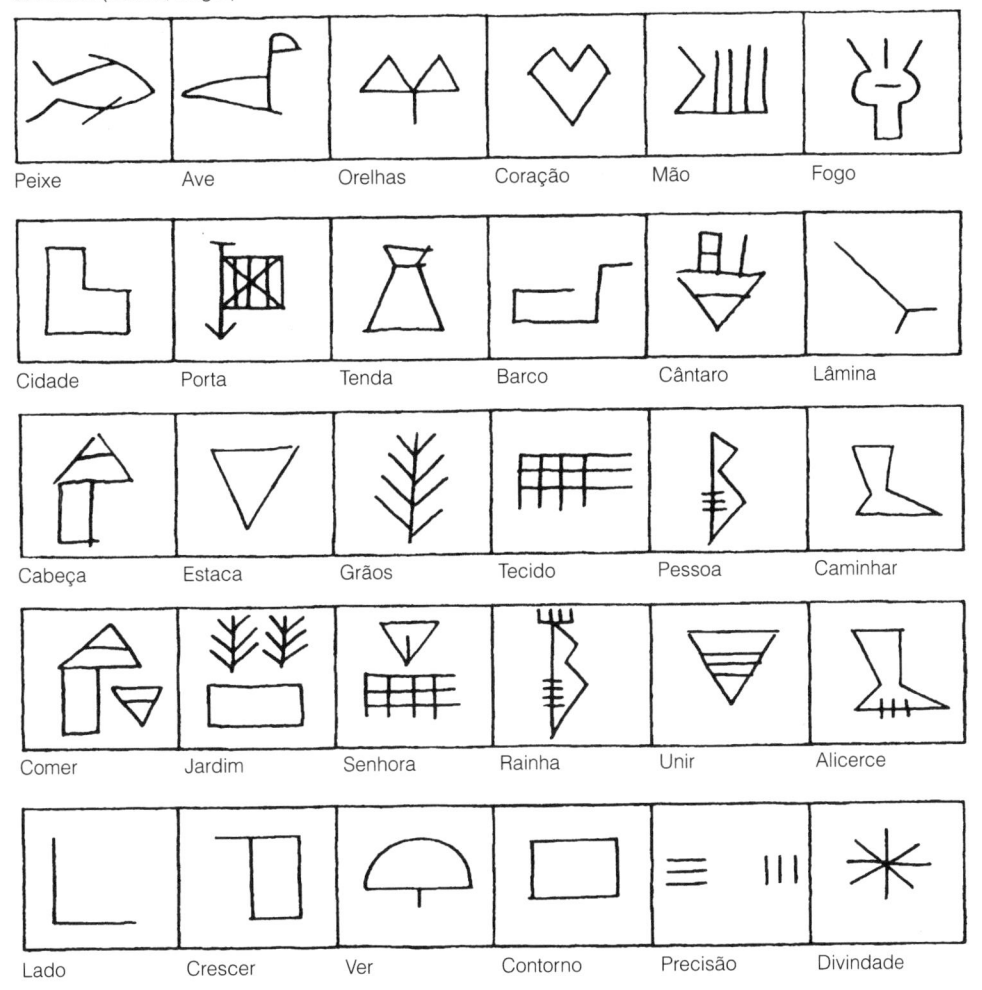

Peixe	Ave	Orelhas	Coração	Mão	Fogo
Cidade	Porta	Tenda	Barco	Cântaro	Lâmina
Cabeça	Estaca	Grãos	Tecido	Pessoa	Caminhar
Comer	Jardim	Senhora	Rainha	Unir	Alicerce
Lado	Crescer	Ver	Contorno	Precisão	Divindade

após serem queimadas ao sol ou ao fogo podiam ser facilmente transportadas uma sobre a outra.

A escrita cuneiforme deve seu nome aos traços retos que, devido à inclinação do estilete, adquiriram uma forma alongada e triangular. Progressivamente, essa técnica de perfuração substituiu a de escoriação, pois, quando se escrevia com rapidez, ela não deixava lascas nem rebarbas do traço nas bordas (devido ao deslocamento do material), o que poderia prejudicar a queima e o empilhamento das placas. A escrita cuneiforme ilustra um dos exemplos típicos de como a forma de escrever se desenvolveu não apenas a partir da reflexão intelectual, mas também a partir do material disponível.

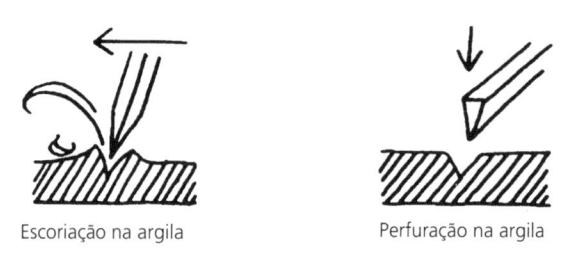

Escoriação na argila

Perfuração na argila

Ao longo dos três últimos milênios antes da nossa era, os sinais da escrita cuneiforme continuaram a se transformar, a se simplificar e a se adaptar às línguas dos povos vizinhos. Com o tempo, passou-se do ori-

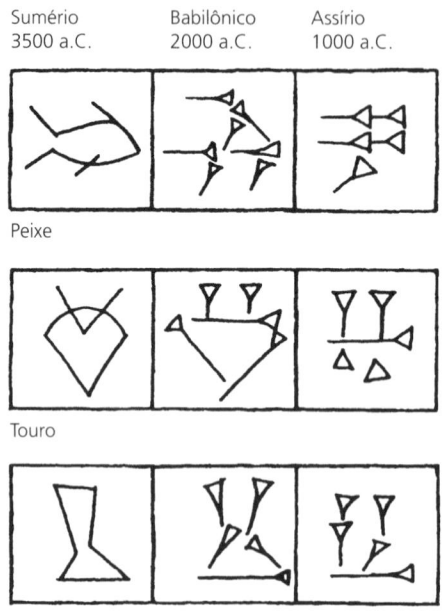

Sumério
3500 a.C.

Babilônico
2000 a.C.

Assírio
1000 a.C.

Peixe

Touro

Perna

ginal emprego pictórico ao uso fonético dos sinais, e o número de figuras empregadas pouco a pouco foi se reduzindo. Por volta da metade do primeiro milênio antes de Cristo, essa escrita estava completamente formada e difundida em todo o âmbito lingüístico semita como "meio de transportar o pensamento". Mais tarde, porém, foi gradualmente substituída pelos caracteres aramaicos. A não-sobrevivência desses sinais aos dias de hoje pode ser atribuída ao fato de a escrita cuneiforme, com seus quase mil sinais compostos para palavras e sílabas, mostrar-se mais complicada que a escrita aramaica com seus 22 sinais.

2. Os hieróglifos egípcios

O vale do Nilo e seu delta são as artérias do Egito. Conforme a estação do ano, o rio inunda grande parte do território, depositando limo fértil no solo. Esse vale foi o berço de uma civilização extremamente criativa, com talento para observar a natureza e meditar a respeito da obra e da palavra dos deuses.

Fascinado com os poderes da natureza, esse povo tentou invocá-los por meio de sinais mágicos. Quanto mais intensivo era o culto ao Sol (e ao seu contrário, o culto à morte), mais ricos eram os hieróglifos (ou sinais sagrados).

No decorrer do quarto milênio antes de Cristo, foram construídos monumentos gigantescos com materiais extraídos das rochas que circundavam o vale do Nilo. Sinais de grandeza correspondente foram gravados nesses monumentos e destinados a sobreviver ao tempo.

A expressão "hieróglifo" aplica-se exclusivamente à escrita pictórica. Criados por sacerdotes (guardiões da tradição política e religiosa), esses sinais conservaram por três milênios uma espantosa estabilidade na forma e hoje refletem a riqueza do seu ambiente em estilização e proporção esmeradas.

Nas ilustrações alinhadas a seguir, mostramos uma pequena seleção de hieróglifos adequados à nossa exemplificação. Nas duas primeiras fileiras, reconhecemos representações de objetos; na terceira, atividades, enquanto a última contém sinais usados principalmente como determinativos.

Paralelamente à forma monumental dos hieróglifos, presa à tradição, desenvolveu-se no decorrer do terceiro milênio a escrita hierática mais corrente. Os sinais cinzelados em forma de figuras foram reproduzidos "às pressas" com um pincel de junco sobre o papiro, originando uma simplificação dos mesmos. Ao longo do primeiro milênio an-

98 SINAIS E SÍMBOLOS

Alguns pictogramas egípcios, de aproximadamente 3000 a.C., ainda claramente reconhecíveis.

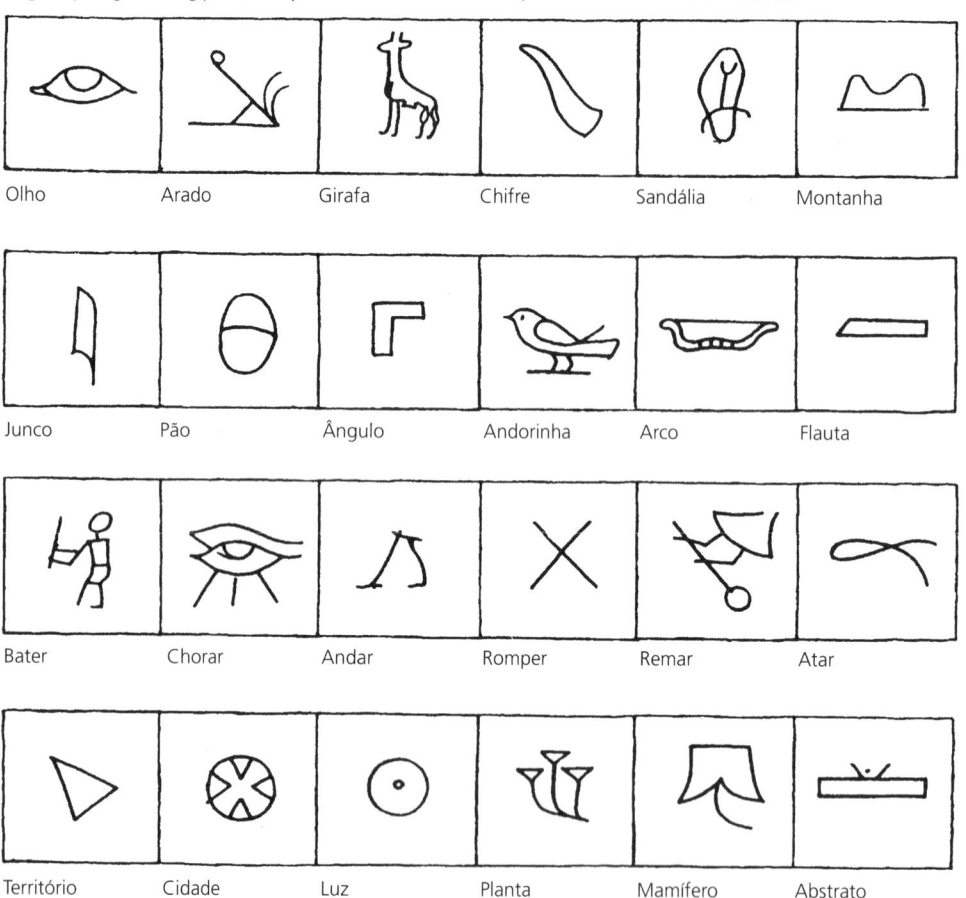

Olho	Arado	Girafa	Chifre	Sandália		Montanha
Junco	Pão	Ângulo	Andorinha	Arco		Flauta
Bater	Chorar	Andar	Romper	Remar		Atar
Território	Cidade	Luz	Planta	Mamífero		Abstrato

tes de Cristo, o estilo de escrever se cristalizou numa expressão ainda mais concisa, dando origem à escrita demótica, na qual dificilmente se reconhece a relação com os pictogramas primitivos.

Hoje a cultura da escrita egípcia deve ser considerada a base mais importante do alfabeto ocidental. No capítulo que trata das escritas alfabéticas retomaremos com mais detalhes a possível origem dos nossos sinais.

| Hieróglifos | Escrita hierática | Escrita demótica |

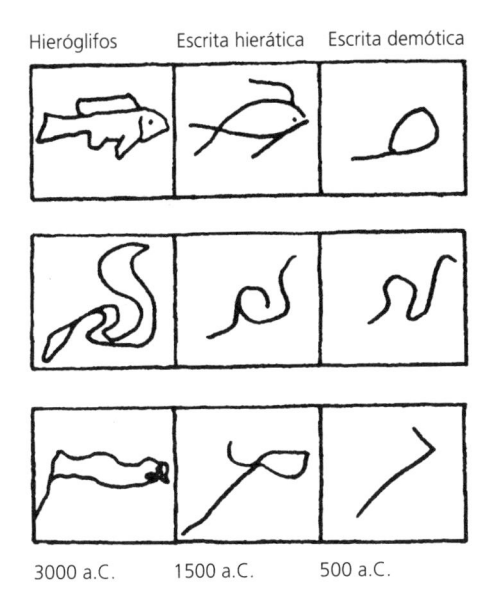

3000 a.C.   1500 a.C.   500 a.C.

3. As escritas em Creta

Entre a escrita cuneiforme e os hieróglifos, principais colunas de sustentação da cultura ocidental escrita, encontram-se testemunhos de várias evoluções culturais paralelas, como as das ilhas de Creta e Chipre, ou da Síria e até da Índia. Supõe-se que, devido à atividade comercial e às migrações, todos esses povos tenham sofrido a influência babilônica e egípcia, adotando algumas de suas expressões culturais. No entanto, não se pode esquecer de que todo povo possui seu próprio patrimônio de criações.

Em virtude da posição quase isolada da ilha, a cultura cretense foi amplamente impedida de estabelecer um contato mais próximo com seus vizinhos. Esse fato pode ser nitidamente constatado por meio das características da escrita. Embora haja provas de uma influência inicial dos pictogramas egípcios, toda a expressão escrita da ilha conserva um modo próprio de registrar a linguagem, que fascina o observador por sua originalidade gráfica e seu caráter enigmático.

Mais do que uma imagem: uma seqüência de pensamentos

Os pictogramas da época cultural mais antiga de Creta remontam a 2000 a.C. Trata-se de representações marcadamente figurativas, embora apresentem simplificações intelectuais bastante importantes, como

100 SINAIS E SÍMBOLOS

Boi, 2000 a. C.

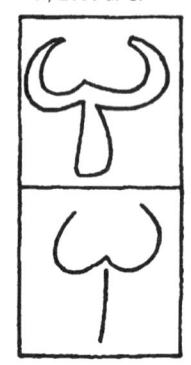

Ru, 1500 a.C.

o desenho dos braços cruzados, que contém uma seqüência completa de pensamentos. A comparação dos sinais originais, de caráter hieróglifo, com os silábicos deles resultantes ilustra claramente a diferença entre um desenho figurativo que delineia o objeto e uma configuração sem corpo e puramente linear (linear B). Isso nos reconduz à idéia de que sinais de contorno fechado tendem a evocar objetos (Parte 1, Tabela morfológica 1, quadrado e cruz), enquanto os abertos, com as extremidades do traço visíveis, indicam um aproveitamento mais abstrato e menos figurativo dos sinais: foram necessários quinhentos anos para que o desenho de um boi se transformasse no sinal silábico *ru*.

Os ideogramas e sinais silábicos podiam ser escritos na mesma linha. Por esse motivo, até hoje não se conseguiu decifrar completamente as inscrições cretenses. Uma vez que a pesquisa lingüística não constitui o objetivo do nosso estudo, contentamo-nos em reunir um número de sinais significativos. A esse respeito, é interessante notar o contraste entre as representações do homem e da mulher e, em seguida, confrontá-las com os sinais para "vestido" e "armadura". Desde o início, pernas cobertas pela veste eram uma expressão figurativa da feminilidade. Quanto aos guerreiros, a forma de saia da armadura foi abandonada, a fim de exprimir claramente a figura masculina. Igualmente fascinantes são os diferentes desenhos de espécies animais (porco, viela, ovelha) e a variedade de imagens no sinal do carro de guerra de Cnossos.

Os sinais da escrita cretense apresentam-se misteriosos ao observador, pois sua forma sugere imagens figurativas de objetos sem, no entanto, oferecer ao leitor despreparado a chave para elucidar suas dúvi-

Interpretação dos sinais no painel do carro de guerra de Cnossos (Evans)

| Homem | Armadura | Guerreiro | Vestido | Mulher |

| Porco | Vitela | Ovelha | Carro de guerra | |

Escrita figurativo-silábica de Creta, 1500 a.C.

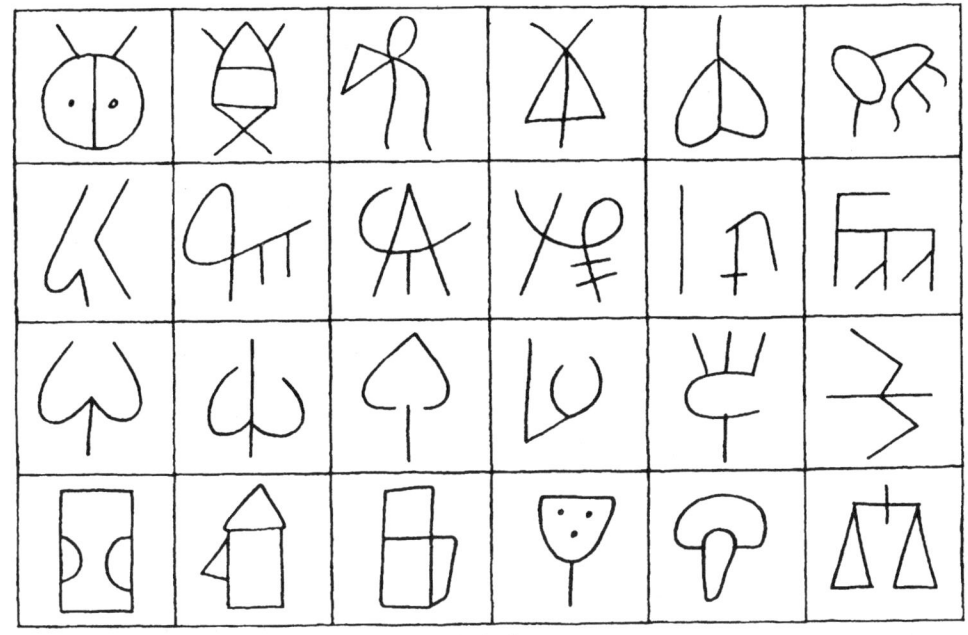

O misterioso espaço entre a ilustração concreta e os sinais abstratos

das. É provável que os pictogramas aqui reunidos, já desgastados pelo tempo, tenham sido amplamente empregados como escrita silábica.

Os pesquisadores ainda mantêm opiniões diferentes a respeito da influência da cultura gráfica cretense em toda a região mediterrânea.

Em cada caso, a riqueza gráfica dos sinais da escrita revela ao leigo um poder intelectual que não deixa dúvidas quanto ao valor cultural de Creta em relação ao mundo continental.

4. A escrita pictórica hitita da Síria

No segundo milênio antes de Cristo, o povo hitita viveu na costa oriental do mar Mediterrâneo, na Síria. Os exemplos de escrita desse império que sobreviveram até os dias atuais consistem em belíssimas linhas de caracteres, esculpidos em pedra e mais tarde grafados linearmente em diversos materiais.

Supõe-se que tanto os hieróglifos egípcios quanto a escrita cuneiforme mesopotâmica dos vizinhos da outra margem do rio Eufrates tenham estimulado e influenciado a escrita pictórica hitita. Imagina-se também que exista uma relação com a escrita pictórica de Creta. Todavia, quando observamos os sinais típicos reconhecemos o efeito da capacidade inventiva autônoma.

Na maioria dos casos, não é possível reconhecer claramente a expressão figurativa dos sinais, pois, mesmo nas descobertas mais antigas, eles são fortemente abstratos. Dentre os sinais mais "ilegíveis" encontram-se, por exemplo, os pictogramas que foram interpretados como representantes para "casa", "sol", "rei", "território" e "deus".

Ideogramas hititas de 1000 a.C. (Friedrich)

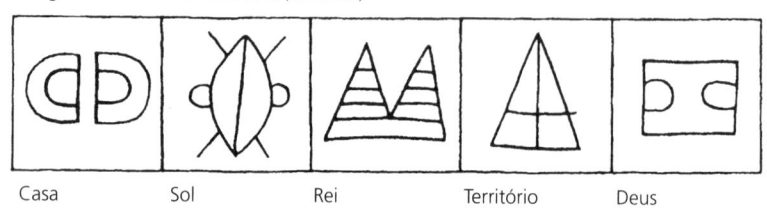

Casa   Sol   Rei   Território   Deus

Como em todas as escritas mencionadas até agora, os sinais pictóricos hititas foram gradualmente alterados para fixar sílabas e até letras. À escrita hitita faltou a simplificação habitual, responsável pela fluência na escrita e pelo surgimento dos verdadeiros sinais alfabéticos. Seu uso em inscrições foi abandonado por volta de 700 a.C.

Pictogramas hititas decifrados como sinais silábicos (Gelb)

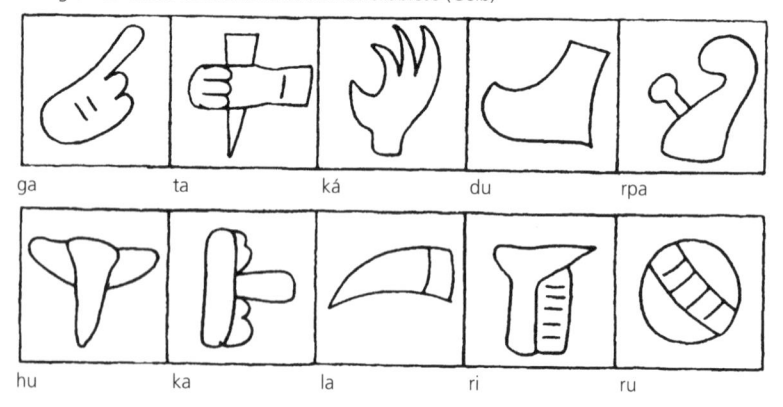

ga   ta   ká   du   rpa

hu   ka   la   ri   ru

5. A escrita pictórica do vale do Indo

Há pouco tempo, no noroeste da Índia (atual Paquistão), no vale do Indo, foram encontrados traços de uma cultura "proto-indiana", que se desenvolvera paralelamente às civilizações egípcia e babilônica. Os mais antigos testemunhos de escrita do terceiro milênio antes de Cristo surgiram em forma de selos ou cunhos de pedra e cobre. Os pictogramas podiam ser esculpidos em relevo, modelados ou amolgados em chapas de metal. Nesse caso, a variedade dos materiais e técnicas empregados também estimulou o desenvolvimento de uma forma marcante e estilizada.

Tentativa de interpretação da escrita pictórica do vale do Indo

Selo	Tigela – argamassa	Enxada	Grãos	Semente	Foice

Casa	Templo	Mesa	Leito	Carregar	Cavalo

Até hoje os pesquisadores não conseguiram decifrar essa escrita. Uma das principais razões para isso parece ser a falta quase completa de pontos de referência que possam esclarecer qual língua era empregada naquela época nessa região. Os cerca de 250 sinais usados são um número muito pequeno para um sistema pictográfico e nos permitem concluir que a escrita do vale do Indo expressa-se por meio de uma mistura de sinais para palavras e sílabas. Não há provas de uma relação com as escritas indianas desenvolvidas dois mil anos depois.

O fato de a escrita do vale do Indo ser muito antiga e de várias vezes terem sido descobertos vestígios dela em fragmentos de outras partes do Oriente Médio faz com que os pesquisadores encontrem todos os tipos de soluções hipotéticas, especialmente para provar a existência

104 SINAIS E SÍMBOLOS

A comparação inverossímil de Hevesey

Vale do Indo   Ilha da Páscoa

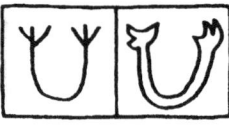

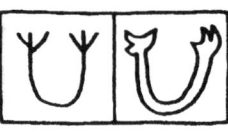

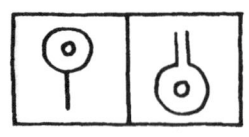

2500 a.C.   1400 d.C.

Sinal entalhado num tronco

das primeiras migrações em larga escala ou até de emigrações para outras regiões e ilhas (portanto, dois mil anos antes da grande migração indo-germânica). Foi assim que surgiu a espantosa semelhança entre a escrita do vale do Indo e a pictografia da Ilha da Páscoa (cerca de 1000 a.C.), que, no entanto, não pode ser fundamentada nem histórica nem geograficamente, pois entre ambas existem mais de três mil anos e a metade do diâmetro da Terra.

O que sobressai nessa similitude, sobretudo do ponto de vista gráfico, é a diferença básica na formação dos sinais dos dois sistemas: a antiga escrita do vale do Indo, com seu modo de expressão linear, já se encontrava em vias de uma simplificação dos sinais, enquanto a escrita da Ilha da Páscoa, bem mais recente, indica um traçado predominantemente primitivo, que procura representar todo o objeto.

6. A escrita pictórica da Ilha da Páscoa

Aproveitamos a ocasião dessa semelhança para observar a escrita da Ilha da Páscoa, principalmente devido ao seu efeito gráfico. Quanto à verdadeira evolução do conceito de "escrita", ela não retrata nenhuma fase importante, pois seu surgimento deu-se apenas séculos depois de Cristo. Supõe-se que os sinais das "madeiras falantes", principais representantes de todos os tipos de seres como pessoas, pingüins, peixes e também de objetos como remos, armas etc., tenham sido usados sobretudo como auxílios mnemônicos para o canto. Porém, até hoje não se conseguiu decifrar cientificamente essa linguagem.

É interessante conhecer outra escrita pictórica, em que o uso de determinado material (a madeira) e de determinada técnica (o entalhe) conduz a uma formação original dos sinais. Ao ser entalhado no sentido transversal em relação às fibras, o tronco não oferece a mesma resistência que no sentido longitudinal. Essa resistência alternada levava os entalhadores a um traçado quase exclusivamente transversal às fibras, pois desse modo tinham mais liberdade de movimento para traçar linhas. Conseqüentemente, formas horizontais e circulares foram praticamente excluídas, e muitos sinais permaneceram com as duas extremidades abertas. Sendo assim, figuras humanas aparecem sem os pés, com as mãos mutiladas e a cabeça geralmente inclinada.

Um material bem estruturado obriga a mão a uniformizar cada figura. A beleza de um documento escrito encontra-se, entre outros, na equivalência das imagens alinhadas, que se combinam misteriosamen-

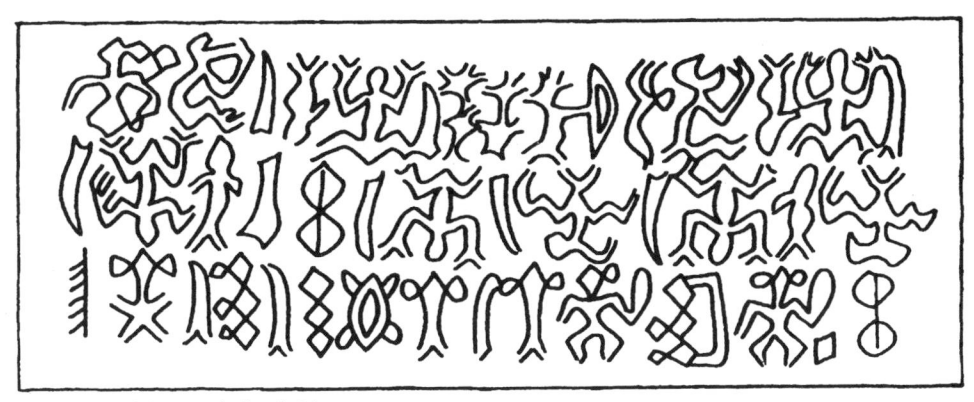

As "madeiras falantes" da Ilha da Páscoa

te até formarem um todo, como num tecido. Na escrita da Ilha da Páscoa, nota-se especialmente a harmonia existente nos espaços entre os sinais e as linhas e nas formas internas.

Essa observação também pode ser interpretada como uma forma para indicar que as tabuletas se destinavam a um uso contemplativo. Portanto, não precisavam ser legíveis, mas belas. O modo particular de escrever, em que a cada duas linhas invertia-se o sentido da leitura, obrigando o leitor a girar continuamente a tabuleta, mostra que esse processo de leitura deve antes ser considerado como um rito.

7. A escrita rúnica

No decorrer de nossas considerações a respeito das escritas pictóricas, gostaríamos de mencionar as escritas rúnicas. Não apresentaremos justificativas históricas ou geográficas, apenas técnicas em relação aos pictogramas da Ilha da Páscoa. A escrita rúnica, desenvolvida num momento impreciso do primeiro milênio antes de Cristo, em regiões frias e arborizadas do norte da Europa, também foi essencialmente formada a partir do material básico utilizado, ou seja, a madeira. Os testemunhos que resistiram à decomposição são inscrições esculpidas em pedra. A forma dos sinais não deixa dúvidas quanto ao uso primitivo de tábuas de madeira. A escrita constitui-se sobretudo em incisões verticais e diagonais, traçadas transversalmente em relação às fibras. Além do fenômeno de resistência alternada conforme a direção do corte – como descrito anteriormente –, deve-se considerar que o clima úmido molhava a madeira, fazendo com que as fibras se intumescessem e as linhas traçadas longitudinalmente se tornassem espessas e, portanto, ilegíveis.

Não se pode comprovar com certeza se as escritas rúnicas silábicas e alfabéticas que apareceram posteriormente servem de base para uma escrita pictórica nórdica original. As pedras rúnicas tradicionais demonstram que já havia uma escrita rúnica antes da introdução da forma latina, nos dois primeiros séculos depois de Cristo. No entanto, supõe-se que os desenhos primitivos não serviam inicialmente para registrar a linguagem, mas eram antes sinais secretos para profecias, cultos e magias. Esse fato indicaria a forte natureza abstrata dos sinais, que sempre os manteve enigmáticos.

Comparações etimológicas revelaram os nomes de algumas runas. O estudo do antigo alfabeto rúnico germânico mostra que esses nomes referem-se a um sistema de escrita pictórica primitiva, ainda reconhecível em sinais isolados (boi, homem, flecha etc.)

Escrita rúnica e seus nomes figurativos (Jensen)

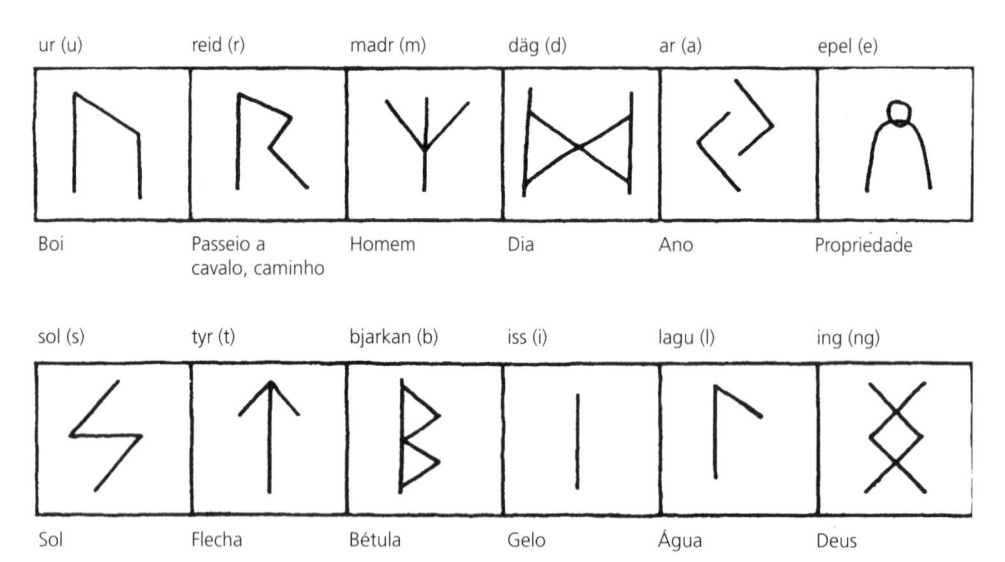

ur (u)	reid (r)	madr (m)	däg (d)	ar (a)	epel (e)
Boi	Passeio a cavalo, caminho	Homem	Dia	Ano	Propriedade

sol (s)	tyr (t)	bjarkan (b)	iss (i)	lagu (l)	ing (ng)
Sol	Flecha	Bétula	Gelo	Água	Deus

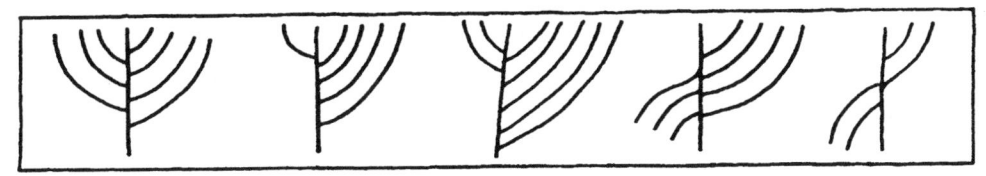

Runas ramificadas, uma escrita comum

As misteriosas runas ramificadas do extremo norte constituem sistemas cifrados para textos secretos. Já no início de seu desenvolvimento, as runas foram dispostas em fileiras, como num alfabeto. As ramificadas indicavam a posição da letra na fileira correspondente, com base no número de ramificações.

O primeiro sinal do nosso exemplo mostra a quarta letra (à direita) na terceira linha do alfabeto (à esquerda), e assim por diante.

Limitadas às condições climáticas, as runas denotam uma simplicidade espantosa, típica de um povo com rigoroso senso econômico.

8. A escrita circular chinesa

a A sabedoria do I-Ching

A moderação formal presente nos sinais rúnicos nos leva a compará-los com outra redução intelectual da forma, que neste momento servirá de acesso ao universo da escrita chinesa. Trata-se da sabedoria do I-Ching, cuja origem remonta à escuridão do terceiro milênio antes de Cristo. Acredita-se que tenha sido o imperador Fou-Hsi o responsável por registrar a sabedoria transmitida oralmente por meio de um sistema de sinais. Essa sabedoria implicava a filosofia dos conceitos "yang" (princípio masculino) e "yin" (princípio feminino), que já comentamos no capítulo sobre o dualismo expresso no belíssimo desenho das vesículas de peixe complementares, em branco e preto, que se unem para formar um círculo. É provável que a sabedoria do I-Ching tenha se baseado no jogo do milefólio, feito de gravetos inteiros e partidos, possivelmente usados por magos e sacerdotes em rezas e oráculos.

Yin e yang

Jogo do milefólio

Yang

Yin

A representação dos gravetos na escrita do I-Ching ocorre, por um lado, com uma linha inteira para o "yang" e, por outro, com uma linha interrompida para o "yin". Os sinais verdadeiros compõem-se desses dois elementos básicos, mais precisamente oito trigramas ou sinais elementares na primeira fileira. Nesses oito sinais principais estão representados os elementos básicos do mundo de modo quase "figurativo", com ênfase para o conceito dual do "yang" e "yin", como segue:

1   Três vezes "yang" significa *céu*, mas também pai, cabeça e dureza.
2   Três vezes "yin" exprime *terra*, mãe, vestido e ternura.
3   Uma linha de "yang" entre duas de "yin" é o símbolo para a *água*. O elemento ativo, o rio, é representado entre as duas margens tranqüilas da terra firme.
4   Uma linha de "yin" entre duas de "yang" simboliza o *fogo*. Neste sinal, o céu está sobre e sob a terra. O relâmpago retorna do céu em direção à terra.
5   Um céu sobre duas terras é quase uma representação gráfica para o conceito de *montanha*.
6   Dois céus sobre a terra traduzem o *vento*, que é também a voz do céu. O mesmo sinal também representa a *floresta*, pois nela pode-se ouvir o vento.
7   Uma terra sobre dois céus significa *mar*. Com um pouco de imaginação, é possível enxergar o reflexo da água no céu.
8   Duas terras sobre um céu reproduzem o *trovão*. As relações de poder são trocadas e chega-se a uma descarga de tensão.

Toda a sabedoria do I-Ching expressa-se por meio desses oito elementos básicos (trigramas), combinando-os de forma a compor hexagramas. Desse mecanismo resultam 64 sinais de sabedoria (vide tabela), dos quais tentaremos comentar alguns de maneira simplificada.

11 A terra é carregada pelo céu. O criador penetrou na terra. O sinal significa paz.
12 O céu encontra-se completamente separado da terra. Não há nenhuma ligação entre o que está acima e o que está abaixo. O sinal exprime distância, pausa e podridão.
34 O trigrama trovão sobre o céu evoca criatividade, poder e grandeza.
48 O trigrama água na parte superior e o da floresta na inferior significam fonte (a água que cai do céu brota novamente).

A ilustração da página ao lado apresenta todos os sinais da sabedoria do I-Ching. Uma descrição detalhada não seria adequada neste estudo, pois tomaria muito tempo. Todavia, somos da opinião de que observar atentamente esse ideário é uma excelente ocasião para estudar não apenas o pensamento, mas também o processo de abstração da expressão.

b   A escrita pictórica chinesa

A hipótese de a antiga escrita pictórica da China ter sido influenciada pelos sinais do I-Ching é apenas uma impressão. Nota-se, por exem-

Os 64 hexagramas da sabedoria do I-Ching (interpretação livre de Wilhelm)

1. Criador	2. Receptor	3. Dificuldade	4. Juventude	5. Espera	6. Discórdia	7. Exército	8. Comunidade
9. Domesticar	10. Caminhada	11. Paz	12. Pausa	13. Comunidade	14. Riqueza	15. Modéstia	16. Entusiasmo
17. Seqüência	18. Refinamento	19. Encontro	20. Contemplação	21. Partir com os dentes	22. Graça	23. Rompimento	24. Retorno
25. Inocência	26. Domesticação	27. Alimentação	28. Predomínio	29. Impenetrável	30. Claridade	31. Solicitar	32. Duração
33. Refúgio	34. Poder	35. Progresso	36. Escuridão	37. Família	38. Oposição	39. Obstáculo	40. Libertação
41. Reter	42. Crescimento	43. Ruptura	44. Encontro	45. Reunir	46. Crescer	47. Extenuar	48. Fonte
49. Revolução	50. Vasilhame	51. Abalo	52. Repouso	53. Progresso	54. Noiva	55. Enchente	56. Viajante
57. Vento	58. Alegre	59. Dispersão	60. Limitação	61. Verdade	62. Veneração	63. Perfeição	64. Nada

plo, a grande semelhança entre o sinal pré-histórico para água e o seu correspondente no I-Ching. Seria possível reconhecer nas figuras para fogo e terra vestígios dos sinais de yin e yang?

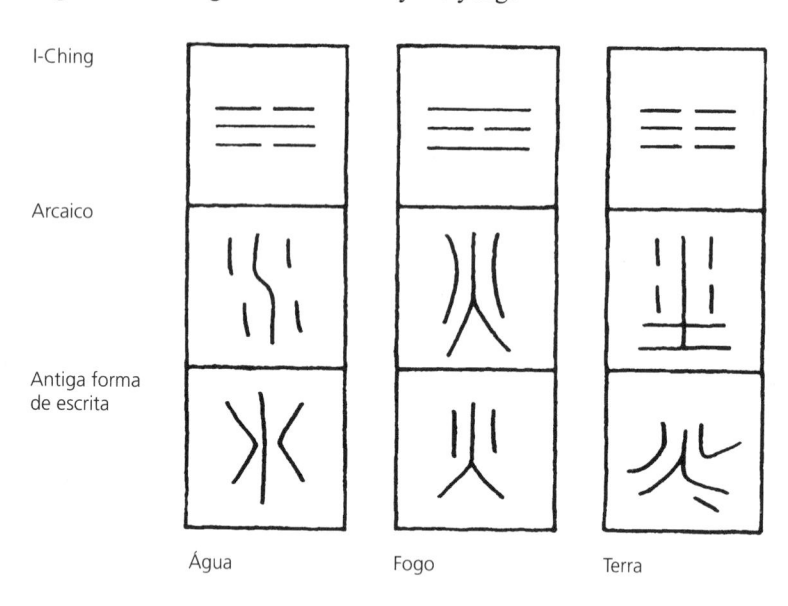

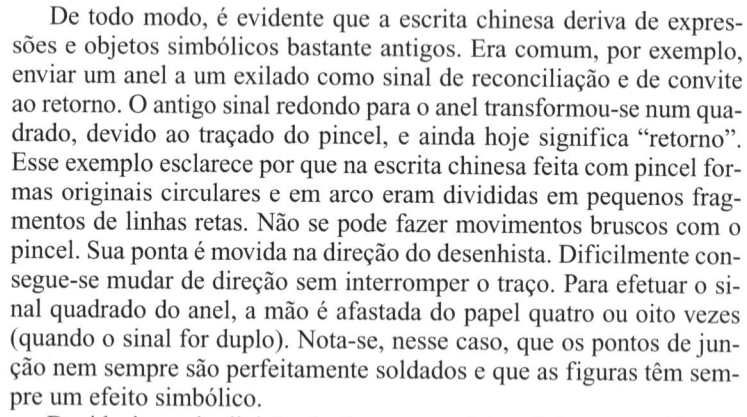

	Água	Fogo	Terra
I-Ching	☵	☲	☷
Arcaico	(forma arcaica)	(forma arcaica)	(forma arcaica)
Antiga forma de escrita	(antiga forma)	(antiga forma)	(antiga forma)

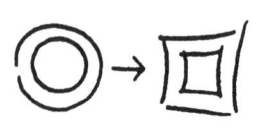

Anel da reconciliação: ○ → ▢

De todo modo, é evidente que a escrita chinesa deriva de expressões e objetos simbólicos bastante antigos. Era comum, por exemplo, enviar um anel a um exilado como sinal de reconciliação e de convite ao retorno. O antigo sinal redondo para o anel transformou-se num quadrado, devido ao traçado do pincel, e ainda hoje significa "retorno". Esse exemplo esclarece por que na escrita chinesa feita com pincel formas originais circulares e em arco eram divididas em pequenos fragmentos de linhas retas. Não se pode fazer movimentos bruscos com o pincel. Sua ponta é movida na direção do desenhista. Dificilmente consegue-se mudar de direção sem interromper o traço. Para efetuar o sinal quadrado do anel, a mão é afastada do papel quatro ou oito vezes (quando o sinal for duplo). Nota-se, nesse caso, que os pontos de junção nem sempre são perfeitamente soldados e que as figuras têm sempre um efeito simbólico.

Devido à ampla divisão da língua em vários dialetos, os chineses atribuíram grande importância à linguagem dos gestos para uma melhor compreensão. Esse fato aparece claramente na conversação. Como exemplo podem ser mencionados três sinais, em que as diferentes posições da mão são necessárias para a explicação das imagens. No primeiro caso, uma mão é afastada da outra para exprimir o conceito de "invertido". No segundo, encontram-se esticadas, prontas para acolher, simbolizando a "amizade". Finalmente, no terceiro, duas mãos se posicionam sobre a cabeça para exprimir a saudação dos súditos ao "príncipe". No capítulo introdutório, foram apresentados exemplos de características típicas do sistema da escrita pictórica chinesa. As regras básicas do registro dessa linguagem são incrivelmente exóticas e atraentes para o homem ocidental. No momento não será possível nos aprofundarmos nesse tema. Teremos de nos contentar em apresentar num quadro alguns sinais marcantes da escrita pictórica chinesa em sua forma original. A escrita chinesa atual conta com dez mil sinais, e o desenvolvimento de novas combinações de figuras ainda não está concluído. As responsáveis por essa riqueza são as características do monossilabismo fortemente marcado da língua. A sílaba "fu", por exemplo, tem vários significados como "enviar", "rico", "pai", "mulher", "pele" etc. Cada um desses conceitos deve ser expresso em combinação com outros sinais para serem diferenciados e compreendidos pelo leitor. Essa é uma das razões pelas quais nunca foi possível reduzir o chinês a uma simples escrita silábica ou alfabética. No entanto, isso permitiu que essa língua sempre tivesse a vantagem de ser lida como escrita pictórica além de suas províncias e fronteiras nacionais (como a Coréia e o Japão) e por toda a população poliglota que abrange a Ásia oriental.

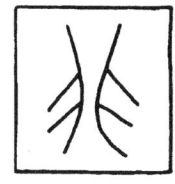

Invertido

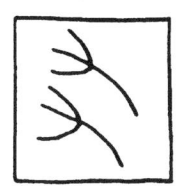

Amizade

Príncipe

c   A escrita chinesa e a arquitetura

Em relação a esse tema, pode-se acrescentar uma última consideração a respeito das relações formais entre a expressão arquitetônica e a caligráfica. A típica curvatura das vigas diagonais e transversais no estilo de construção oriental está relacionada à elasticidade dos troncos de bambu, que suportam caibros e cumeeiras relativamente pesados. A imagem da linha encurvada torna-se a figura principal da paisagem. Em certo sentido, a escrita contém essa expressão, uma vez que todos os movimentos diagonais laterais – presentes na maior parte das figuras – que se ampliam para baixo descrevem uma linha em forma de arco. O pincel, inventado por volta de 200 a.C., é, em parte, o responsável por esse fenômeno, porém as direções das curvaturas nem sempre são totalmente "adequadas" ao traçado manual. Por isso, tendemos a crer que, assim como existe certa semelhança entre a escrita e as catedrais góticas, na caligrafia do extremo Oriente também existe um parentesco com o estilo de construção como forma de expressão.

Escrita

Estrutura arquitetônica em bambu

Figuras arcaicas da escrita pictórica chinesa

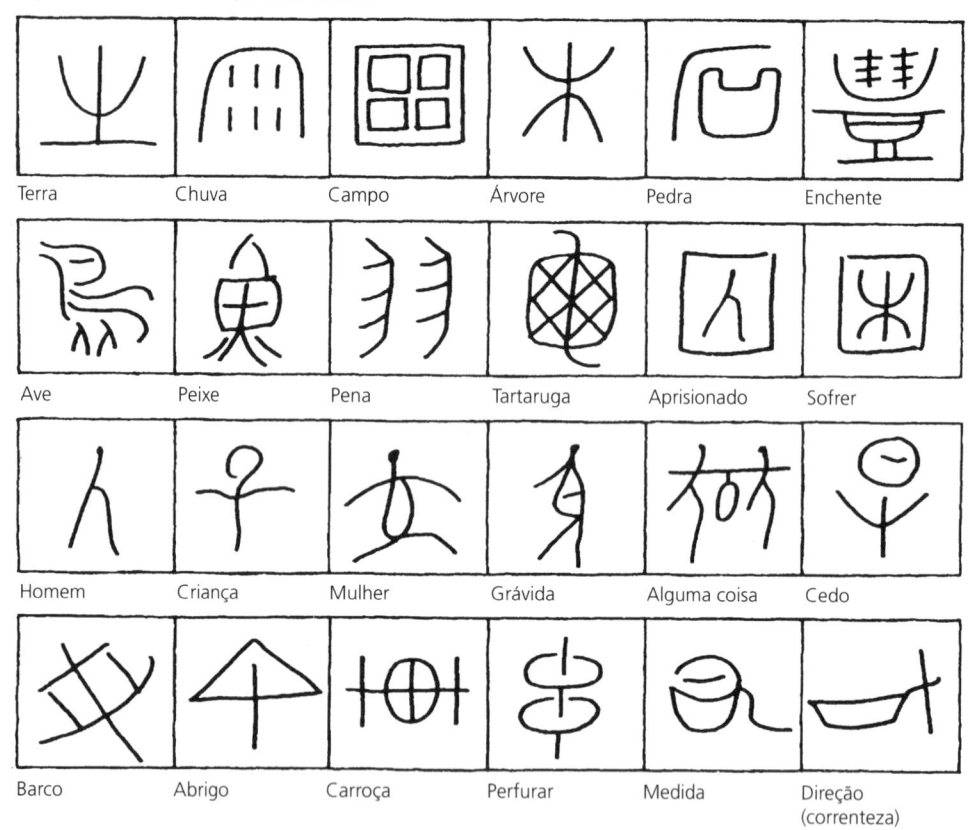

Terra	Chuva	Campo	Árvore	Pedra	Enchente

Ave	Peixe	Pena	Tartaruga	Aprisionado	Sofrer

Homem	Criança	Mulher	Grávida	Alguma coisa	Cedo

Barco	Abrigo	Carroça	Perfurar	Medida	Direção (correnteza)

9. As escritas americanas anteriores a Colombo

Em relação aos testemunhos escritos do "Velho Mundo", os do "Novo Mundo" são em número inferior e cerca de quatro mil anos mais recentes.

Dos incas são conhecidas apenas as fases preliminares da escrita, em forma dos chamados *quipus**, enquanto os astecas e os maias deixaram escritas fascinantes na região onde hoje se localiza o México.

* "Grandes cordas de linhas coloridas cuja combinação de nós e tessitura indicava informações sobre colheitas, armazenagem, contagem da população, recrutamento de trabalhadores e soldados, relatórios sobre os progressos de obras públicas e pagamentos de tributos" (Berlitz, Charles. *As línguas do mundo*. 4.ª ed. Rio de Janeiro, Nova Fronteira, 1988. P. 109). (N. da T.)

O desenvolvimento da cultura autônoma na América Central foi interrompido de forma repentina e cruel pela invasão dos colonizadores espanhóis. Durante esse período, a escrita encontrava-se entre a pictografia e a transcrição fonética.

Entre as concepções européias e americanas de transcrição da linguagem existe uma divergência proporcional à distância entre os dois continentes. Por esse motivo, a decifração torna-se bastante difícil, visto que praticamente não existem condições de comparação. Os únicos sinais que atualmente podem ser analisados com segurança são os numerais nos manuscritos do calendário astrológico e nas inscrições monumentais, esculpidas em pedra, das misteriosas construções maias.

Ilustrações imaginárias

Sinais astecas para designar os meses

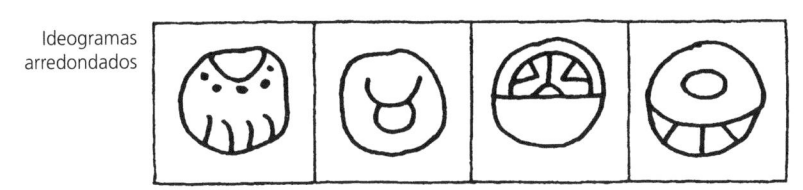

Ideogramas arredondados

Sinais maias para designar os dias

Ao compararmos as culturas maia e asteca, relativamente contemporâneas e conterrâneas, notamos sobretudo uma enorme diferença na formação dos sinais de suas escritas. Sendo assim, na dos astecas encontramos representações figurativas de objetos e criaturas fantásticas para designar os meses, enquanto os dezoito sinais dos meses maias contêm uma abstração muito forte, do que se depreende que todos os conceitos simbólicos sempre se movimentam dentro de um circuito fechado e circular.

Rébus

a   A escrita pictórica dos astecas

Portanto, os astecas usavam desenhos de objetos, que eram empregados como palavras ou em combinações em forma de rébus. Conceitos como "casa", "rede" e "açor" também são facilmente reconhecíveis por nossa cultura. No entanto, os sinais não habituais para "água", "pedra" e "recipiente" exigem uma explicação, da mesma forma que os ideogramas para "morte", "viúva" e "respiração".

Em contrapartida, o rébus para "pessoas do templo" pressupõe o conhecimento da língua natal. O termo em questão é "teocaltitlan" e é composto das seguintes palavras: abaixo, à esquerda, "te" (lábios); ao lado, à direita, "o" (pegadas); acima, "cal" (casa) e ao lado, "tlan" (dentes).

Escrita pictórica dos astecas, 1100 d.C. (Seler)

Casa   Rede   Açor

Água   Pedra   Recipiente

Morte   Viúva   Respiração

b A escrita pictórica dos maias

É provável que a escrita na cultura maia se baseie nos mesmos princípios, embora os sinais fortemente abstratos que a compõem tenham induzido os pesquisadores a formular várias hipóteses, visto que uma representação não-figurativa abre espaço a interpretações variadas. Alguns pictogramas simples serão suficientes como exemplos.

Quem estuda inscrições em relevo, cinzeladas em pedra, surpreende-se com a capacidade criativa e a composição das imagens agrupadas, cujo teor os pesquisadores de hoje, mais do que nunca, esforçam-se zelosamente para esclarecer. Nossa última ilustração mostra o agrupamento isolado de uma inscrição do calendário de Copan. Em seu lado inferior direito, é possível reconhecer o sinal de um dia, já esboçado anteriormente. Na tentativa de indicar a relação de sentido de cada elemento dos grupos de sinais, foram elaboradas interpretações de várias ordens. Desse modo, constitui-se, de um lado, a teoria de uma escrita silábica, na qual os sinais teriam perdido por completo seu sentido figurativo. De outro, investiga-se a possibilidade de essa misteriosa cultura escrita basear-se numa estruturação complexa, em que imagens, idéias e sons se misturariam.

Resta-nos esperar para saber se esses enigmáticos testemunhos de uma cultura de outro mundo, reprimida pelas invasões ocidentais, revelará seus segredos. E é justamente com essa dúvida a respeito de tudo o que ainda está para ser esclarecido que gostaríamos de encerrar este capítulo sobre as antigas escritas pictóricas.

Onde está a solução para este enigma?

Pictogramas simples da escrita maia, 1000 d.C. (Beyer)

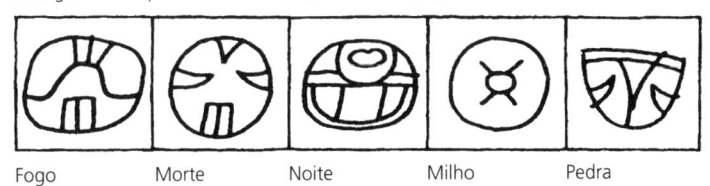

| Fogo | Morte | Noite | Milho | Pedra |

IV. OS ALFABETOS DO MUNDO

1. A genial invenção das letras e sua difusão

Nas regiões do Oriente Próximo, no final do segundo milênio antes de Cristo, existiu um grande número de sistemas de escrita que registraram as mais variadas línguas e dialetos.

Naquela época, os fenícios, pequeno povoado de comerciantes, viviam na costa oriental do Mediterrâneo. Tanto por terra quanto por mar, estavam sempre em contato com a maioria dos países mediterrâneos. Para desenvolver essa atividade comercial, era necessário conhecer muitas línguas e escritas. Por isso, não é de espantar que tenham elaborado certa uniformidade, ou seja, uma síntese das escritas disponíveis. Pela primeira vez, surgia a genial inovação de não fundir as consoantes em sílabas (ba, di, gu etc.), mas de registrá-las como as menores unidades sonoras (b, d, g etc.). Sendo assim, na virada do milênio nasceram os sinais consonantais fenícios, que hoje são universalmente considerados e reconhecidos como a base de partida de todas as escritas alfabéticas.

Mediante a montagem de um quadro evolutivo, tentaremos acompanhar a metamorfose gráfica a partir da primeira letra do nosso alfabeto.

No ponto central da ilustração, como num cadinho, encontra-se o sinal fenício *aleph*, cuja origem – já mencionada no capítulo anterior – deve-se à cristalização de pictogramas e ideogramas egípcios, sumérios, cretenses e provavelmente de outros povos (parte superior do quadro). É evidente que o período anterior, de quase dois mil anos (de

118 SINAIS E SÍMBOLOS

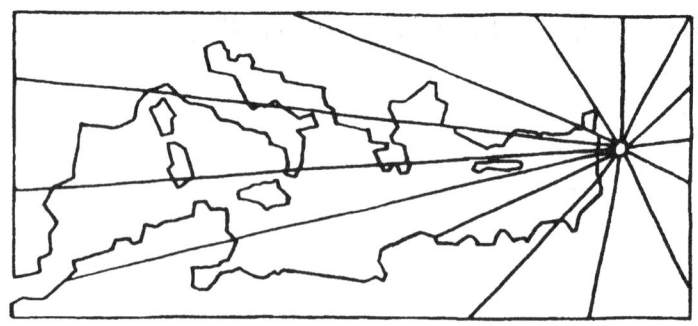

A expansão fenícia na região do mar Mediterrâneo

3000 a.C. a 1000 a.C.), deixou muitas lacunas, em geral porque as fases mais significativas do seu desenvolvimento ainda não haviam sido descobertas. No entanto, a relação completa praticamente não pode ser posta em dúvida, pois é explícita.

Num espaço de tempo relativamente curto, o alfabeto fenício atingiu determinada perfeição da forma e reduziu-se a 22 sinais fonéticos selecionados. Por isso, não nos surpreende o fato de esse sistema de escrita ter substituído, com certa rapidez, quase todos os demais. Sendo assim, no decorrer do primeiro milênio antes de Cristo, os aramaicos difundiram o alfabeto como meio internacional de comunicação por todo o Oriente Próximo, chegando ao norte da África, à Ásia Menor e até mesmo à Índia.

Todos os desenvolvimentos históricos apresentam esses processos de distribuição. Visto que naquele tempo não havia uma comunicação estreita e formal entre os povos, desse isolamento nasceram novas formas individuais, de caráter nacional. Desse modo, no início do primeiro milênio antes de Cristo os principais ramos das escritas semítico-arábica, indiana e ocidental, que permaneceram vivas até a nossa era, separaram-se e deram origem aos alfabetos usados atualmente (vide metade inferior do quadro).

Escritas vocalizadas

O registro da língua semita conservou o princípio fenício dos sinais consonantais, tanto que, hoje, hebreus e árabes escrevem apenas as consoantes, que, dependendo do caso, são acompanhadas de acentos para efeito de vocalização (fileira do meio do quadro).

Hebraico (acima)
Árabe (abaixo)

O círculo lingüístico da Índia e da Indonésia, embora provavelmente derive dos sinais fenícios, permaneceu num princípio silábico mais complicado, cuja explicação nos tomaria muito tempo. Na evolução da escrita ocidental (fileira à esquerda do quadro) houve a intervenção de

Resumo gráfico da evolução do fonema A

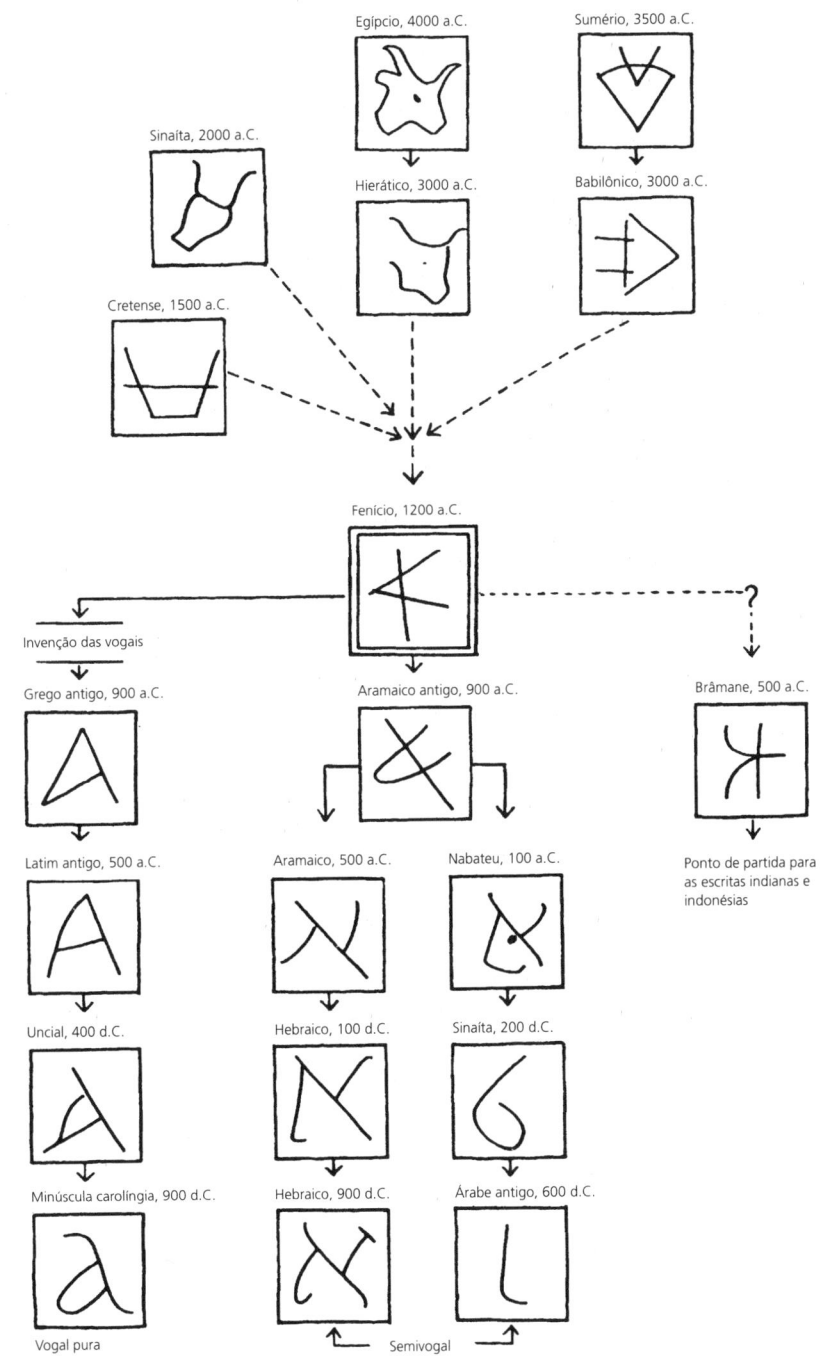

- Egípcio, 4000 a.C.
- Sumério, 3500 a.C.
- Sinaíta, 2000 a.C.
- Hierático, 3000 a.C.
- Babilônico, 3000 a.C.
- Cretense, 1500 a.C.
- Fenício, 1200 a.C.
- Invenção das vogais
- Grego antigo, 900 a.C.
- Aramaico antigo, 900 a.C.
- Brâmane, 500 a.C.
- Latim antigo, 500 a.C.
- Aramaico, 500 a.C.
- Nabateu, 100 a.C.
- Ponto de partida para as escritas indianas e indonésias
- Uncial, 400 d.C.
- Hebraico, 100 d.C.
- Sinaíta, 200 d.C.
- Minúscula carolíngia, 900 d.C.
- Hebraico, 900 d.C.
- Árabe antigo, 600 d.C.
- Vogal pura
- Semivogal

outro fator importante: os gregos sentiram a necessidade de ampliar a imprecisa vocalização fenícia (que, no entanto, satisfazia as condições das línguas semitas) para poderem reproduzir o grego antigo, rico em modulações. Sendo assim, supõe-se que o "A" e o "E" derivem dos fonemas aspirados "ha" e "he", que o "I" provenha do sibilante "j", o "O" do som "ajin" – muito difícil de ser pronunciado –, e o "U", do "W".

Essa invenção de sinais vocálicos pode ser considerada uma das fases mais importantes da evolução da escrita, pois abriu caminho para que o latim se elevasse à categoria de meio de comunicação que une os povos.

O desenho do quadro evolutivo foi realizado cientificamente com um traçado neutro e uniforme, a fim de tornar as relações gestuais mais expressivas. No entanto, deve-se realçar que a forma dos sinais isolados foi essencialmente influenciada pela natureza dos instrumentos e das bases utilizadas.

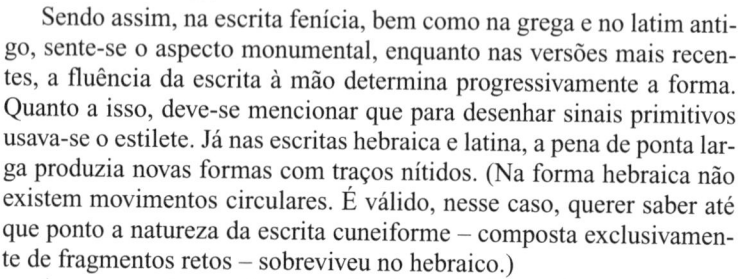

Sendo assim, na escrita fenícia, bem como na grega e no latim antigo, sente-se o aspecto monumental, enquanto nas versões mais recentes, a fluência da escrita à mão determina progressivamente a forma. Quanto a isso, deve-se mencionar que para desenhar sinais primitivos usava-se o estilete. Já nas escritas hebraica e latina, a pena de ponta larga produzia novas formas com traços nítidos. (Na forma hebraica não existem movimentos circulares. É válido, nesse caso, querer saber até que ponto a natureza da escrita cuneiforme – composta exclusivamente de fragmentos retos – sobreviveu no hebraico.)

A presença de um elemento circular fechado nas formas da língua árabe pode ser atribuída ao antigo uso do pincel.

2. Um panorama dos grupos de escrita do mundo

Para obter um panorama nítido das escritas do mundo, marcamos num mapa os alfabetos básicos ainda em uso. De cada cultura escrita apresentamos apenas a versão mais característica, pois, de outro modo, só para a Índia seria necessário mostrar quinze alfabetos diferentes, ainda empregados atualmente.

A escrita sempre foi um dos veículos mais importantes na transmissão da cultura. Mais do que a economia, o direito e as ciências, as religiões foram as principais usuárias das escritas. Freqüentemente monopolizavam a arte de escrever como um ato sagrado. Por isso, de maneira geral, cada cultura gráfica mencionada pode ser associada à religião correspondente, em parte ainda hoje responsável por sua difusão.

No centro geográfico onde nasceram os alfabetos situa-se hoje o quadrado hebraico que, pelo máximo de respeito à tradição judaica, praticamente não se modificou por quase três mil (!) anos.

Nas regiões ao noroeste encontram-se as culturas grega e latina, que deram origem ao cristianismo e às suas ramificações: a ortodoxia oriental (escritas cirílicas) e, sobretudo, as tendências de crenças católico-reformadas, difundidas pela metade do mundo e responsáveis pela formação das escritas derivadas desde a maiúscula romana até a minúscula renascentista.

No sul e no Oriente Próximo, a fé maometana do Islão propagou a escrita árabe na África setentrional e na Ásia Menor até o sopé do Himalaia.

No norte da Índia, uma escrita completamente independente, o *devanagari*, transformou-se na expressão da fé hindu. Hoje ela é a escrita nacional do país.

Por volta de 500 a.C., na mesma região, o budismo surgiu paralelamente à antiqüíssima fé hindu. Desenvolveu-se sobretudo em direção ao sudeste, originando, a partir do *devanagari*, as escritas das línguas indonésias *pali*.

Em nosso mapa, é possível perceber de imediato que a evolução ocidental da escrita (latina) possui formas individuais claramente distintas, fundamentadas pela introdução dos sons vocálicos, cujo reconhecimento na leitura rápida tornou-se cada vez mais importante.

Nas regiões meridionais, a vocalização permitiu que a escrita conservasse sua fluência por meio dos acentos. Além disso, o confronto entre os diferentes sistemas deixa claro que a separação dos caracteres nas escritas européias tornou possível o uso de técnicas de reprodução para o desenvolvimento intensivo de fontes tipográficas, enquanto no sudeste a escrita à mão ainda é completamente preservada.

Este é um dos fatores de dificuldade na adaptação de escritas exóticas à composição mecânica das técnicas modernas de reprodução.

No que concerne à técnica dos instrumentos, vale a pena observar novamente que em praticamente todas as escritas nórdicas empregava-se a pena de ponta larga, enquanto no sudeste o uso de estiletes e objetos pontiagudos para riscar em folhas de palmeira determinou, por motivos de legibilidade, escritas exageradamente arredondadas e em forma de guirlandas.

O grupo de escritas chinesas constitui um mundo à parte, pois deriva de uma fonte autônoma. Isoladas das tradições ocidentais durante

Caracteres separados

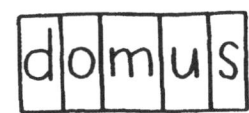

Expressão ocidental

Expressão oriental

Caracteres ligados

Riscos em folhas de palmeira

122 SINAIS E SÍMBOLOS

As religiões como principais representantes das culturas da escrita no mundo

шрифта

Cristianismo

América ← **Escrita romana**

προσθέντα

Judaísmo

אתכם דבר

يارخ يار حوش نباش

أَنْشِدَ لِلْأَغْشَى فقال

Islamismo

As formas acima apresentadas indicam os principais alfabetos das escritas ainda ativas no mundo.

OS SINAIS QUE REGISTRAM A LINGUAGEM

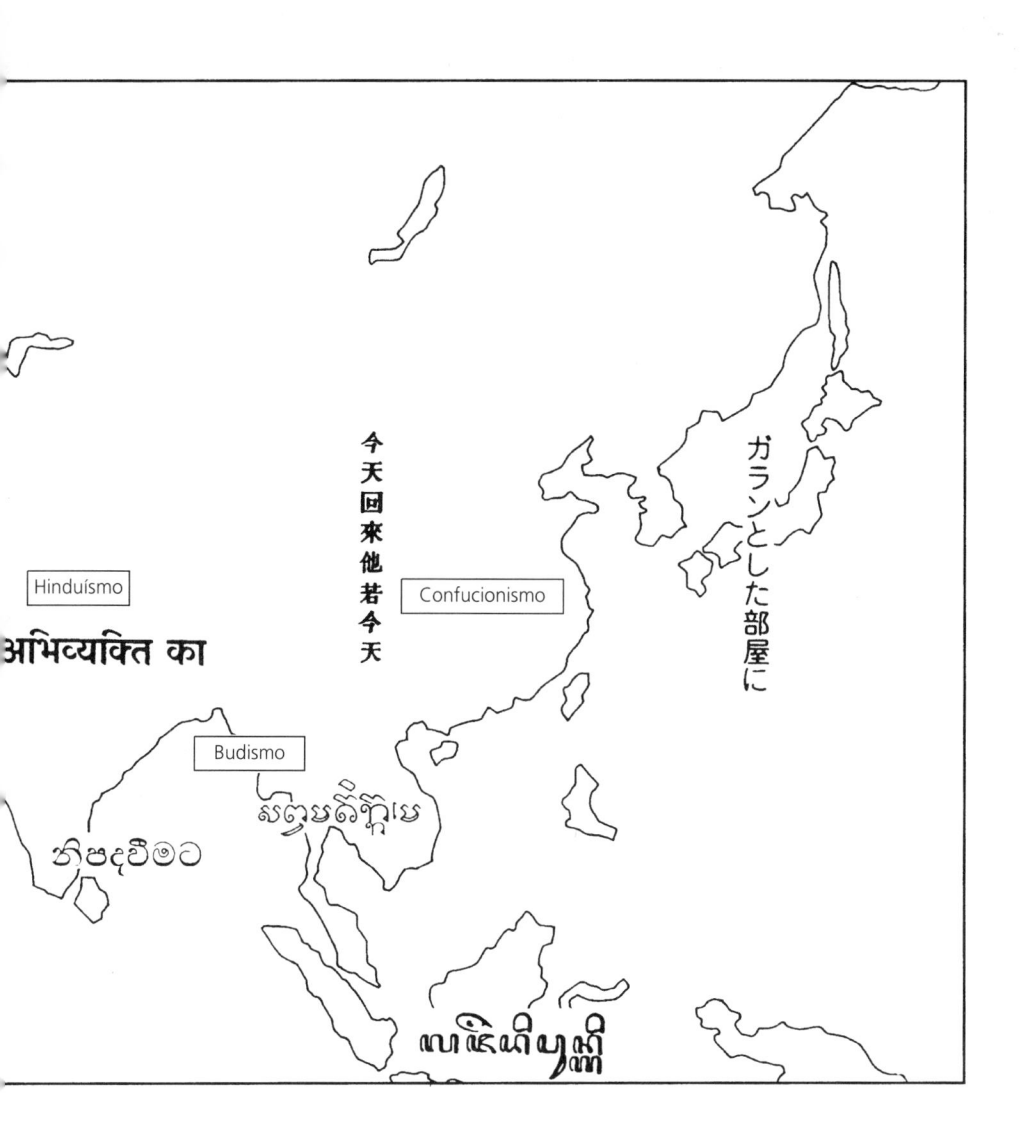

Hinduísmo

अभिव्यक्ति का

Confucionismo

今天回來他若今天

ガランとした部屋に

Budismo

සඳපණිවුඩය

නිපදවීමට

លបិយហុណ្ឌិ

milênios, ainda hoje conservam seu sistema pictórico original. Por essa razão, a escrita chinesa não foi comentada mais detalhadamente neste capítulo sobre as escritas alfabéticas.

A escrita japonesa, que deriva da chinesa, conseguiu chegar a um sistema simplificado para registrar sílabas e sons individuais.

V. O ABC DO MUNDO OCIDENTAL

1. O desenvolvimento inicial

A partir do primeiro milênio antes de Cristo iniciou-se, na Europa Ocidental, a evolução mais significativa da história da escrita: o alfabeto greco-latino.

Como apresentado anteriormente no quadro das relações gráficas, a origem desse alfabeto certamente pode ser atribuída ao alfabeto fenício. No quadro seguinte, este último é exposto por completo, com os sinais desenhados em forma ampliada e dispostos num quadrado. Ao lado desses sinais estão as letras gregas e latinas correspondentes. A extraordinária clareza e a simplicidade na formação de cada figura refletem um alto nível de desenvolvimento intelectual e humano.

O estilo fenício contentava-se com 22 consoantes e algumas semiconsoantes (precursoras das nossas vogais). O alfabeto fenício foi completamente absorvido pelo grego antigo. No entanto, para o registro da língua foram acrescentados quatro sinais. Essa prática de adotar e completar um alfabeto foi mantida por todos os outros povos europeus.

Com relação ao progresso desse desenvolvimento, pode-se afirmar com certeza que, por volta de 500 a.C., os etruscos adotaram o alfabeto grego para uso próprio.

Infelizmente não podemos nos aprofundar nas nuanças lingüísticas da formação local dos sinais, embora fosse muito interessante observar, por exemplo, como um $\wedge$ se transformou em L, um Γ em C, e um Σ em S, e também que em latim não eram necessários dois "O", o que fez com que a letra Ω se transformasse em consoante.

A origem do ABC no alfabeto fenício (1200 a.C.)

Ao lado dos sinais fenícios estão dispostos os fonemas gregos e romanos correspondentes

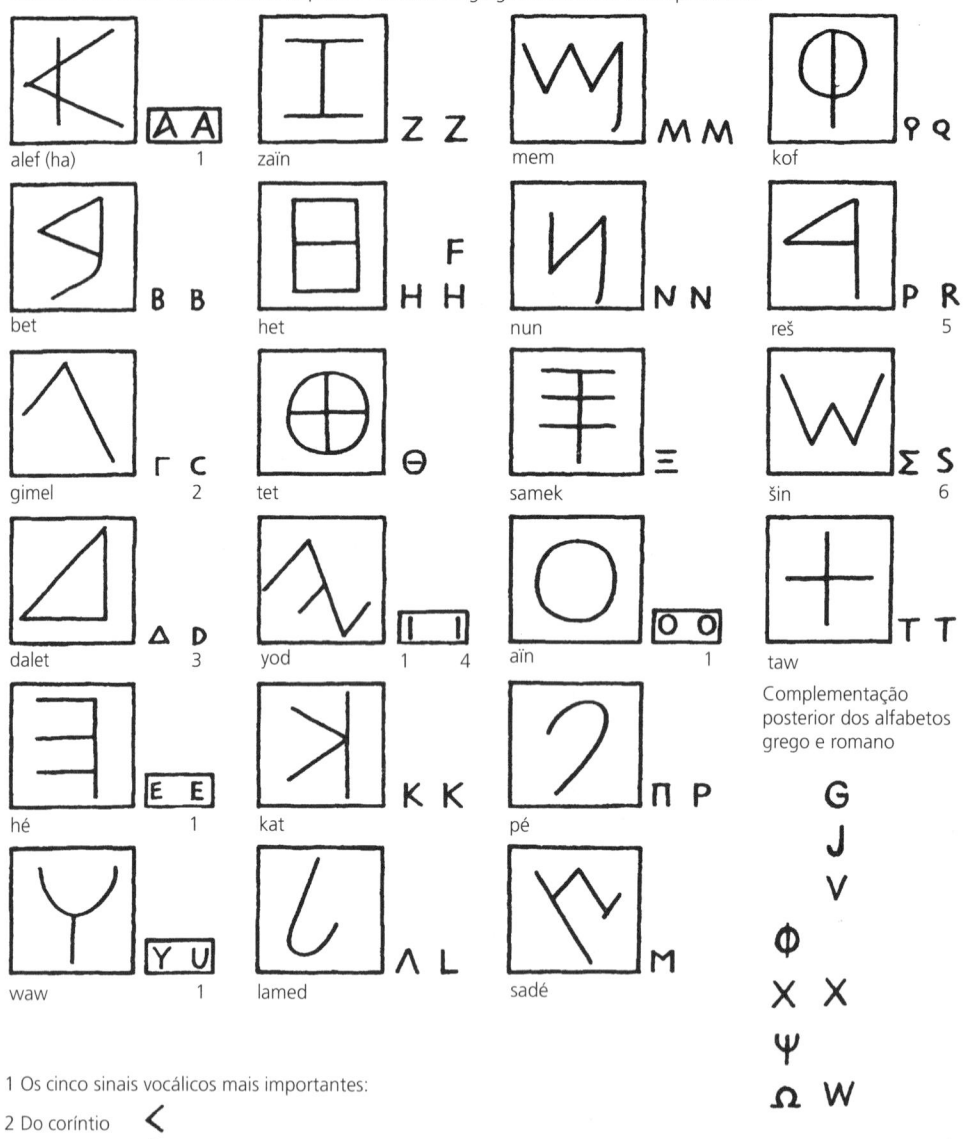

alef (ha) A A 1	zaïn Z Z	mem M M	kof ϙ Q	
bet B B	het F H H	nun N N	reš P R 5	
gimel Γ C 2	tet Θ	samek Ξ	šin Σ S 6	
dalet Δ D 3	yod 1 4	aïn O O 1	taw T T	
hé E E 1	kat K K	pé Π P		
waw Y U 1	lamed Λ L	sadé M		

Complementação posterior dos alfabetos grego e romano

G
J
V
Φ
X X
Ψ
Ω W

1 Os cinco sinais vocálicos mais importantes:

2 Do coríntio <

3 Do coríntio ▷

4 No grego antigo

5 No grego antigo, o **P** já é escrito como **R**

6 Do etrusco

Nesse contexto, indicamos ao leitor interessado algumas fontes competentes de pesquisa sobre língua e escrita, como as que seguem: Jensen, H. *Die Schrift in Vergangenheit und Gegenwart* (A escrita no passado e no presente). Berlim, 1958. Friedrich, Johannes. *Geschichte der Schrift* (História da escrita). Heidelberg, 1966. Também não será oportuno neste trabalho fazer uma análise mais detalhada do desenvolvimento de cada letra, pois não queremos sobrecarregar o estudo gráfico com discussões lingüísticas ou sobre a história da língua.

2. Letras maiúsculas e minúsculas

Em todas as partes do mundo e em todas as épocas houve duas formas básicas de expressão no emprego da escrita: de um lado, a inscrição monumental em paredes de rochas, palácios e nas placas de sinalização e, de outro, o desenho corrente e manuscrito nas anotações, correspondências, registros de chancelaria etc.

Esses dois estilos sempre foram executados, obrigatoriamente, com instrumentos e em materiais diferentes. Por isso, suas formas evoluíram de modo diverso. A escrita monumental capitular conservou sua forma original devido à natureza permanente do seu suporte, geralmente feito de pedra, enquanto a cursiva ou corrente alterou-se intensamente ao longo dos séculos, devido ao uso constante de materiais perecíveis, como placas de cera, papel etc.

a   A passagem da maiúscula para a minúscula

Antes de abordarmos o tema das diferentes ferramentas e técnicas de reprodução, é importante mostrar num quadro, de forma simplificada, as diversas fases do desenvolvimento de algumas letras significativas, a fim de facilitar novamente a compreensão dos movimentos que governam a mão como consideração básica. O leitor pode acompanhar no quadro a transformação das letras maiúsculas em minúsculas. A característica mais importante dessa evolução da forma é que, com a simplificação dos movimentos e a escrita rápida, as retas monumentais transformaram-se em traços arredondados. Exemplos típicos desse fenômeno são os pares de letras A a, E e, M m, T t. Outra característica importante é a presença de hastes ascendentes e descendentes, indispensáveis para que se possa distinguir claramente as formas minúsculas simplificadas: b, d, p, q, h, n diferenciam-se apenas por essas hastes.

Ao confrontarmos maiúsculas e minúsculas do alfabeto ocidental – que hoje serve de base para as línguas ocidentais –, percebemos que, ao

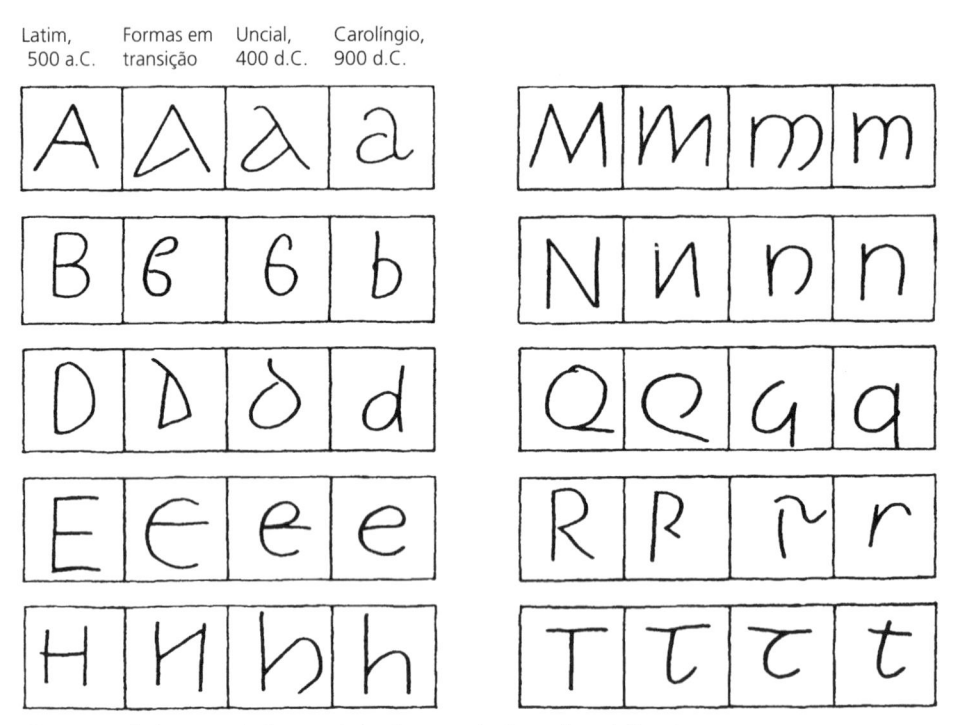

Latim, 500 a.C.	Formas em transição	Uncial, 400 d.C.	Carolíngio, 900 d.C.
A	A	ʌ	a
B	ƅ	6	b
D	D	ð	d
E	ɛ	e	e
H	H	h	h
M	M	m	m
N	N	n	n
Q	Q	q	q
R	R	r	r
T	T	t	t

Como as capitulares se reduziram a minúsculas por meio da escrita mais fluente

se transformarem em minúsculas, as letras maiúsculas latinas passaram, em sua maior parte, por uma intensa metamorfose (A a, B b, D d, E e etc.). Em registros posteriores, como é o caso do alemão e do inglês, foram adotados diretamente dos alfabetos grego e romano novos sinais em sua forma monumental, e que por isso não sofreram o demorado processo de redução à minúscula. Sendo assim, as letras K k, W w, Y y, por exemplo, conservaram praticamente a mesma forma capitular. O mesmo vale para o X x e para o Z z, raramente usados em latim.

ABCDEFGHIJ **K** LMNOPQRST U͡V W X Y Z
abcdefghij **k** lmnopqrst u͡v w x y z

Nem todas as maiúsculas se transformaram em minúsculas

As formas U e V praticamente não se distinguiam no uso. A partir dessas considerações, conclui-se que os movimentos oblíquos foram modificados em curvas e linhas retas devido a uma propensão natural à fluência da escrita (vide A a, M m, N n), um processo de transformação que as últimas letras "atreladas" umas nas outras não conheceram.

Em relação ao alfabeto maiúsculo e minúsculo, há outro aspecto a ser destacado. A escrita ocidental se articula, teoricamente, com um alfabeto de 26 sinais fonéticos, aos quais foram associadas figuras específicas de acentos e ligaduras, conforme a língua. Nota-se, no entanto, que a forma capitular original não foi substituída pela minúscula. Ao contrário, desde o início da Idade Média, ambas coexistiram. Atualmente, quem escreve dispõe, de certo modo, de dois alfabetos: o das maiúsculas, que com seu aspecto solene salientam as inscrições arquitetônicas, os títulos, o início dos nomes próprios etc., e o das minúsculas, que se transformaram no principal veículo usado na comunicação escrita de todo gênero e no sentido mais amplo. Poder dispor de ambos na expressão escrita é, para nós, um enriquecimento extremamente valioso. A tentativa de reduzir o alfabeto apenas às minúsculas implica um empobrecimento contra o qual nos opomos decisivamente.

MAIÚSCULA
+
minúscula

Oficial – cotidiano

b Tentativa de uma teoria da redução dos movimentos

Tanto em manuscritos quanto em impressos, a rígida maiúscula romana transformou-se numa minúscula flexível e fluente. Como já mencionado, esse fato deve-se à simplificação dos movimentos da mão em escritas rápidas ou caligráficas. Com o objetivo de melhor esclarecer essa redução, tentamos elaborar uma teoria para elucidar esse fenômeno por vezes obscuro.

Na primeira parte deste livro, "Reconhecer e formar sinais", organizamos uma classificação dos movimentos na formação de sinais. Se aplicarmos esse método às formas dos caracteres, obteremos os seguintes níveis de dificuldade: 1 – cruzamento simples; 2 – mudança de direção angular; 3 – mudança de direção arredondada; 4 – solda no

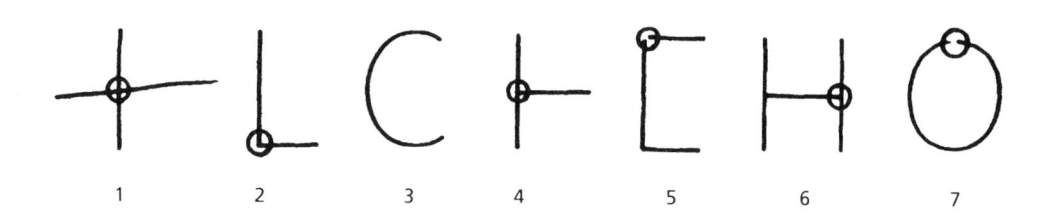

130 SINAIS E SÍMBOLOS

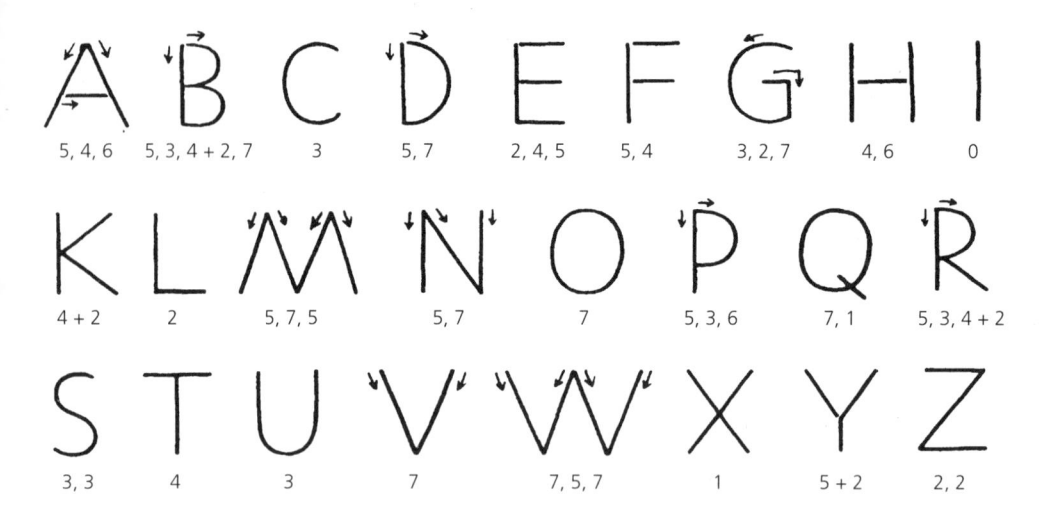

A	B	C	D	E	F	G	H	I
5, 4, 6	5, 3, 4 + 2, 7	3	5, 7	2, 4, 5	5, 4	3, 2, 7	4, 6	0

K	L	M	N	O	P	Q	R
4 + 2	2	5, 7, 5	5, 7	7	5, 3, 6	7, 1	5, 3, 4 + 2

S	T	U	V	W	X	Y	Z
3, 3	4	3	7	7, 5, 7	1	5 + 2	2, 2

centro do traço; 5 – solda de duas extremidades; 6 – solda na extremidade de um traço; 7 – encontro de início e fim de um traçado.

Toda letra de um alfabeto maiúsculo conciso é produzida por uma combinação de certo número de movimentos manuais prescritos. Na escrita dos caracteres, vale a regra de que as linhas devem ser traçadas suavemente, como se estivessem sendo desenhadas por uma pena, que não permite movimentos bruscos. Abaixo de cada letra da ilustração estão dispostos os números de movimentos aplicados. Como se pode observar, a letra A é feita a partir de duas traves inclinadas e soldadas na extremidade superior dos dois traços (5) e de uma trave transversal,

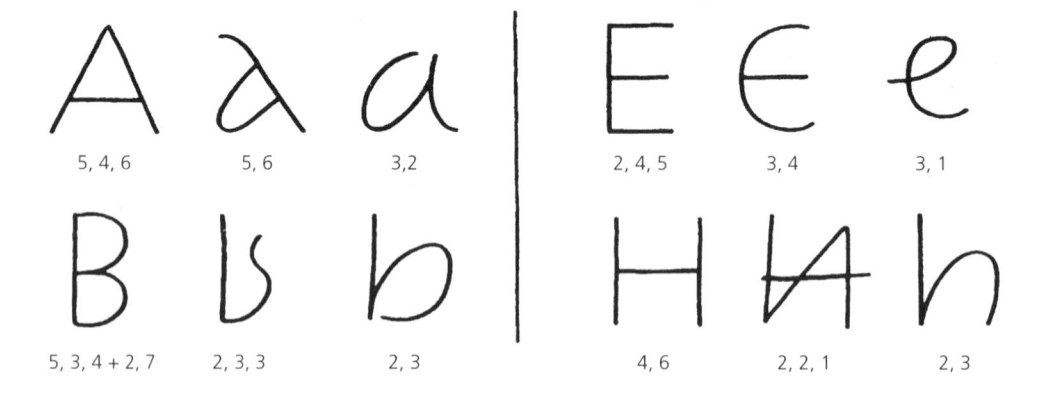

A	a	a	a	E	E	e
5, 4, 6	5, 6	3, 2		2, 4, 5	3, 4	3, 1

B	b	b	H	H	h
5, 3, 4 + 2, 7	2, 3, 3	2, 3	4, 6	2, 2, 1	2, 3

colocada entre os traços oblíquos e apresentando grau de dificuldade 4 do lado esquerdo e 6 do lado direito. Desse modo, toda letra comporta uma série de números, cuja adição exprime seu nível de complexidade.

Voltando ao tema da redução dos movimentos, a comparação entre maiúsculas e minúsculas permitiu-nos constatar que o estágio intermediário das semiminúsculas e especialmente seu formato final apresentam uma redução significativa do nível de dificuldade. Com isso, a soma de 15 pontos do A maiúsculo passa para 5 na minúscula. Ainda mais marcante é a redução de 21 pontos do B maiúsculo para 5 no minúsculo.

Sabemos que essa tentativa é incompleta, porém decidimos apresentá-la neste trabalho apenas como uma sugestão diferente para analisar um tema difícil de ser explicado verbalmente.

VI. A EVOLUÇÃO DA FORMA POR MEIO DE TÉCNICAS DE ESCRITA A MÃO E IMPRESSA

Dividimos o desenvolvimento da escrita ocidental em duas seções distintas. A primeira, apresentada nos capítulos anteriores, mostra a evolução dos pictogramas até o formato básico das letras do alfabeto. A segunda será analisada a partir deste capítulo e trata dos métodos de escrita e impressão. Provavelmente, o emprego de vários materiais e técnicas não provocou grandes alterações na forma dos caracteres, porém conferiu aos sinais um novo aspecto e um novo estilo em todas as épocas.

A primeira observação a ser feita é que, com o uso progressivo das escritas em larga escala, os sinais individuais de um alfabeto comum passaram por um processo de adaptação ou de equilíbrio que deu às palavras, linhas e páginas uma expressão concisa. Essa aproximação dos caracteres individuais não sofreu necessariamente uma perda da legibilidade, uma vez que, na leitura habitual, não se lê letra por letra, mas palavras e até mesmo frases inteiras com um só olhar. Sendo assim, a disposição dos sinais da escrita constitui uma espécie de tecido, em que a matéria e o espaço intermediário – portanto, os fios e o entrelaçamento – formam uma "malha" legível. A partir dessa comparação, dividimos este capítulo sobre a escrita de textos em duas partes: de um lado, a de fios e entrelaçamentos, ou seja, a cor preta e a formação do traço e, de outro, a do branco no espaço intermediário.

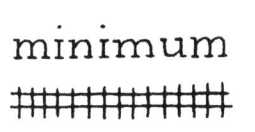

O processo de homogeneização das minúsculas

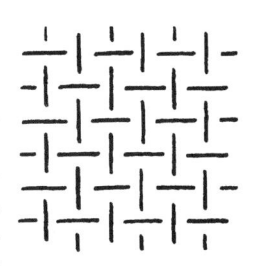

A "malha" foi tecida com fios e entrelaçamentos

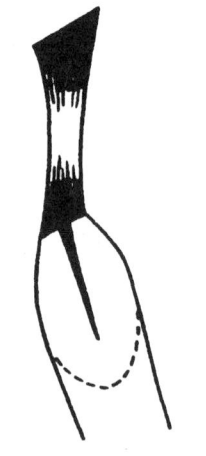

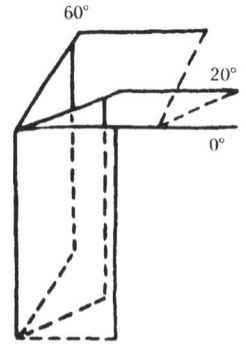

1. A formação do traço preto

a   A caligrafia

O uso de diversos instrumentos de escrita em associação aos materiais de suporte como o papiro e o pergaminho determinou a "estética" de cada escrita.

Um dos instrumentos de escrita preferidos pelos escribas era a pena oca que, devido às suas qualidades, foi largamente empregada e por dois mil anos manteve-se como a principal ferramenta. Sendo assim, é compreensível que o desenvolvimento das letras alfabéticas tenha sido influenciado pelo uso prolongado de um instrumento e por suas características. As penas ocas eram feitas de junco, mas principalmente – como o próprio nome diz – de penas de aves. O junco era partido na diagonal. Em sua ponta era talhada uma fenda longitudinal, com a extremidade cortada na transversal por razões de estabilidade. Assim surgiu um instrumento que proporcionava ao escriba mais velocidade na escrita, pois o junco formava um reservatório de líquido que diminuía consideravelmente a freqüência com que se mergulhava a pena no tinteiro. Além disso, a maciez firme da pena tinha como atrativo deixar fluir sobre o papel uma quantidade maior ou menor de tinta, conforme a pressão fosse mais forte ou mais fraca. Com esse fluxo controlado da tinta, era possível reforçar as extremidades superiores e inferiores dos traços e, com isso, realçar o alinhamento das letras.

Sabemos que a beleza de uma página caligrafada consiste essencialmente nessa estruturação repetida do tecido da escrita.

Mais importante ainda é a formação das extremidades, obtida por meio do posicionamento da pena. Com o corte da ponta, a pena passava a desenhar traços de espessuras diferentes, conforme era girada. A execução individual de traços largos com a pena proporcionou uma expressão com um estilo diferente para cada época.

Com base num confronto esquematizado, os vários estilos de escrita são reconhecidos com mais facilidade quando associados às posições da pena. (O monograma HE, utilizado nos exemplos, foi inventado propositadamente para estabelecer uma associação comparativa da forma com o símbolo do candelabro, empregado na primeira parte deste livro. Esse monograma só pode ser girado a 45°.)

Posição horizontal da pena
Nos tempos da antiga caligrafia romana, a posição da pena ao escrever era um pouco mais esquematizada, uma vez que era mantida na horizontal, como se pode ver no esquema apresentado.

Com isso, a escrita adquiriu uma estrutura espaçosa, em que a largura máxima da pena desenhava as verticais e, em contrapartida, seus cantos mínimos traçavam linhas de conexão e serifas finas nas horizontais. A mesma posição horizontal da pena também é encontrada nas antigas escritas unciais, cujas formas arredondadas, em associação com o surgimento de traços ascendentes e descendentes, já aludem às minúsculas.

O típico eixo inclinado

Posição inclinada da pena
Uma das posições mais cômodas para a mão que escreve é a de aproximadamente 20°, que também conduziu à forma de escrita mais usual. No painel intermediário de nossa ilustração é possível reconhecer as capitulares romanas semicursivas, cujas proporções de espessura são vistas pelo olho humano como "normais". A vertical é mais espessa que a horizontal, enquanto os elementos delgados ou finos (hastes) encontram-se em posição oblíqua e aparecem apenas em formas arredondadas.

Os traços ascendentes são finos, enquanto os descendentes conservam toda a largura da pena. Esse estilo típico de expressão manteve-se até hoje como norma na impressão dos tipos A, K, V, W etc.

Traço ascendente fino, traço descendente forte – um recurso que não saiu de uso

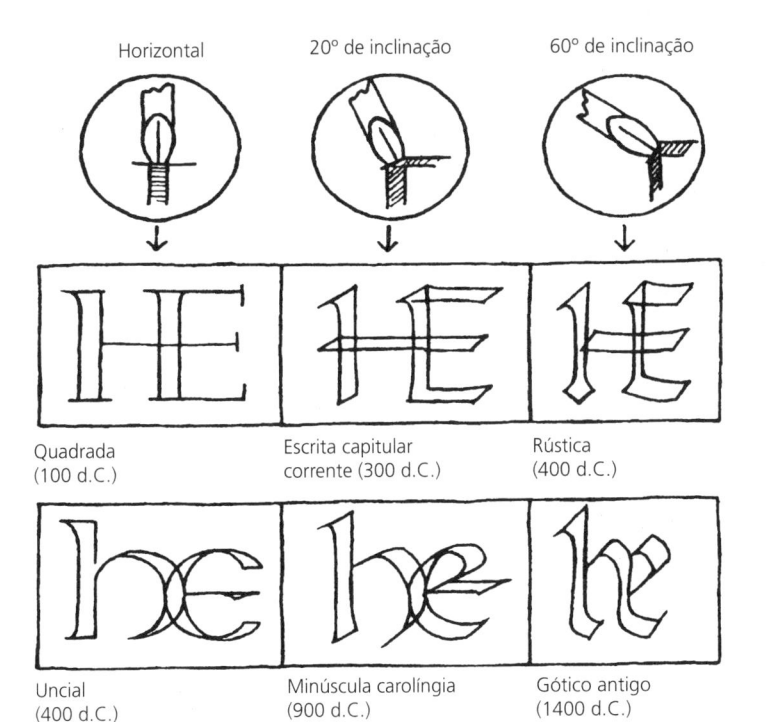

Horizontal   20° de inclinação   60° de inclinação

Rústica

Escrita capitular romana

Quadrada   Escrita capitular   Rústica
(100 d.C.)   corrente (300 d.C.)   (400 d.C.)

Da maiúscula à minúscula

Uncial   Minúscula carolíngia   Gótico antigo
(400 d.C.)   (900 d.C.)   (1400 d.C.)

No quadro central do último painel encontra-se a minúscula carolíngia, que obedece às mesmas leis relativas à espessura do traço, na mesma posição normal da pena. Uma de suas características é que, com a inclinação da pena, a escrita tende a um desenho mais estreito.

Posição íngreme da pena
É curioso como no final das duas épocas culturais mais importantes de nossa civilização tendeu-se a usar a pena numa posição íngreme, o que não era comum. No primeiro exemplo da página anterior, a capitular transforma-se em rústica perto do fim do Império Romano. A ênfase na linearidade, obtida mediante extremidades espessas ou pontuadas, tem como efeito uma escrita decorada, que contribui mais para a ornamentação do que para a legibilidade. A escrita sofreu um fenômeno semelhante na transição para a minúscula gótica durante a Idade Média, em que a pena também foi usada numa posição cada vez mais inclinada, fazendo com que as extremidades superiores e inferiores fossem ainda mais realçadas. Esse modo de escrever conferiu uma textura muito bonita à página, onde se reconhece o uso um tanto místico da escrita com fins religiosos.

Os humanistas do Renascimento recorreram às duas escritas ilustradas nos quadros centrais da página anterior, a fim de produzir um estilo latino de escrita com um posicionamento "natural" da pena. Os modelos escolhidos foram a minúscula carolíngia, que gerou a minúscula humanística, e as formas capitulares romanas semicursivas, que ainda hoje são usadas em sua configuração original.

b   A posição da pena em outras áreas lingüísticas

Em relação ao problema da posição da pena, é natural analisarmos outros contextos lingüísticos. Num mesmo painel foram confrontados lado a lado tipos de escrita desenhados com diferentes ângulos da pena. Do lado esquerdo, encontram-se os três grupos da caligrafia latina já mencionados, começando com a posição horizontal, em seguida com a de 20°, hoje aceita como norma, e por último o ângulo gótico, avaliado como decadente.

A ilustração central mostra dois sinais do círculo lingüístico do Oriente Próximo: à esquerda, um sinal arábico traçado por uma pena bastante inclinada e, ao seu lado, uma letra hebraica, cuja inclinação quase vertical do traço ascendente fino explica a expressão marcadamente horizontal da escrita hebraica.

À direita foi desenhado um sinal da escrita *devanagari* indiana, feito a partir de um posicionamento da ferramenta exatamente oposto e

Posições da pena em diferentes culturas escritas

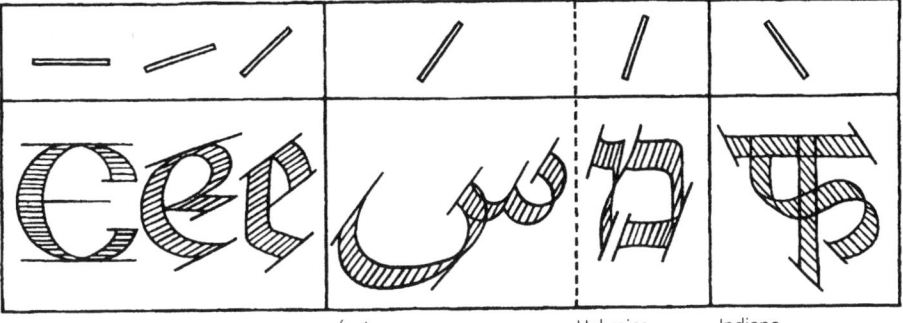

| Latim, da maiúscula à minúscula | Árabe | Hebraico | Indiano |

pouco familiar ao nosso. Todas as finas linhas de conexão das curvas encontram-se no eixo noroeste/sudeste. Esse modo de escrever é atribuído ao uso de instrumentos feitos de junco e bambu. A estabilidade desses materiais admite tanto movimentos que traçam a linha em direção ao desenhista quanto os que a afastam dele, porém não permite modulações do traçado por meio de alteração da pressão, como ocorre com as penas flexíveis das aves. É importante lembrar também que as escritas do grupo do meio foram desenhadas da direita para a esquerda, enquanto as ocidentais (à esquerda) e a indiana (à direita) foram feitas da esquerda para a direita. A maior parte dos caracteres árabes também se compõe de movimentos iniciais, quase invariavelmente arredondados em sua base, e que "empurram" o instrumento de escrita para fora. Em oposição ao árabe, a maioria dos caracteres hebraicos é manuscrita com movimentos que "puxam" o traçado, embora se encontrem dispostos da direita para a esquerda. Essa apresentação da técnica de escrever em confronto com as diversas culturas escritas foi feita apenas como um esboço, pois um estudo mais detalhado ultrapassaria o âmbito de nossas considerações.

c   Gravura e impressão

Ao longo dos séculos XV e XVI, a caligrafia cedeu grande parte de sua influência sobre a formação da escrita à técnica de impressão de Gutenberg. (Excluiremos propositadamente a evolução da escrita gótica ao estilo *Fraktur* [gótico pontudo] e da *cancelleresca* [de chancelaria], para não interromper a história da escrita latina, hoje considerada o padrão universal.) Com base num confronto esquemático, nossa ilustração permite a leitura dos vários resultados de impressão.

Punção para impressão em relevo

Na *impressão tipográfica* (fileira esquerda do esquema) inventada por Gutenberg, a superfície de impressão do tipo é em relevo. O desenho das letras era gravado sobre a extremidade polida de uma punção de aço. Depois de temperada, a punção era batida num bloco de cobre para formar a matriz, que, por sua vez, servia para fundir as letras em relevo. Esse processo exigia uma moldagem resistente dos caracteres. Na calcotipia, muito material tinha de ser removido. Na estampagem com a matriz, os detalhes da gravura tinham de ser fixados por um suporte feito de material resistente. Na impressão, o uso de cor e de papel rústico e úmido produzia uma imagem vigorosa e imprecisa das letras. Desse período das primeiras impressões do século XVI herdamos as escritas *elzevirianas*, robustas e claramente desenhadas, que se tornaram um modelo para escritas mais usadas atualmente.

Gravação em cobre (talho-doce)

A calcografia (ilustração central do painel). No século XVIII, a técnica de impressão a talho-doce, isto é, o processo de entalhar os caracteres no metal, determinou o desenho da forma. As letras eram entalhadas numa placa polida de cobre, sobre a qual a tinta era aplicada. Em seguida, a superfície era limpa, de forma que os restos de tinta permanecessem nas cavidades. Sob forte pressão, o papel úmido absorvia a tinta dessas cavidades gravadas e reproduzia a forma das letras.

Quem conhece essa técnica compreende facilmente como ela provocou, naquela época, uma alteração no estilo da escrita, como podemos ver nos tipos Bodoni, Waldbaum, Didot etc. A gravação em cobre estimulava os artesãos a desenhar traços e serifas bem finos. O contraste ampliado entre linhas de conexão muito finas e traços descendentes muito espessos conferiu às letras uma aparência que ainda hoje é usada com o nome de "clássica".

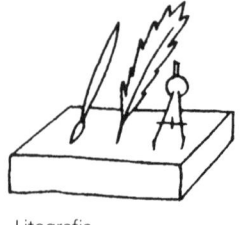

Litografia

A impressão em superfície plana (lado direito do painel). No final do século XVIII, desenvolveu-se uma terceira técnica de impressão, a litografia. A partir de então, a superfície plana e polida de uma placa de calcário libertava o artesão do buril e da lixa e lhe permitia usar o pincel, a pena, a régua, o compasso ou até mesmo desenhar completamente à mão livre. O desenho, executado sobre a pedra com uma tinta gordurosa, era em seguida fixado quimicamente. Da imagem resultante podia-se fazer uma tiragem segundo o conhecido princípio da impressão de tinta que repele a água.

É fácil imaginar que essa técnica revolucionária tenha provocado uma situação totalmente nova para a produção da escrita. Com o fim da dependência do buril, ocorreu uma inevitável inovação no desenho dos caracteres. Serifas e traços de conexão eram reforçados conforme a preferência do desenhista, produzindo caracteres com serifas destacadas (como os egípcios e os italianos), os típicos alfabetos latinos

As técnicas de impressão e sua influência na forma dos caracteres

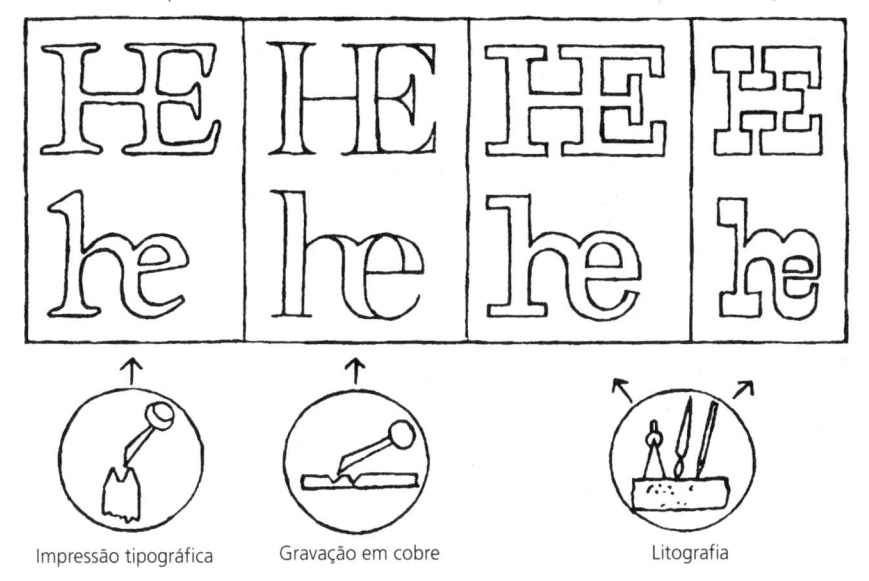

| Impressão tipográfica | Gravação em cobre | Litografia |

com serifas triangulares, mas também tipos sem serifa (*Grotesk*), que consolidaram sua origem na litografia.

É evidente a influência da litografia do século XIX no desenvolvimento dos caracteres de impressão tipográfica. A oferta de tipos nas fundições se enriqueceu. O formato das letras passou por uma liberação que, em muitos casos, acabou se degenerando. Retornaremos a esse assunto no próximo capítulo, no item "O desvio do tipo básico".

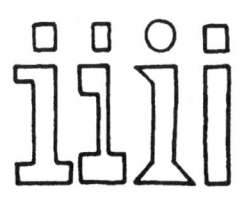

Liberação da forma por meio da nova técnica

2. Os espaços brancos internos

a Arquitetura e escrita

Freqüentemente o formato dos caracteres é comparado a formas arquitetônicas. Também somos da opinião de que o espírito e o clima intelectual de cada época se manifestaram no estilo arquitetônico correspondente, na escrita caligráfica e, posteriormente, nos livros impressos.

Em certo sentido, a história da escrita é uma "grafologia" das culturas passadas, possível apenas se vista com uma distância temporal considerável. Precisamos ter cautela para não fazer comparações simplistas ou superficiais nesse contexto. Não obstante, é surpreendente notar, por exemplo, como a concepção de espaço do arco redondo e do seu aparecimento em fileiras nas arcadas romanas encontra relação com a tendência ao arredondamento em quase todas as letras do alfabeto uncial da mesma época.

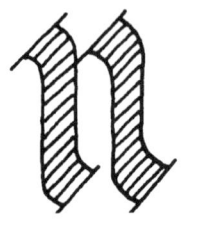

Também não podemos ignorar o fato de que o estreitamento característico do estilo gótico e a introdução da abóbada em forma de arco ogival revelam aspectos bastante semelhantes à escrita da mesma época, ou seja, a Idade Média.

Provavelmente, a tendência ao estreitamento da técnica de construção se deva a fatores econômicos e religiosos. As colunas de sustentação ficaram mais finas com a redução da massa de pedra e, conseqüentemente, a lógica da regra estática transformou os arcos romanos, arredondados e bem abertos, em abóbadas góticas, pontiagudas, mais estreitas e estáveis. O espírito de rivalidade entre cidades e nações despertou uma ambição por torres cada vez mais altas nas igrejas, encorajando os construtores a realizar as obras mais ousadas, até hoje representadas pelas catedrais da Idade Média.

No período gótico, motivações similares podem ter conduzido ao desenvolvimento da escrita. Supõe-se que o calígrafo tenha apertado as letras para aproveitar ao máximo o pergaminho, um suporte de escrita muito caro. A maneira mais fácil de condensar uma escrita feita com pena de ponta larga era girá-la a um ângulo bastante inclinado, de forma a tornar as verticais mais finas, porém dando, inevitavelmente, um aspecto pontiagudo às serifas.

A esses fatos de ordem técnica acrescenta-se a atitude intelectual e moral, que deixou de considerar as catedrais e a escrita sagrada como simples objetos de uso e passou a vê-las, em certa medida, como a expressão de um culto ou, por assim dizer, de uma conexão entre o mundo presente e o além. Casos como a funcionalidade da construção e a legibilidade da escrita desempenhavam um papel secundário. Em primeiro lugar estavam uma apreciação do espaço articulado, baseada na espiritualidade e na celebração, e um estilo de escrever altamente ornamental.

Outro exemplo ainda mais significativo de um paralelo entre a arquitetura e a escrita é encontrado no estilo renascentista, em que se pode comparar o renascimento do estilo greco-romano e da escrita capitular romana, de um lado, e o da minúscula carolíngia, de outro. Nessa época, o século XVI, os humanistas desarticularam o ambiente rigorosamente religioso e dogmático. A escrita foi "dessacralizada" ao ser empregada pelos primeiros impressores na difusão de obras não-religiosas. Foi assim que os primeiros caracteres tipográficos latinos se estabilizaram, sobrevivendo, desde aquela época, como estrutura básica do alfabeto ocidental.

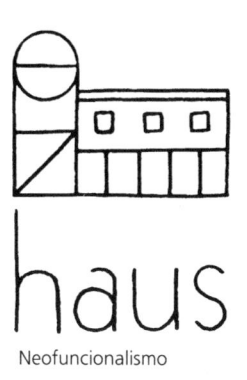

Desde a revolução da forma, determinada pelo Renascimento, podem ser observadas semelhanças entre os estilos arquitetônicos e da escrita, porém não mais na disposição das formas básicas (a partir de então, um par como "A a" ou "B b" tornaram-se códigos fixos de comunicação), mas apenas no aspecto externo, ou seja, no "revestimento" da escrita. O leitor passou a comparar, por exemplo, o estilo arquitetônico refinado do século XVIII com os caracteres romanos clássicos (Antiqua) ou com a *Art Nouveau* do início deste século, que produziu os mesmos efeitos tanto na arquitetura quanto na escrita.

No século XX, essa identidade do estilo transformou-se na busca consciente por uma adaptação. Desse modo, na década de 30, os estilos da arquitetura e da escrita foram influenciados pelo neofuncionalismo. A geometria pura passa à frente da "mão livre": todas as retas são traçadas com régua, todas as curvas são feitas com o compasso.

A comparação estrutural da arquitetura e da escrita permite ilustrar com mais clareza a mentalidade de uma época, ou melhor, possibilita-nos experimentá-la mais intensivamente em termos *espaciais*.

Neofuncionalismo

b O espaço

Do conceito "construção" aprendemos que a expressão gráfica também se compõe de dois elementos principais: 1) os materiais (pedra, madeira etc.), que no nosso caso foram comparados ao traço preto; 2) o elemento espacial realmente usado numa construção, mas em geral pouco considerado na parte gráfica.

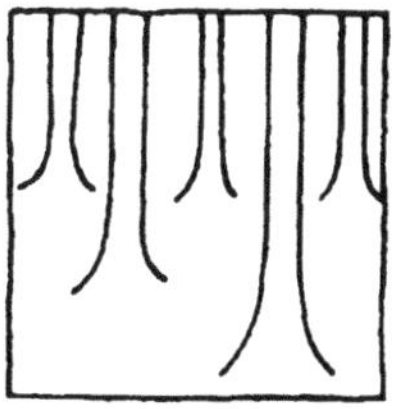

Nesse tipo de problema entre matéria e espaço estamos novamente diante do dualismo entre o preto e o branco, o elemento que produz e o que contém a forma. Quanto à consideração a respeito das extremidades reforçadas dos traços (serifas), chegamos a comparações com imagens da natureza fortemente marcadas, como a de uma floresta em que os troncos das árvores, com suas bases dilatadas, semelhantes a colunas vivas e ligeiramente curvadas, determinam a verdadeira feição e a qualidade do espaço interno da floresta. Com um esforço maior, podemos visualizar como os traços côncavos e "masculinos" de uma letra podem determinar formas convexas e "femininas".

O espaço na floresta

Ao invertermos a impressão normal que nos causam essas imagens, os espaços intermediários e internos parecem figuras esculturais, que conferem à escrita seu ritmo e seu estilo característicos.

Matéria e espaço

Numa tabela foram dispostos os valores internos de pares de letras iguais, nos três estilos já mencionados como importantes para o desen-

142 SINAIS E SÍMBOLOS

volvimento de nossa escrita: o forte contraste geométrico nas capitulares romanas (retângulo, triângulo, círculo); em oposição, os espaços uniformes em todo o alfabeto gótico do tipo *Textur*, que transformou todos os traços arredondados e oblíquos em "malhas" retas; e, como resultado lógico dessa evolução histórica, encontra-se em terceiro lugar a escrita humanística, que atingiu um estágio de amadurecimento da legibilidade, com proporções equilibradas de espaçamento que se aperfeiçoaram até compor o padrão atual empregado mundialmente.

A forma pela matéria

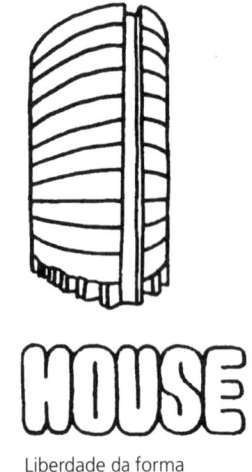

Essa ilustração pretende estimular o leitor a observar outras criações artísticas (portanto, não apenas a escrita) a partir do mesmo ponto de vista, pois em cada caso a capacidade de julgamento torna-se mais intensa. Voltando à arquitetura, pode-se dizer que o espaço entre as paredes, as janelas e as colunas é o que determina a qualidade. Mesmo o mármore mais nobre dificilmente tornará belo o espaço mal proporcionado. Porém, vigas rústicas de madeira podem cercar dimensões espaciais extremamente confortáveis. *A arte não está no material, mas no espaço que ele contém.*

Geralmente o material bem empregado ajuda-nos a encontrar as proporções espaciais corretas. Objetos de técnicas antigas – como madeira e pedra, de um lado, pena de ponta larga e punção de aço, de outro – são bonitos e corretos quanto à forma, pois encontram-se no limite imposto pelo material.

Liberdade da forma conseguida com novos materiais

Atualmente, o cimento, o aço, o vidro e o plástico – ou a fotocomposição e a impressão *off-set* no setor gráfico – oferecem possibilidades "ilimitadas" de expressão. É justamente essa "liberação" em todos os sentidos que forma o nó de todas as dificuldades criativas do nosso século. Na verdade, estamos todos procurando novas "limitações" nas quais seja possível construir para não ficarmos no vazio.

3. Os tipos de famílias das letras

A beleza de uma letra ou de uma escrita não está inicialmente na forma isolada, mas na combinação dos sinais. As páginas mais belas de um texto são aquelas em que todas as letras compõem uma unidade em perfeita harmonia.

No âmbito de determinado estilo, os caracteres adquirem uma relação bastante definida com a forma. A espessura dos traços, a largura dos espaços internos e dos intervalos, o desenho das serifas e das linhas de conexão, entre outros, são desenhados uniformemente num grupo de 26 sinais.

Imagens dos espaçamentos das três principais gerações da escrita

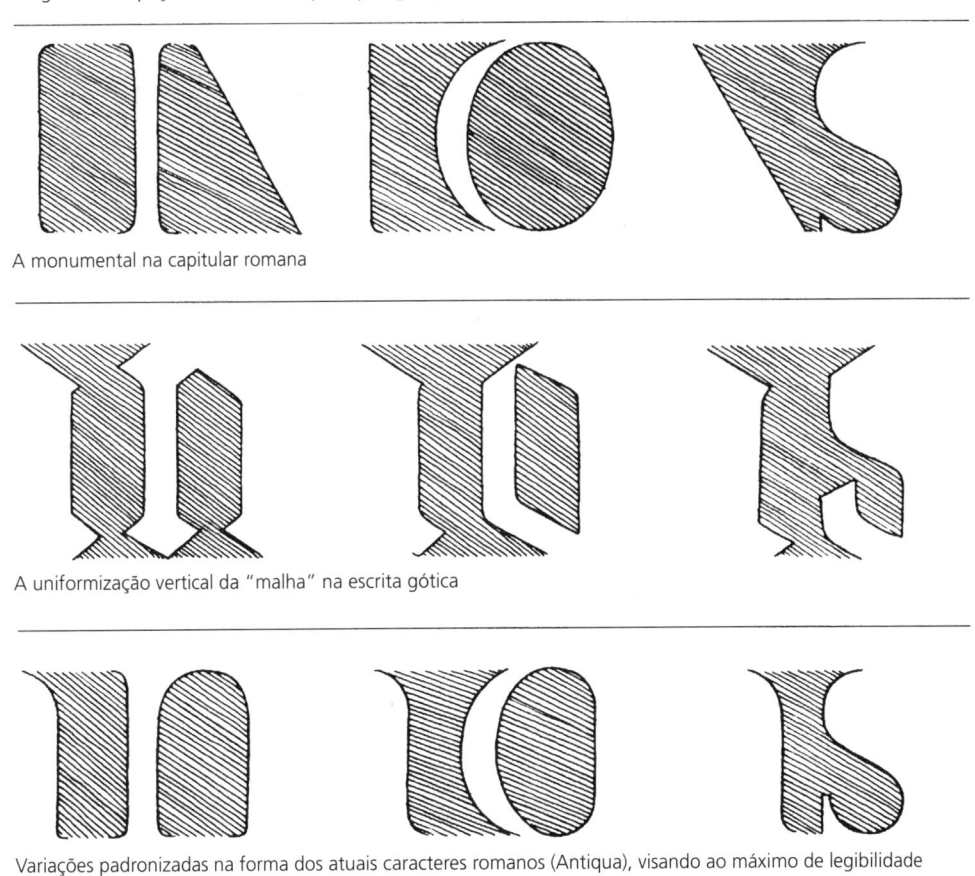

A monumental na capitular romana

A uniformização vertical da "malha" na escrita gótica

Variações padronizadas na forma dos atuais caracteres romanos (Antiqua), visando ao máximo de legibilidade

Essa uniformidade permite uma combinação ilimitada de todos os sinais para formar qualquer palavra, frase ou língua. (O especialista denomina essa propriedade "correlação".) Como exemplo esquemático para ilustrar essa regra, selecionamos um alfabeto condensado, sem serifa (*Grotesk*), cuja estrutura demonstra o máximo de equilíbrio em relação a cada sinal. (A parte central de quase todas as letras consiste em porções verticais idênticas.) Teoricamente, as dimensões, a espes-

Estrutura da construção de um alfabeto

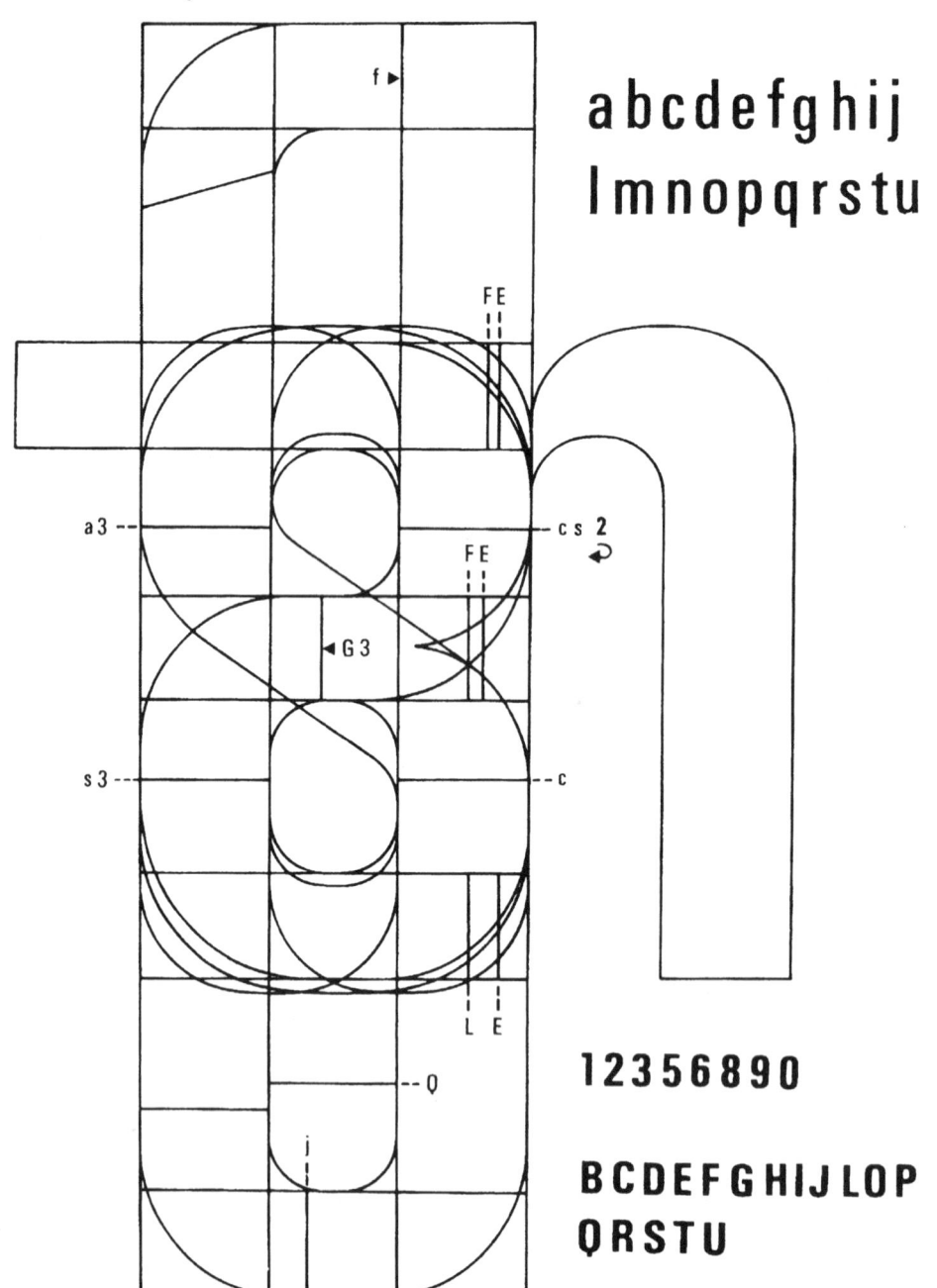

abcdefghij
lmnopqrstu

12356890

BCDEFGHIJLOP
QRSTU

sura e a largura de todas as letras do alfabeto são estabelecidas com base na mesma estrutura. Das 26 minúsculas, 20 derivam dessa grade comum. As maiúsculas – nesse caso, trata-se de capitulares da mesma altura do "x" minúsculo – também se apresentam na proporção de 17 para 26, exatamente como oito dos dez algarismos. O leitor terá notado que os sinais ausentes são aqueles que contêm elementos oblíquos. Um alfabeto gótico de minúsculas, em que as letras k, v, w etc. foram transformadas em sinais verticais, poderia, portanto, ser construído inteiramente numa estrutura básica e uniforme.

Em oposição a esses alfabetos extremamente verticais, a estrutura básica de um alfabeto normal e de ótima legibilidade é um pouco mais complicada. Por exemplo, todas as letras redondas diferenciam-se claramente das retas, e os traçados transversais incluem-se harmoniosamente como o terceiro contraste da forma.

No desenho de um alfabeto, o grau de parentesco entre as letras deve ser claramente definido. Desse modo, numa escrita sem serifa, por exemplo, é possível obter vários níveis de adaptação da forma.

A ilustração ao lado mostra, em primeiro lugar, uma versão condensada e com uma vertical bastante realçada, em que o "v" foi inserido à força na estrutura. Essa escrita apresenta uma imagem harmônica, porém só pode ser empregada em escalas grandes como título, pois no texto seria ilegível devido à forte semelhança entre os caracteres.

Em segundo lugar, encontra-se também uma escrita condensada, porém com traços oblíquos e um "o" ligeiramente oval.

A terceira linha mostra escritas sem serifa com a construção habitual da forma, em que os caracteres são claramente diferenciados, porém conservam, ao mesmo tempo, uma nítida semelhança. No quarto exemplo, não há dúvida de que as grandes diferenças entre o "v" geometricamente triangular, o "o" traçado com o compasso e o "m" realçado nas verticais estão muito distantes no que diz respeito à forma, dificultando a compreensão fluente da palavra no texto, devido à agressividade das formas individuais.

O segredo de uma boa escrita num texto está na coordenação precisa das letras, que devem formar um conjunto rico em contrastes, porém sem perder sua semelhança umas com as outras.

Partes centrais em comum

Parentesco e legibilidade

Quatro níveis de parentesco

Relação insuficiente das formas

VII. A MANIPULAÇÃO DA LETRA

Pelos mais diferentes motivos, práticos ou meramente decorativos, o tipo básico da letra sempre foi alterado e manipulado *deliberadamente*. Esses desvios da forma padrão podem ser claramente distintos em duas categorias.

A primeira consiste em determinada variação ou extensão, em que a forma básica sempre permanece reconhecível e apenas as dimensões dos caracteres se alteram em suas proporções. Sendo assim, as limitações de largura impõem à escrita uma configuração mais estreita, por exemplo nas manchetes de jornal ou em placas de sinalização, enquanto suportes horizontais mais extensos, como fachadas de edifícios e muros largos, requerem letras que preencham o espaço em sua largura.

O segundo tipo de desvio compreende o processo de ornamentação ou de aproximação das letras a uma representação pictórica. Como exemplo, apresentamos a inicial de um manuscrito irlandês, legível apenas em associação às letras subseqüentes da primeira palavra.

Estreitamento lateral

Estreitamento vertical

Inicial irlandesa

1. As variações puramente proporcionais

a A largura

A largura da maioria dos caracteres utilizados atualmente adquiriu uma proporção bem determinada depois de séculos de uso. Essa "silhueta normal" compõe-se, de um lado, da relação entre os traços verticais descendentes e, de outro, dos espaços brancos entre eles (espaços

148 SINAIS E SÍMBOLOS

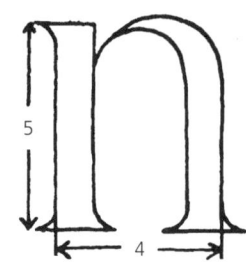

internos e intermediários das letras). Essa relação confere à letra a configuração, que na linguagem técnica é conhecida como "largura".

Para ilustrar essa forma e a variação dela derivada temos de nos limitar à imagem de uma única letra. Escolhemos o H, devido à simplicidade de sua estrutura. Todas as outras letras de um alfabeto são proporcionais em relação a esse formato do H e coordenadas num conjunto, conforme à lei do "parentesco" descrita no capítulo anterior.

O desenho de um H parece "normal" ao leitor quando sua largura é cerca de um quinto menor que sua altura. Em outras palavras, pode-se dizer que a estrutura básica de um alfabeto normal parte de um retângulo vertical, numa proporção de aproximadamente quatro de largura por cinco de altura. No alfabeto das minúsculas, as mesmas proporções podem ocorrer no contorno do "n" normal. Deve-se notar, no entanto, o predomínio dos traços em negrito no perfil básico e o uso de serifas apenas como instrumento estilístico de acompanhamento, ou seja, como "interferência".

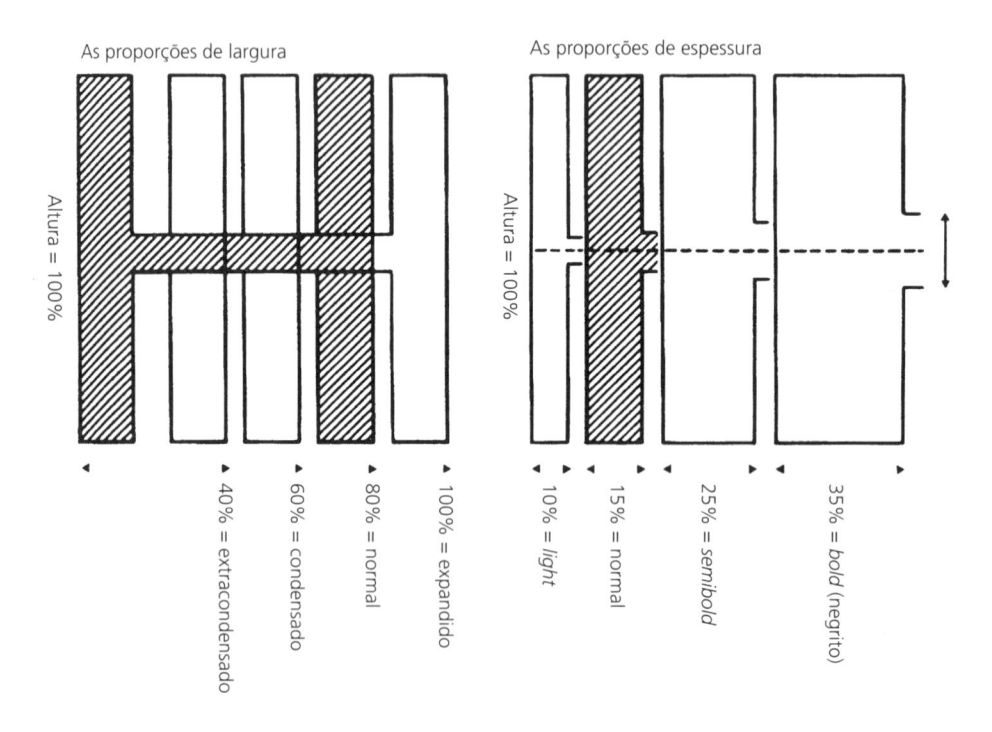

As proporções de largura

Altura = 100%

- 40% = extracondensado
- 60% = condensado
- 80% = normal
- 100% = expandido

As proporções de espessura

Altura = 100%

- 10% = *light*
- 15% = *normal*
- 25% = *semibold*
- 35% = *bold* (negrito)

Mais do que em qualquer época, hoje as variações que se desviam da largura padrão surgem como alfabetos "acessórios" dentro de um estilo de escrita ou de uma família de caracteres. É assim que as versões "condensadas" ou "estreitas" e as "largas" ou "expandidas" se desenvolvem. As proporções entre altura e largura são apresentadas numa combinação de diferentes relações de expansão. Disso resulta, por exemplo, que a estrutura de uma letra, cuja largura é apenas a metade da altura, seja denominada "condensada", enquanto outra, que preenche a forma de um quadrado, seja denominada "expandida".

Em relação ao alargamento de uma letra, é importante notar que 99% das escritas de textos, ou seja, daquelas que mais transmitem informações ao leitor, apresentam uma largura *normal*, enquanto os desvios ou variações de espessura são empregados em informações breves, como títulos, legendas ou obras de consulta (agendas de telefone ou endereço).

b   A espessura

A espessura dos traços verticais, vista pelo leitor como *normal*, corresponde ao traço básico que definimos como "trave" nas considerações do capítulo V, parte 1. Num tamanho normal, um "I" versal tem a espessura de aproximadamente 15% de sua altura. Neste caso, o fenômeno "normal" também é percebido pelo leitor com sensibilidade, pois traços mais delgados são logo avaliados como "*light*" ou "finos", e os mais espessos como "*semibold*" ou "*bold*". Essas variações não são adequadas a grandes quantidades de texto.

Como mostram as ilustrações, as espessuras dos traços horizontais não seguem a mesma lógica. Sendo assim, nas versões mais finas de uma letra sem serifa, por exemplo, as horizontais e as verticais têm quase a mesma espessura, enquanto nas versões em *bold*, as horizontais geralmente são bem mais finas que as verticais. Uma das principais razões para isso está na disposição linear e horizontal do nosso sistema de escrita. Desse modo, a expansão lateral de um H em negrito é praticamente ilimitada. Já a regra das *alturas* absolutamente *idênticas* de todas as letras limita necessariamente a espessura dos três traços horizontais de um "E" a um máximo que não pode ser ultrapassado.

Este é o motivo pelo qual as variações de espessura do nosso sistema de escrita só podem ser classificadas como unidimensionais, uma vez que, na teoria, são expansíveis apenas em sua largura.

Esse fenômeno torna-se ainda mais claro quando comparamos diversas variações de espessura dentro de uma família de caracteres clássicos. Nas letras romanas (Antiqua), as alterações ocorrem quase ex-

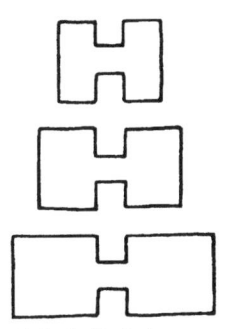

Variação ilimitada das verticais

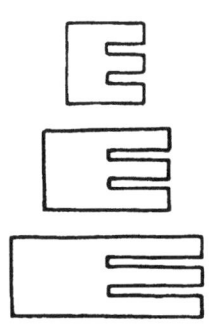

Variação limitada das horizontais

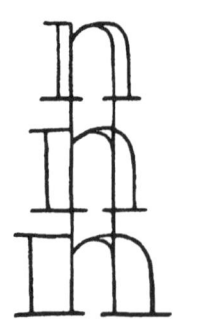

Variação de espessura puramente vertical

No movimento circular da mão, o pulso funciona como o ponto de apoio de um compasso

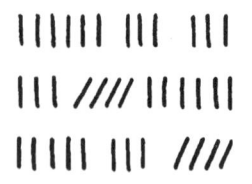

Mudança da estrutura como forma de chamar a atenção

clusivamente nas verticais. As horizontais, ou seja, as serifas traçadas como linhas finas de conexão, permanecem praticamente inalteradas em sua espessura e estáticas como as partes visíveis de um esqueleto.

c *A inclinação*

A imagem estática da escrita normal constrói-se com base nas leis do traçado *vertical* e de um alinhamento de sinais lineares e horizontais (vide explicações gerais sobre o traço vertical, oblíquo e outros na parte 1, capítulo II). Desde as primeiras impressões com caracteres latinos no século XVI, os chamados tipos "cursivos" (ou itálicos), cuja característica principal eram os traços descendentes *oblíquos*, foram recortados como variantes desses caracteres verticais normais.

O próprio nome "cursivo" já expressa o caráter "corrente" da escrita, sugerindo uma caligrafia inclinada para a direita. As escritas cursivas são formas da *cancelleresca* italiana, adotadas pelos primeiros tipógrafos.

Atualmente, o uso de uma escrita oblíqua para destacar um fragmento do texto é visto como norma. (Prefere-se o itálico ao negrito, uma vez que a alteração de cor interfere muito mais na fluência da leitura do que uma mudança de estrutura vertical para inclinada.)

O autor dispõe, portanto, de pelo menos dois "registros" para poder *sublinhar* palavras ou frases, sabendo que, na maioria das vezes, serão destacadas pelo tipógrafo no estilo "cursivo". Essa mudança do vertical para o oblíquo também indica automaticamente ao leitor a presença de algo "importante" ou "enfático" no texto.

O valor total da cor cinza num texto cursivo é o mesmo de um texto normal. A diferença expressiva está apenas na alteração estrutural da inclinação e, em relação às letras com serifa, na forma um pouco "mais corrente" dos arremates iniciais e finais. A posição normal é de aproximadamente 12°. Inclinações inferiores a 10° não são suficientes para que se note a diferença entre o cursivo e o vertical. Em ângulos superiores a 16°, a escrita parece estar "caindo".

9° de inclinação   12° – posição normal   17° de queda

d A ampla variedade de letras

As considerações anteriores a respeito das possíveis variações dos caracteres na largura, na espessura e na inclinação indicam claramente um fenômeno típico da era da publicidade, pertencente à segunda metade do nosso século.

Durante séculos, os escritores e tipógrafos contentavam-se com um único estilo de letra para registrar pensamentos e informações. O repertório consistia em letras maiúsculas e minúsculas, figuras de acentuação, algumas ligaduras, sinais de pontuação e algarismos. Talvez a beleza dos livros antigos, que hoje nos impressiona, deva-se a essa limitação expressiva.

A tipografia livresca satisfaz suas exigências com um "tríptico", que se transformou num padrão e se compõe das seguintes formas dentro de determinado estilo:

1. escrita normal para o conjunto do texto;
2. itálico onde houver "ênfase" e no subtítulo;
3. *semibold* para vários tipos de destaque, como títulos.

Esses três estilos de escrita formam, de certo modo, uma unidade tipográfica básica, uma seleção padronizada de três possíveis meios de expressão para a tipografia literária.

O advento técnico-comercial do século XX colocou a tipografia na era da publicidade. O repertório tradicional de caracteres não satisfazia mais os criadores de anúncios, prospectos e cartazes. A tipografia clássica não era capaz de inserir o *slogan* no título ou produzir um equivalente gráfico à frase de efeito. Para dar um suporte visual ao texto publicitário, a expressão tipográfica experimentou todas as variações possíveis de estilo, desde o *extralight* condensado até o *ultrabold* expandido.

Essa necessidade de manipular a forma da letra também leva o criador de caracteres a estabelecer considerações totalmente novas. Não se trata mais apenas de desenhar uma forma única para determinada letra. Desde o início, deve-se incluir no esboço um planejamento que permita ampliar o desenho em inúmeras versões.

A simples "duplicação" desse novo procedimento de desenho estimula a criação de novos adornos para os caracteres, quase sempre no campo da informática. Os resultados, obtidos com a ajuda de uma impressora controlada por computador, são excepcionais, desde que sejam guiados por um tipógrafo especialista.

A variedade de estilos também se deve à rápida adoção das técnicas de fotocomposição, que permite – na verdade, praticamente exige – uma ampliação cada vez maior do repertório tipográfico, visto que os custos de produção de uma matriz fotográfica não se comparam àqueles

a b c d e f g h i j
k l m n o p q r s t
u v w x y z
ß & § %
A B C D E F G H
I J K L M N O P
Q R S T U V W
X Y Z
1 2 3 4 5 6 7 8 9 0
. , : ; - ( ) ' « » / – ? !

O repertório tipográfico

Baskerville
Baskerville
Baskerville

O "tríptico" tradicional do tipógrafo

econômico
robusto
espontâneo
apertado
pesado
autêntico

Slogan – título

152 SINAIS E SÍMBOLOS

necessários à fabricação de uma nova série de matrizes para caracteres de chumbo. Além disso, a maioria das máquinas de fotocomposição proporciona ao tipógrafo rápido acesso a 8, 12, 16 ou mais alfabetos.

A possibilidade de misturar inúmeros caracteres expõe a qualidade estética da tipografia moderna ao perigo de mãos inexperientes produzirem uma composição caótica em termos de imagem. Quanto mais rico for o material à disposição, mais disciplinada deve ser sua manipulação.

Atualmente, a tarefa do criador de um novo tipo não se resume em apenas desenhar o formato dos caracteres de um único alfabeto, da mesma forma como um arquiteto projeta os ambientes de uma casa. A concepção de uma escrita atual consiste, antes, no planejamento superficial e até espacial de uma família inteira de caracteres, com muitas divisões em que as letras variam de tal modo, que incluem algumas vezes formas inusitadas como "supercondensado" ou "superexpandido", "*ultralight*" ou "*ultrabold*", além das versões em itálico, que vão do "estático" ao "cursivo elegante" ou "cursivo corrente". Por isso, hoje o plano básico

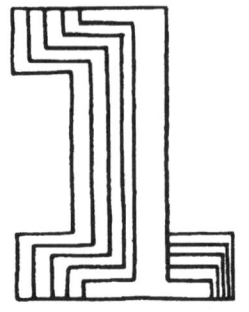

Esquema do sinal em expansão

Concepção completa de uma família de caracteres (Univers)

de uma escrita pode ser comparado à planta de uma região ou de uma cidade. A tipografia moderna deixou de ser dedicada apenas ao livro "doméstico" para atingir os extensos campos de todas as atividades humanas, que exigem dela uma enorme variedade de formas.

2. O desvio do tipo básico

a   As letras ornamentais

As formas que se desviam do tipo básico, transformado em padrão de leitura, podem se alterar completamente, sem no entanto perderem a legibilidade. Para isso, o leitor tem de interpretar a letra ornamental em sua forma mais simples, associando-a ao conjunto de palavras e frases.

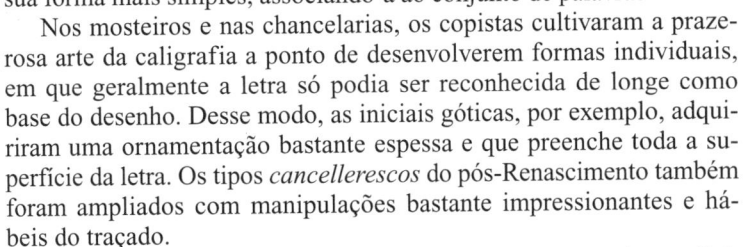

Virtuosismo caligráfico

Nos mosteiros e nas chancelarias, os copistas cultivaram a prazerosa arte da caligrafia a ponto de desenvolverem formas individuais, em que geralmente a letra só podia ser reconhecida de longe como base do desenho. Desse modo, as iniciais góticas, por exemplo, adquiriram uma ornamentação bastante espessa e que preenche toda a superfície da letra. Os tipos *cancellerescos* do pós-Renascimento também foram ampliados com manipulações bastante impressionantes e hábeis do traçado.

A ornamentação na escrita voltou a exercer sua influência na oficina dos artesãos que gravavam em cobre e produziam uma ampla variedade de caracteres decorativos. Os mesmos tipos são usados até hoje com objetivos específicos, e sua aparência transformou-se num fator de comunicação.

O estilo conhecido como cursivo inglês, atualmente empregado em cartões de visita, convites etc., evoca a mensagem consciente de *status* e também de comemoração, comparáveis, por exemplo, com um vestido elegante ou um fraque. Sua aparência é considerada um símbolo do estilo "clássico", em oposição ao que está em moda.

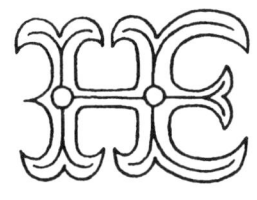

Mensagem de uma comemoração

No século XIX, a litografia deu mais liberdade à criação de novos desenhos de caracteres, antes limitados às restrições técnicas da gravura. Com o auxílio de lápis, pincel, compasso e giz, desenvolveu-se um novo tipo de ornamentação da escrita, desta vez inventado e executado pela imaginação do desenhista e não mais resultante dos gestos fluentes dos calígrafos ou do cinzelamento feito pelos artesãos do cobre. Foi assim que surgiram as letras com serifas realçadas ou sem serifa. Repentinamente, os caracteres começaram a aparecer de modo tracejado, pontilhado, expandido ou com efeito tridimensional, provido de inúmeros adornos.

Liberdade litográfica da ferramenta

Nostalgia

Letra "figurativa"

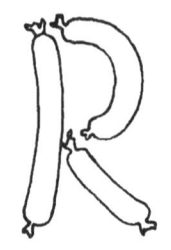

Extravagância

b   As "antiguidades"

No decorrer da segunda metade deste século, fez-se uma tentativa ainda mais intensa de desenvolver essas letras exageradamente ornamentadas, projetando nelas uma espécie de obsessão nostálgica. Os antigos tipos decorados foram "desenterrados", retocados e preparados para as novas técnicas de fotocomposição e decalque. Julgar esse estilo como "ultrapassado" não é mais aceitável. Ao contrário, o gosto pela "antiguidade" parece ter entrado para o campo da escrita.

c   Letras "figurativas"

Nos manuscritos medievais, já era possível encontrar nas iniciais pintadas vários exemplos em que representações figurativas aproximavam-se do formato das letras.

Esse jogo hábil de unir uma imagem abstrata (letra) a uma representação figurativa (plantas, animais, pessoas) incentivou muitos ilustradores dos últimos dois séculos a desenhar alfabetos "figurativos".

A maior parte dessas páginas de alfabeto foi reeditada, para deleite de muitos leitores. Iniciais desse tipo geralmente provocam um efeito humorístico e caricatural, uma vez que as letras contêm certa seriedade, em oposição às formas figurativas, que foram arqueadas ou deformadas "ao sabor dos caracteres".

Não faltam exemplos atuais de alfabetos "figurativos", resultantes de um cruzamento de zonas psicológicas entre letra e objeto. Um exemplo bom para ser citado neste capítulo é o do "alfabeto de salsicha", muito empregado na década de 70 e que nos oferece uma ilustração bem típica do ato – talvez até muito saudável – de "profanação da escrita".

d   As letras do futuro

"Letreiro" ambiental

Ao longo deste século, os caracteres deixaram o campo exclusivo da impressão para atender às necessidades da sinalização e da publicidade, tornando-se parte do ambiente.

De uma forma ou de outra, esses caracteres usados no ambiente emanciparam-se da simples bidimensionalidade da escrita e da impressão para entrar no campo arquitetônico tridimensional. Devido à sua maleabilidade, as letras libertaram-se, em certo sentido, do vínculo com o antigo instrumento de escrita ou gravação, e portanto do traçado, simplificando-se e alterando-se. Hoje são construídas como corpos tridimensionais, a partir dos mais diversos materiais, como tubos de néon retos e encurvados. Painéis de todas as dimensões e nos matizes

OS SINAIS QUE REGISTRAM A LINGUAGEM **155**

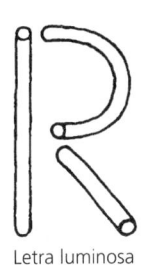

Do traço ao volume   Letra "construída"   Letra luminosa

mais vivos formam a imagem do ambiente cotidiano, seja ele na cidade ou no campo.

Ao contrário do material impresso, que o leitor pode decidir se quer ver ou não, as inscrições arquitetônicas lhe são impostas diretamente como parte integrante do seu ambiente. Conforme a feição desses elementos de inscrição, estes podem constituir um enriquecimento da paisagem, quase no sentido da ornamentação. Por outro lado, se forem mal projetados, podem causar um "ruído" visual agressivo e, portanto, uma poluição ambiental. Não será possível para a nossa geração avaliar esse tipo de problema, visto que mal começamos a desenvolver uma análise crítica das inscrições que nós mesmos colocamos no ambiente há tão pouco tempo. No campo da sinalização, encontram-se, de um lado, as informações permanentes e, de outro, as advertências dinâmicas, que se alteram periodicamente. Estas últimas baseiam-se no princípio do aparecimento e do desaparecimento de uma informação sempre no mesmo local. Nos últimos séculos foram sugeridas diversas soluções para essa difícil tarefa. Em instalações de grande porte, por exemplo, células luminosas ou séries de lâmpadas podem ser programadas para acender um sinal sobre uma base reticulada, formada por linhas pontilhadas.

Para informações de porte médio, usa-se ainda hoje um sistema mecânico bastante eficiente, que consiste em pequenas lâminas giratórias contendo letras e números numa forma relativamente bem desenhada.

Na sinalização de dimensões reduzidas, é cada vez mais freqüente o emprego de dispositivos televisivos para a transmissão de informação. Neles, os caracteres aparecem num tubo de raios catódicos, em linha normal de resolução, o que impõe novas limitações da forma à qualidade da imagem.

O último exemplo de informação digital pode ser representado pelo esquema de sete barras, usado principalmente na configuração dos

Letra feita de lâmpadas

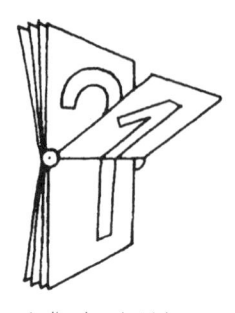

Indicador giratório

Letra formada por um tubo de raios catódicos

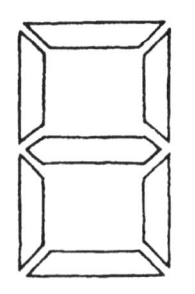

Sete segmentos

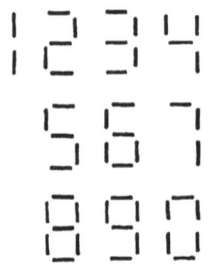

Uma nova linguagem de sinais

sinais numéricos das calculadoras. Embora de forma bastante simples e estilizada, o esquema reduzido de sete códigos (três horizontais e quatro verticais) permite indicar todos os algarismos por meio de mecanismos puramente eletrônicos, suprimindo-se apenas alguns traços isolados. Em pouco tempo, a enorme popularidade da calculadora de bolso transformou esse formato do algarismo num segundo padrão de leitura. É espantoso ver como a capacidade de adaptação do ser humano pode ser tão dinâmica quando pressionada pela necessidade – nesse caso específico, mais pela comodidade de não se precisar mais fazer contas mentalmente – de se submeter a um novo sistema numérico atrofiado.

Por outro lado, é interessante notar que, nos relógios de pulso, os algarismos digitais não tiveram o êxito previsto. A invenção da cronometria por meio da vibração de quartzo permite produzir relógios digitais de alta precisão por um preço mínimo. No entanto, não houve uma adaptação a esse sistema. Para indicar o tempo, as pessoas preferiram a linguagem mais pictórica e expressiva dos ângulos formados pelos ponteiros de um relógio tradicional.

A linguagem dos ângulos formados pelos ponteiros de um relógio continua em uso

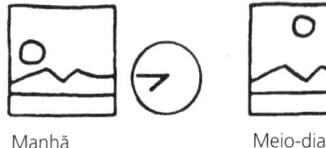

Manhã   Meio-dia   Noite

Tentativa de uma simplificação extrema
Nos últimos tempos, uma tendência gráfica de simplificar ao máximo as letras – não no sentido de taquigrafar, mas no de reduzir a seleção das formas – levou a várias tentativas novas de continuar uniformizando os sinais alfabéticos de algum modo. Para oferecer ao leitor um exemplo didático, montamos duas evoluções concisas de alfabetos construídos com base em princípios puramente geométricos.

No primeiro caso, tentamos compor todo o alfabeto a partir de uma forma quadrada. Isso nos permitiu observar vários estágios de reconhecimento, nos quais todos os caracteres com base retangular, como E, F, H, T etc., apresentam formas bastante nítidas. Em segundo lugar estão as letras semi-arredondadas, como C, G, P, S ou U, cuja legibilidade baseia-se sobretudo na direção de abertura dos espaços internos e, por isso, podem ser facilmente reconhecidas. Os caracteres mais difíceis de serem lidos são aqueles cujas formas básicas são tipicamente oblíquas, como M, N e Z. Devido à assimetria das letras B, D e R, causada pelo arredondamento unilateral, os resultados obtidos são impraticáveis.

Na segunda linha, fez-se a mesma tentativa com o alfabeto das minúsculas. O comentário feito a respeito das maiúsculas também é válido neste caso. Deve-se notar, no entanto, que a presença de hastes ascendentes e descendentes torna mais fácil o reconhecimento dos caracteres, e que o alfabeto das minúsculas contém menos formas simétricas em relação ao das maiúsculas. As únicas minúsculas realmente ilegíveis nesse exemplo são as que apresentam traços oblíquos. Nas duas últimas linhas, tentou-se simplificar os caracteres até reduzi-los ao grau de ilegibilidade, transformando-os em elementos puramente decorativos.

Como segundo exemplo de redução da forma das letras, a ilustração da p. 158 mostra outros experimentos com o alfabeto, baseados na circunferência. Nessa composição, as maiúsculas foram propositadamente deixadas de lado, uma vez que é muito difícil desenhá-las com formas arredondadas. Em contrapartida, grande parte das minúsculas apresenta caracteres arredondados. Essa observação demonstra mais uma vez que a transformação das maiúsculas em minúsculas resulta da escrita corrente, visto que a mão desenha com muito mais facilidade as formas arredondadas do que as retas que compõem as maiúsculas.

Formas simplificadas como essas são bem aceitas pelos artistas gráficos, sobretudo no esboço de caracteres. Os quadros apresentados nas pp. 158-9 ilustram, de modo puramente teórico, os pontos onde pode estar situado o limite da legibilidade. Retornaremos em breve ao tema "Tendência à ilegibilidade".

Antes de encerrarmos nossas considerações a respeito da "simplificação da letra", gostaríamos de mencionar um aspecto particular da forma, que se destaca quando, por exemplo, comparamos a figura de um código em forma de fita ou cartão binário perfurado com a de um fragmento de escrita cuneiforme suméria numa placa de argila. Entre esses dois sistemas de registro da escrita existem pelo menos quatro mil anos de civilização. Vale a pena lembrar que a escrita cuneiforme era imediatamente reconhecida pelo leitor, enquanto os códigos eletrônicos atuais necessitam de um maquinário complexo para ser compreendidos.

Essa comparação deve ser considerada apenas como uma observação secundária, pois representa um objeto interessante do ponto de vista puramente gráfico. No que concerne à compreensão, os sinais

Redução da escolha das formas na estrutura básica de um quadrado

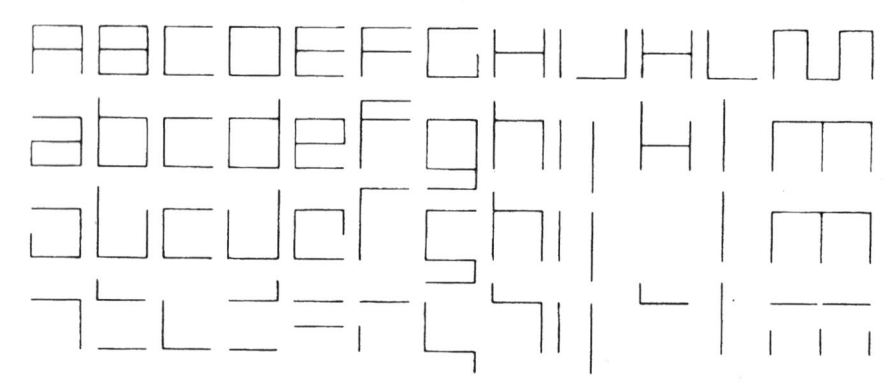

binários representam muito mais do que um simples sinal fonético, pois compõem a base de um instrumento para processar uma enorme quantidade de dados, não comparáveis ao modo de pensar antigo.

Leitura automática
A informática encontra-se em processo de expansão. A quantidade de texto a ser processada cresce incessantemente. O funcionamento do computador baseia-se no sistema binário. Por isso, todos os dados de entrada (*inputs*) devem ser convertidos em códigos, como cartões ou fitas perfuradas, fitas magnéticas etc. Em princípio, esse trabalho de "tradução" só pode ser executado por pessoas capazes de reconhecer as inscrições dessas entradas.

Nada era mais fácil para os técnicos do que encontrar uma escrita que pudesse, *ao mesmo tempo*, ser lida *tanto* pelo homem *quanto* pela

Formas circulares no alfabeto minúsculo

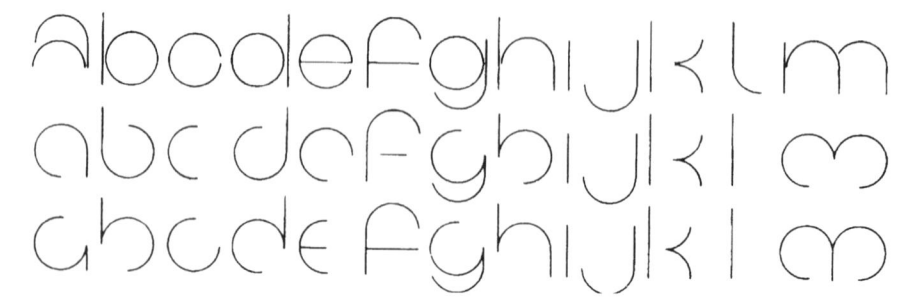

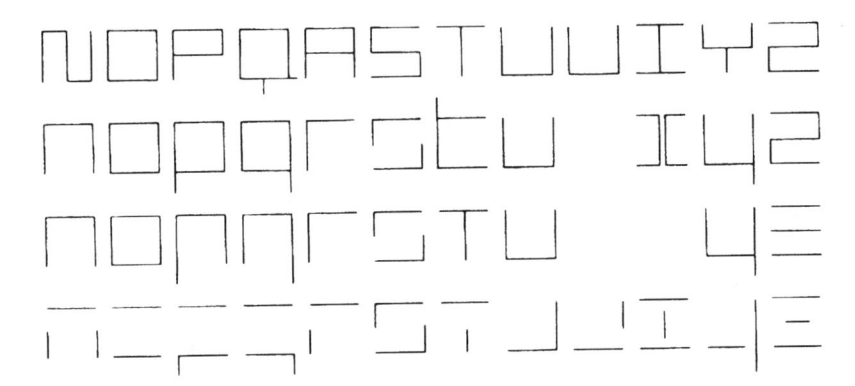

máquina. Foi assim que surgiram os chamados caracteres OCR (*Optical Character Recognition*).

As primeiras escritas de leitura automática eram caracteres extremamente simplificados e estilizados para as regras geométricas das máquinas. A difusão desses caracteres certamente deve ter desencadeado uma reação muito forte entre os leitores. A desfiguração de uma forma familiar como a dos caracteres do alfabeto ocidental provoca um efeito revolucionário, talvez até sinistro, como aquele provocado pelos robôs, que praticamente se transformaram no símbolo do medo do futuro.

Há muito tempo, os primeiros caracteres, popularmente conhecidos como "letras de computador", estão ultrapassados no que diz respeito à técnica, pois as máquinas de leitura mais modernas foram capacitadas para reconhecer formas complexas das letras clássicas sem errar. A

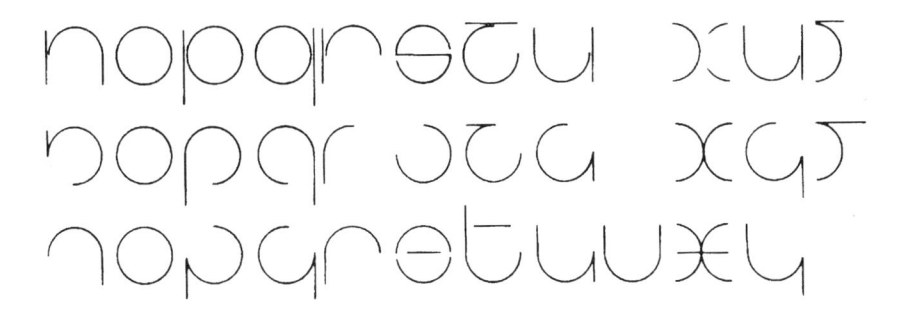

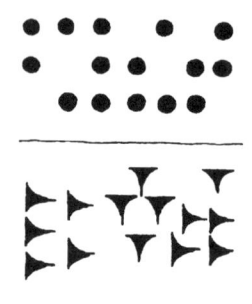

Quatro mil anos de cultura?

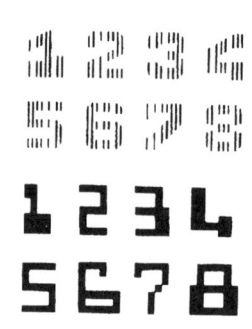

Escrita estilizada do computador

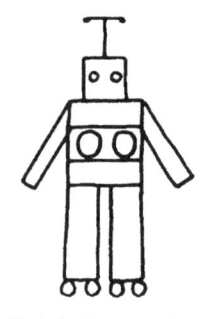

Símbolo de um medo do futuro

concepção de uma escrita em OCR não estilizada (B) tornou os caracteres "robóticos" obsoletos, evitando assim o perigo de uma distorção das letras nesse campo.

Escritas feitas por robô

O limite da legibilidade

Os limites da legibilidade
Apesar disso, nesse breve período de popularidade desses caracteres tipográficos destorcidos, surgiu um estilo que se tornaria característico das décadas de 60 e 70.

Os caracteres que vemos hoje em grafites, muros, cartazes e folhas de decalque comprovam o fato de que a escrita deve ser considerada como a expressão do espírito de determinada época. Trata-se de sinais que, embora comportem características do alfabeto em segundo plano, encontram-se no limite da legibilidade. Nessas escritas contemporâneas, é latente a existência de uma provocação direta em relação aos hábitos de leitura tradicionais. Ainda é difícil para nós estabelecer um julgamento exato sobre essa reação de antileitura e seu significado. Talvez desse movimento, hoje avaliado como decadente, surja no futuro algo fundamentalmente novo.

e   *A imagem da escrita e a escrita da imagem*

As considerações anteriores, relativas ao tema "Desvio do tipo básico", revelaram uma tendência que permite reconhecer o lado desenhista do escriba. Provavelmente essa tendência tenha sido motivada pela absoluta abstração das letras e de seu uso puramente mecânico como forma de registrar pensamentos.

Poetas famosos sempre tentaram quebrar a grade rígida e convencional de composição tipográfica por meio de uma organização pictórica do texto. Os chamados "caligramas", de Apollinaire, Morgenstern

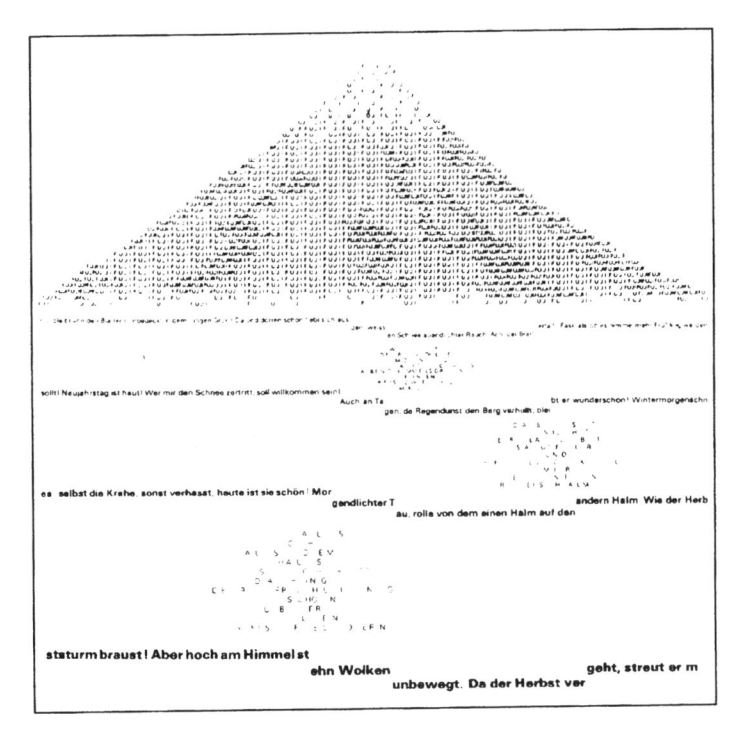

Caligrama tipográfico (Bruno Pfäffli)

e outros, são exemplos de como a escrita se transforma em imagem. O desenhista tipográfico também cai na tentação de romper as regras rígidas da composição linear e de interpretar figurativamente o conteúdo do texto em duas dimensões.

Quem nunca tentou, na manchete de um jornal, por exemplo, descaracterizar a maiúscula "O", atribuindo-lhe ingenuamente dois olhos, um nariz e uma boca e compondo um rosto? Acrescentando-se apenas uma linha e alguns pequenos círculos, um "Y" robusto transforma-se facilmente numa taça de champanhe.

Essas brincadeiras com as letras são possíveis justamente naquele campo delimitado em que a imagem delas, transformada em "substância" subconsciente para o leitor, é elevada ao campo da consciência e do pictórico.

Esse tipo de sentido duplo da palavra pode ser apresentado das mais diversas formas. O método mais simples e expressivo consiste em

Sonhos ocultos

A letra retorna ao estado de figura

desorganizar a disposição normal das letras dentro de uma palavra. À primeira vista, o leitor estranha a posição inusual de uma letra. Porém, posteriormente, ao reconhecer a natureza do jogo, ele compreende a metamorfose que a transformou em figura, pois consegue visualizar claramente a relação mental entre o conteúdo e a imagem habitual da palavra.

O modo mais direto de conferir um aspecto pictórico à letra está na transformação da sua própria imagem ou a da palavra numa figura. Esse procedimento gera o conflito mais forte entre o que é "visível" e o que é "legível". Trata-se de um efeito de duplo sentido, muito explorado nas artes gráficas modernas, com o objetivo de, por exemplo, criar um logotipo fácil de memorizar, despertando no observador o conflito entre a forma abstrata do alfabeto e a forma sugerida da imagem.

Abreviações

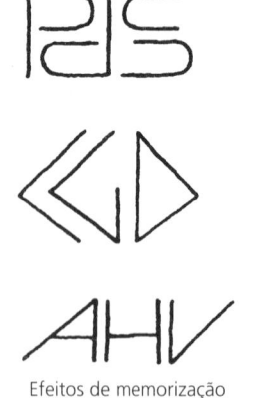

Efeitos de memorização

3. Os monogramas

a A abreviação transforma-se em acrônimo

Uma imagem atual, típica da escrita, é a das abreviações, que consistem em iniciais de nomes próprios ou em grupos de palavras de várias naturezas. Essa tendência a uma expressão reduzida da escrita e da linguagem caracteriza claramente o aumento incessante de associações humanas, sejam elas empresas comerciais ou políticas, grupos éticos ou sociais. As classificações técnicas complexas também tendem a se limitar cada vez mais às letras iniciais das palavras, a fim de que possam ser pronunciadas, escritas e lidas com mais rapidez.

Esse fenômeno de redução da linguagem conduz a unidades de comunicação totalmente novas, cujo significado, no entanto, encontra-se limitado ao maior ou menor grupo de iniciados. Se hoje a sigla UNESCO é mundialmente conhecida, o mesmo não ocorre com BDG, uma vez que se trata especificamente de uma designação profissional alemã.

OS SINAIS QUE REGISTRAM A LINGUAGEM **163**

Os monogramas são formados de acordo com determinadas regras.

164 SINAIS E SÍMBOLOS

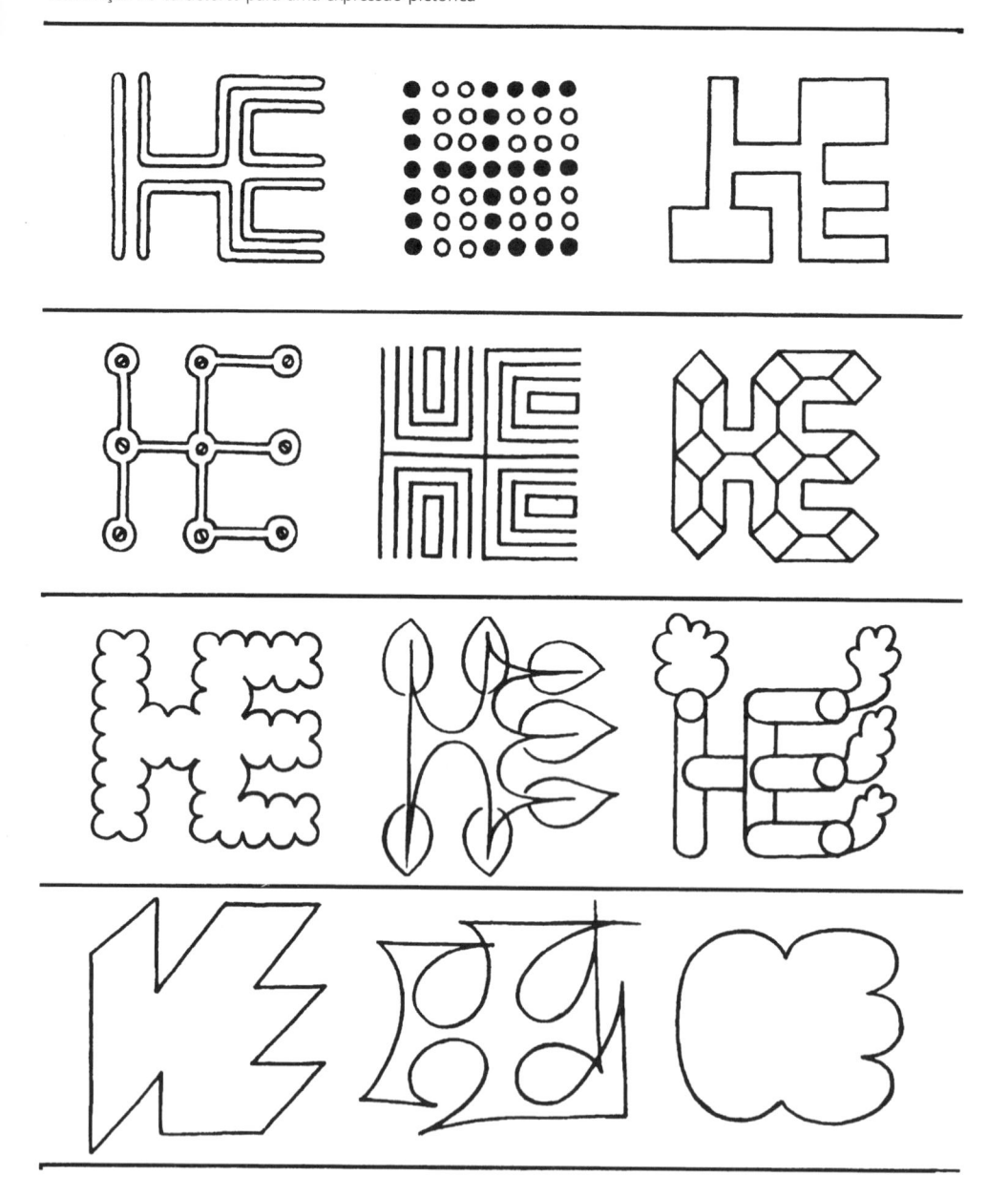

Decoração de caracteres para uma expressão pictórica

Essas abreviações são classificadas como "selos" ou "monogramas". Geralmente restringem-se a um número mínimo de letras, pronunciáveis isoladamente, e estimulam o desenhista a produzir combinações de sinais sem seguir, necessariamente, as regras da linguagem escrita. O objetivo do artista gráfico é conseguir efeitos novos, diferentes, expressivos e que possam ser facilmente memorizados pelo observador.

b   Da ligadura ao ornamento

Os quadros que mostramos nas páginas anteriores trazem uma série de exemplos contendo monogramas H-E. Os caracteres foram dispostos propositadamente de forma linear. Não aplicamos variações no traçado, como negrito, pontilhado, sombreado etc., pois resultariam numa exposição infinitamente extensa.

Na p. 163, a primeira linha retoma as variações proporcionais das maiúsculas e minúsculas, apresentadas anteriormente, desde o condensado até o expandido. A segunda fileira consiste em pares de letras H e E, enquanto os outros exemplos repetem os caracteres num estilo ornamental que tende para o "selo" ou para o "logotipo".

O tema "Criação de logotipos" será desenvolvido com mais detalhes na terceira parte de nossas considerações, no capítulo sobre as logomarcas.

A tabela da p. 164 mostra, num resumo visual, alguns exemplos genéricos de letras que se desviaram da forma padrão e que podem aparecer no dia-a-dia dos leitores. Os sinais foram compostos pela combinação dos elementos H e E. Neste capítulo, eles correspondem, *grosso modo*, ao desenho do candelabro apresentado na parte 1, posicionado a 45°.

Os exemplos das duas primeiras linhas mostram claramente a influência das imagens típicas da tecnologia moderna. Na terceira, as letras simbolizam objetos. Na última, os três desenhos movimentam-se no limite da legibilidade, fazendo com que a letra seja apenas intuída. O sinal propriamente dito é considerado mais como pura abstração.

VIII. OS CARACTERES TIPOGRÁFICOS E SUA LEGIBILIDADE

1. A escrita como meio de comunicação universal

Há dois mil anos, saber ler e escrever era um privilégio de poucos. Hoje a educação é um direito da maioria dos povos. O progresso de difundir o conhecimento também envolve as formas em constante alteração do nosso alfabeto.

No início da nossa história, o homem levava uma hora para riscar com força talvez três ou quatro sinais pictóricos na pedra. Atualmente, as máquinas eletrônicas são capazes de registrar milhões de caracteres por hora.

A partir dessa evolução, constatamos dois fatos: de um lado, o de que a crescente demanda por textos estimula os técnicos a inventar meios de reprodução e de composição cada vez mais rápidos; de outro, o de que a imensa difusão de material escrito leva à uniformidade dos caracteres. Há algumas décadas, em todos os países ocidentais usavam-se inúmeros tipos de letras, característicos de cada região, com uma "coloração nítida". Hoje testemunhamos a cristalização da forma latina como um tipo de letra internacional.

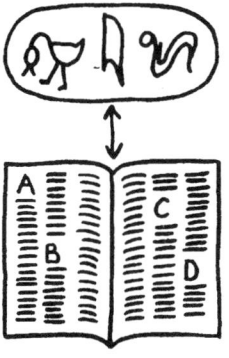

Antigamente – hoje

Nacional – internacional

Diminuição do intervalo entre o acontecimento e a informação

Resolução por meio de tubos de raios catódicos

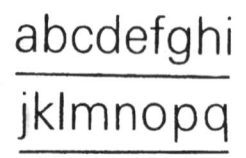

abcdefghi
jklmnopq

O alfabeto é teoria

ab   am
bad bau
bahn

Figuras de sílabas e palavras

Essa fonte tipográfica transformou-se num "material de consumo". Sua estrutura, que corresponde a certa sensação de conforto, mostra-se cada vez mais importante e indispensável para que a maior parte dos leitores possa compreender o texto com o mínimo de resistência e o máximo de velocidade. A isso acrescenta-se o fato de que toda informação só possui um sentido quando aparece dentro de um período limitado. Quer se trate de imprensa escrita, publicidade ou edição de livros, o caminho que vai do acontecimento ao leitor deve ser constantemente reduzido. Em muitos casos, esse fator também está relacionado ao preço. A informação tem de ser barata, seja ela veiculada em jornais, prospectos, livros de bolso, obras técnicas de consulta ou em qualquer outro meio.

Por essas razões, a técnica de escrita do nosso século é caracterizada por uma composição cada vez mais veloz. Durante quinhentos anos, a arte de compor permaneceu inalterada. O uso do chumbo atendia plenamente às exigências de publicação.

Foi apenas por volta de 1950 que novas técnicas de composição se desenvolveram, pois, a longo prazo, os processos convencionais de produção tornaram-se insuficientes para o volume crescente de informações. Por conseguinte, a invenção da fotocomposição não ocorreu por acaso. Foi, antes, uma necessidade técnica para acompanhar as demandas futuras.

Neste contexto, precisaríamos de mais tempo se quiséssemos descrever como as letras são transferidas atualmente de um arquivo digital para o papel, por meio de tubos de raios catódicos e raios *laser*. Basta observar que a nitidez dos caracteres produzidos pelos aparelhos modernos atingiu o mesmo grau de qualidade ao qual os leitores da época da composição a chumbo estavam habituados.

2. A forma dos caracteres e sua legibilidade

a   O processo de leitura

As letras do alfabeto devem ser consideradas apenas como o material de construção de uma língua. Com elas formamos sílabas, palavras e frases. Na infância, quando começamos a aprender a ler e a escrever, é comum soletrarmos tudo o que lemos. Somente mais tarde o subconsciente deixa de se ocupar com letras isoladas para concentrar-se nas sílabas e palavras. Todo leitor dispõe de um vocabulário de palavras e sílabas nos moldes de um esquema básico de tabela. As associações entre as letras da língua materna ficam fortemente gravadas na memória. O mesmo ocorre, porém com menos intensidade, em relação às línguas aprendidas posteriormente.

Para saber o grau de precisão com que o desenho das sílabas e das palavras está ancorado no leitor, basta um simples experimento.

A união das letras "on" é percebida como um todo, como se fosse fotografada pelo olhar. Em seguida, é comparada com um esquema interno preexistente, que permite sua compreensão.

Um defeito mínimo num ponto crítico da letra "o" prejudica momentaneamente a nitidez da imagem, criando a dúvida entre um "o" e um "c". Além disso, a combinação "cn" não é familiar à memória do leitor, e por isso não lhe serve como ponte para a compreensão.

O ponto crítico da letra "n" é a extremidade superior esquerda. Um prolongamento mínimo da vertical confunde o "n" com o "h". A suposição de que se trate de um "h" é confirmada quando lembramos da combinação fonética "ch", muito comum em nosso vocabulário.

Depois desses exemplos de formas menos características, a verdadeira imagem do "ch", nas proporções tipográficas consideradas normais, tem um efeito de descontração, uma vez que eliminou as dúvidas e a figura retornou ao campo do desenho já conhecido.

on
Figura da sílaba

cn
C ou O?

cn
N ou H?

ch
Desenho padrão

Manuscrito

Manuscrito

b *Os níveis de motivação na leitura*

As formas das letras, do modo como se construíram e se desgastaram ao longo dos séculos, apresentam-se hoje em diversos estilos como meio de comunicação. Podem ser divididas em vários grupos: manuscrito, escrita funcional, caracteres tipográficos.

Evidentemente, os leitores são capazes de compreender uma comunicação escrita em qualquer um desses estilos. No entanto, seu esforço para decifrar o conteúdo depende sobretudo do grau de importância do texto. Se necessário, ele terá de se empenhar mais para decifrar a informação manuscrita, pois uma única letra que seja interpretada de maneira errada pode alterar o sentido do texto.

Em cartas comerciais, ofícios e relatórios, a forma manuscrita é demasiadamente individual e pode levar a interpretações muito pessoais. Nesse tipo de texto, a escrita à máquina é mais adequada e aceita sem hesitação, mesmo que sua qualidade gráfica seja inferior.

No entanto, nenhum editor se disporia a difundir a um público amplo textos como romances, artigos de revistas, jornais etc. em letra de máquina de escrever. O publicitário também sabe que a apresentação de um produto a ser oferecido no mercado deve ser feita com uma escrita e uma impressão da melhor qualidade, para poder ser notado

```
Although a
Squanto wa
during the

Matrixdrucke
ird in einer
beliebige an
```
Escrita funcional

La terre de Fra
par la netteté d
férences de ses
général de cett

Tipografia

pelos consumidores potenciais, que não necessariamente estarão motivados a comprá-lo.

Essas considerações indicam que a verdadeira forma, desejada conscientemente ou não pelo leitor, é aquela que se apresenta perfeita do ponto de vista tipográfico. Essa estética das palavras fixou-se profundamente em seu subconsciente pela simples razão de que a maior parte do seu conhecimento foi assimilada nessa forma, por meio de livros e jornais, e também porque o equilíbrio desse tipo de escrita lhe oferece o máximo de conforto na leitura.

Uma estrutura comum

c   A síntese da forma dos alfabetos

A partir dos comentários precedentes a respeito da legibilidade, é possível concluir que, na verdade, poderia haver apenas uma escrita mais legível, portanto uma espécie de arquétipo de caracteres, e que futuramente existirá o perigo de um protótipo uniforme funcionar como único "meio de comunicação" entre as pessoas.

A escrita não deixa de ser também um objetivo a ser alcançado tanto quanto a alimentação, a vestimenta e a moradia. Contudo, seu encanto estará sempre na mudança de estilo.

Supõe-se que o leitor memorize o desenho das sílabas e palavras como uma forma esquemática. Os detalhes que determinam o estilo da letra são assimilados como uma "ressonância", que não prejudica o processo de leitura, contanto que o conjunto de caracteres tenha sido concebido de acordo com as regras básicas. O verdadeiro caractere é modelado ao redor da armação básica de uma letra. O elemento artístico, ou o que é chamado de "estilo", manifesta-se na zona de ressonância da escrita.

Uma letra eficaz é lida por milhões de pessoas. O leitor acaba sendo influenciado quanto à noção que tem a respeito da estrutura desse sinal. Quando a forma passa por inovações radicais ou perde a qualidade, a letra encontra certa resistência na concepção do leitor e o processo de leitura é prejudicado.

Para demonstrar essa tese, desenhamos algumas letras dos tipos mais usados mundialmente com uma retícula de linhas dispostas em vários ângulos. Com a sobreposição das letras iguais em oito estilos diferentes, a forma estrutural mencionada aparece claramente no centro do traçado como a parte mais escura.

No diagrama "a", o formato Garamond se apresenta na curvatura inferior. Isoladamente, seu aspecto *old style* fascina o leitor, mas utilizado em grande quantidade torna-se cansativo. O mesmo fenômeno

OS SINAIS QUE REGISTRAM A LINGUAGEM **171**

Demonstração de uma forma básica comum das letras

Garamond
Baskerville
Bodoni
Excelsior
Times
Palatino
Optima
Helvética/Univers

ocorre na curvatura superior do "e", em que o formato Garamond é o que apresenta o traço horizontal mais alto.

Esses dois exemplos de letras com punções estreitas nos permitem perceber como as formas internas, originalmente reduzidas, padronizaram-se em grandes aberturas devido ao seu uso "generalizado", garantindo assim o máximo de legibilidade e precisão na reprodução gráfica, caso a tinta borre o papel.

O diagrama "n" mostra que a espessura das serifas, ou apenas sua presença ou ausência numa letra, não é decisiva para o reconhecimento do sinal, e que por isso a legibilidade não é muito afetada.

Como vantagens das serifas, poderíamos destacar, de um lado, o fato de ajudarem a guiar os olhos na leitura rápida da linha e, de outro, de fazerem com que as palavras se encaixem com um pouco mais de firmeza. Quanto às suas desvantagens, podemos dizer que elas não constituem um elemento diferenciador, mas adaptador da forma, uma vez que todas as letras apresentam as mesmas serifas como um acréscimo à estrutura básica.

Ao observarmos os diagramas, temos a impressão de que o simples traçado de suas letras está muito próximo dos tipos com os quais estamos mais familiarizados, como o Excelsior e o Caledonia, usados na imprensa cotidiana. O segundo desenho mais difundido é encontrado nos tipos sem serifa (Helvética, Univers etc.), que correspondem perfeitamente à forma básica, desviando-se apenas da espessura constante do traçado e da ausência já mencionada de serifas.

As bases da legibilidade são como uma cristalização que se forma ao longo de séculos, usando tipos selecionados e expressivos. Talvez as formas utilizáveis, que superaram a prova do tempo, permaneçam para sempre como uma lei estética para o homem.

IX. OS SINAIS DOS VALORES NUMÉRICOS

O desenho de numerais certamente pode ser incluído entre os primeiros registros escritos da humanidade. Da mesma forma como hoje os jogadores de carta marcam os pontos com giz sobre uma lousa, já no período paleolítico era comum a marcação de valores numéricos por meio de riscos ou entalhes na pedra. Outros testemunhos desse tipo de sistema de contagem sobreviveram nos entalhes em ossos, chifres ou pedras, nas peles e nas cascas de árvores queimadas e nos nós dados em barbantes.

Riscos, entalhes

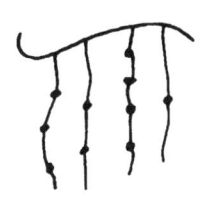

Não podemos deixar de salientar que esses tipos de registro devem ser compreendidos em sentido muito mais amplo do que apenas como valores numéricos. Eles poderiam representar, por exemplo, técnicas para auxiliar a memória verbal, sinais do calendário etc. Quanto a esse aspecto, inevitavelmente fazemos comparações com elementos contemporâneos, como o sistema binário da linguagem informática, que também se baseia no alinhamento simples, lógico e rítmico de um único impulso do sinal (entalhe = *bit*).

Nós

Impulsos binários

1. Numeração com letras

Paralelamente à evolução da escrita, toda civilização desenvolveu um sistema próprio para registrar valores numéricos. Em muitos casos, esses valores eram expressos com o auxílio dos sinais comuns da escrita. O sistema clássico das escritas grega e romana são exemplos evidentes. No grego, os sinais alfabéticos também designavam números, quando dis-

$\alpha' = 1$ | $I = 1$
$\beta' = 2$ | $V = 5$
$\gamma' = 3$ | $X = 10$

Algarismos alfabéticos

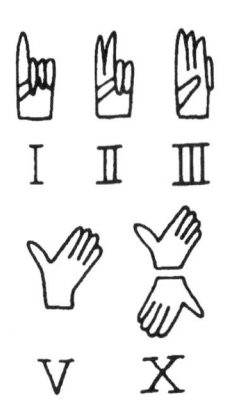

postos na seqüência habitual. O simples acréscimo de um apóstrofo indicava que não se tratava mais de um sinal fonético, mas numérico.

Os numerais romanos também se basearam nos sinais alfabéticos, usando o fonema "I" para representar a menor unidade numérica. Talvez isso tenha ocorrido a partir da analogia com o dedo esticado, que também serve para os valores II e III.

Desse modo, uma única mão aberta poderia servir de modelo para o valor V, e duas para o valor X. Porém tais comparações pictóricas não devem ser consideradas como processos reais de evolução e, sim, como indicação de motivos pictóricos iniciais, que servem de base para todos os sistemas de sinais.

Analogia pictórica?

2. Origem e evolução dos algarismos arábicos

O ponto de partida mais importante na análise dos algarismos arábicos é o fato de terem se desenvolvido de modo completamente diferente e separado do nosso alfabeto, embora os dois grupos de sinais (letras e algarismos) tenham adquirido certa "familiaridade" na forma impressa atual.

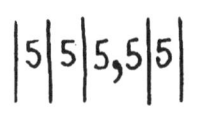

Essa diversidade na origem permite explicar como foi possível difundir os algarismos árabes em todo o mundo e integrá-los praticamente em todos os outros sistemas de escrita, sem influenciar sua forma.

Sistema de valores posicionados

a A engenhosa idéia do valor zero

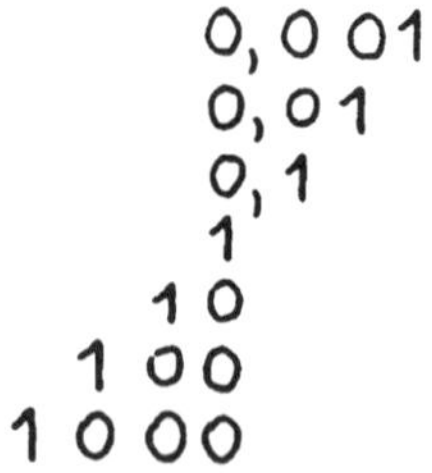

Talvez o leitor não tenha se dado conta de quanto a invenção do sistema de valores posicionados é fundamental para o desenvolvimento da economia do mundo. À esquerda da posição central da vírgula encontram-se dispostas as dezenas, as centenas etc. e, à direita, as frações numa ordem fixa, que permitem calcular qualquer operação aritmética com o posicionamento exato do algarismo. A possibilidade de um sistema como esse fundamenta-se na genial invenção de um sinal para o "nada", ou seja, o zero, que pode ocupar qualquer posição na série numérica, contanto que no mesmo local não haja nenhuma unidade de valor.

"Geometria do zero"

Em outras palavras, os números 123456789 podem ser classificados como valores concretos, enquanto o zero é considerado um conceito abstrato, que só funciona como gradação de valor dependendo da posição que ocupa na seqüência. É interessante notar como o formato circular do zero comporta o significado ambivalente (duplo) de positivo e negativo, pois é objeto e vazio ao mesmo tempo (vide a respeito a parte 1).

Zero ou vazio

b   A origem e o desenvolvimento das formas

Os chamados "algarismos arábicos" têm sua origem na antiga sabedoria indiana. No século II a.C. é possível encontrar desenhos com sinais representando conceitos de quantidade e já indicando, em parte, o caminho para o sistema decimal.

| 1 | 2 | 3 | 6 | 7 | 9 | 10 | 20 | 100 | 200 |

A verdadeira série de múltiplos de dez desenvolveu-se gradualmente no norte da Índia, ao longo do primeiro milênio depois de Cristo. De modo semelhante ao que ocorreu no grego e no romano, a forma desses primeiros sinais baseou-se no molde das letras, exceto o zero, que desde o início era desenhado como um pequeno círculo, passando mais tarde a ser escrito como um ponto grande. Nos documentos em sânscrito dos séculos IX e X, por exemplo, encontram-se sinais individuais inequívocos para cada dez valores do sistema decimal.

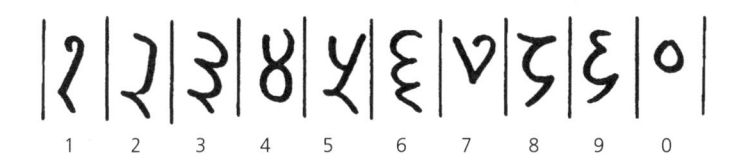

| 1 | 2 | 3 | 4 | 5 | 6 | 7 | 8 | 9 | 0 |

Os estudiosos persas, que estavam familiarizados com a matemática indiana nesse estágio de desenvolvimento, adotaram o sistema e, da mistura de sinais indianos e arábicos, surgiu, ainda no século X, a série de algarismos típica do árabe oriental. Nela se formou a maioria dos algarismos que usamos atualmente e que ainda são empregados na escrita árabe.

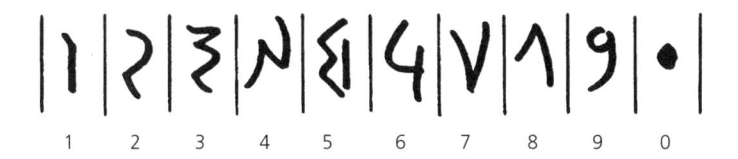

| 1 | 2 | 3 | 4 | 5 | 6 | 7 | 8 | 9 | 0 |

176 SINAIS E SÍMBOLOS

```
 1  2  3  4  5  6  7  8  9  0
```

Ao final do século X, os algarismos arábicos começaram a entrar no mundo ocidental. Por um caminho claramente etnológico, a primeira invasão deu-se na Espanha, que foi o ponto de partida para a difusão do novo sistema de numeração em todo o Ocidente. Uma das primeiras séries de algarismos usada na Espanha já apresenta um formato semelhante ao que hoje pode servir como base para os numerais, com exceção do 5 e do 2 invertido.

Não é preciso salientar que esses novos grupos de sinais, sobretudo o novo método de cálculo a eles relacionados, foram de importância decisiva para todo o processo de desenvolvimento da cultura e da economia européias.

Tão logo esses algarismos começaram a se difundir pela Europa, sentiu-se a necessidade de fixar sua forma definitivamente, para poder empregá-los tanto nas ciências exatas incipientes quanto no intercâmbio cultural e comercial entre os países.

1234567890

Algarismos caligrafados

Técnicas de impressão e formato dos algarismos

Certamente os estilos caligráficos da Idade Média e as técnicas de impressão do pós-Renascimento influenciaram a aparência externa ou, por assim dizer, a "roupagem" dos algarismos. No entanto, não puderam afetar significativamente sua forma básica. A pena larga dos calígrafos já determinava, desde o início, as posições em que o traço seria mais espesso ou mais fino. Posteriormente, tipógrafos, entalhadores em cobre e litógrafos incorporaram a seqüência de algarismos na representação estilística dos alfabetos. Desse modo, os algarismos do século XVIII apresentam os mesmos elementos delgados e as extremidades em forma de gota dos caracteres romanos clássicos (Antiqua), enquanto o período subseqüente criou caracteres com serifas realçadas ou sem serifas e adaptou os algarismos ao estilo das letras.

1 2 3 4 5 6 7 8 9 0

A norma

O século XX "despiu" os números de seus elementos decorativos, com o objetivo de torná-los mais legíveis em todos os campos de consulta, desde as páginas da Bolsa de Valores até a lista telefônica. A largura dos dez algarismos é padronizada para poder permitir sua disposição em colunas. Sendo assim, o número um geralmente é provido de serifa, a fim de preencher os espaços laterais em branco (em outros casos, os algarismos nunca eram desenhados com serifas).

3. Algumas observações analíticas

a   Palavras e números

O registro dos valores numéricos baseia-se em funções bastante diferentes daquelas relacionadas à palavra. O algarismo é um ideograma destinado a classificar a unidade de um conjunto. A letra é simplesmente um sinal fonético que representa uma unidade de som. Por conseguinte, é possível reproduzir um valor numérico de duas maneiras: ou por meio de um numeral ("7") ou com o auxílio das letras ("sete").

eins	un	one
zwei	deux	two
drei	trois	three

Um algarismo = uma sílaba

Em relação ao conteúdo escrito e falado, é interessante notar que na maioria dos países ocidentais os números de 1 a 12 são quase exclusivamente monossilábicos. Isso denota claramente uma redução secular da forma falada e escrita. Essa observação nos induz, inevitavelmente, a uma comparação entre a linguagem e os gestos usados na escrita.

b   Movimentos que traçam números

Todo traçado manuscrito comporta duas operações contrárias: a rapidez da fluência ao escrever opõe-se à legibilidade do que foi escrito. Quem escreve busca instintivamente a forma mais curta do sinal, tentando, de algum modo, passar para o papel o fluxo veloz do seu pensamento. No entanto, se a pessoa que escreve tem consciência de que seu texto deve ser legível para um terceiro, ela entra num campo limítrofe da simplificação dos sinais, onde estes permanecem "decifráveis".

Sob esse aspecto, constatamos que a escrita de algarismos segue regras completamente diferentes das que se aplicam a um texto. Entre outras coisas, parece impossível, por exemplo, escrever os números ligan-

Estilo de escrita inviável

178 SINAIS E SÍMBOLOS

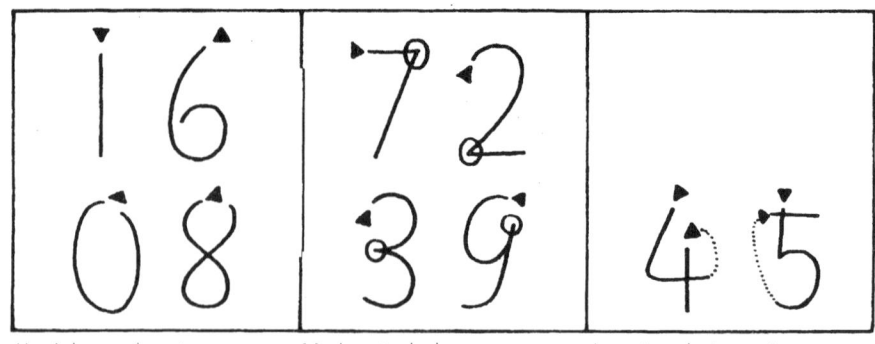

Um único movimento	Movimento duplo	Levantar o instrumento e recolocá-lo sobre o suporte
1 6 0 8	7 2 3 9	4 5

Entre o um e o vazio

Apenas duas verticais

do-os uns aos outros. Esse fato já evidencia que os números não podem ser lidos em grupos, como as palavras, mas devem ser decifrados como elementos individuais.

Como norma essencial, observamos também que é mínimo o grau de dificuldade do movimento da mão ao escrever um algarismo. A mesma simplicidade dos gestos ocorre nos monossílabos mencionados anteriormente. Quatro algarismos consistem num único movimento contínuo (1, 6, 8, 0). Outros quatro são decompostos em movimentos duplos, divididos por uma mudança de direção que separa, ou melhor, refreia o traçado num formato angular (7, 2, 3, 9). Apenas em dois casos é necessário levantar o instrumento de escrita do suporte (4, 5), e somente no número cinco o segundo ponto de partida é estabelecido topograficamente no canto superior esquerdo (muitas vezes esse número é feito com um traço contínuo, o que aumenta o risco de ser confundido com um S ou até mesmo com um 8).

O traçado dos algarismos poderia, portanto, ser classificado como "monogestual", do mesmo modo como a pronúncia de alguns deles é denominada "monossilábica".

c A divisão em elementos básicos

Os dois algarismos mais usados são o 1 e o 0, cujos desenhos apresentam formas bastante diferenciadas: traços retos e arredondados. Novamente nos deparamos com o princípio binário: 1 = entalhe, corte, dureza (duas extremidades visíveis); 0 = vazio, disponibilidade (sem começo nem fim).

Entre esses dois extremos se distribuem os outros oito algarismos com uma grande variedade de formas. Em oposição ao alfabeto, nos numerais há poucas verticais, certamente devido ao fato de o número 1 ser dominante e prevalecer em relação aos outros. O único traço que também tende para a vertical é o do número 4, cortado e atravessado por uma trave transversal como por medida de segurança.

Em contrapartida, as horizontais são mais comuns. Por razões de clareza, preferimos classificá-las em níveis diferentes: 2 = horizontal inferior; 4 = horizontal central; 5 e 7 = horizontal superior.

Três algarismos apresentam traços oblíquos marcantes: 2, 4 e 7. Vale a pena lembrar que todos eles são desenhados do canto superior direito em direção ao canto inferior esquerdo. A razão disso está no fato de esse percurso ser o mais fácil para a mão direita, que em geral é a mais usada por quem escreve.

Em toda a série de algarismos aparecem apenas duas intersecções, uma no 4 e outra no 8. Deve-se acrescentar que esses dois cruzamentos se diferenciam claramente em vertical-horizontal num caso e diagonal no outro. (Na comparação com as formas das letras, descobrimos que em todos os caracteres impressos, não importa qual seu estilo, as intersecções também são pouco freqüentes, aparecendo apenas no "f", no "t", no "x" e no "X".)

Quatro horizontais

Três diagonais

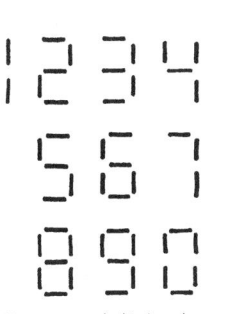

Duas intersecções

d O futuro das formas numéricas

A partir das análises precedentes, é possível compreender de que modo a anatomia da forma dos algarismos se orientou por um processo de reconhecimento altamente desenvolvido no leitor. O menor desvio leva a uma informação falsa. (No campo dos números, as imprecisões não podem ser superadas por fatores do conteúdo, como é o caso do texto escrito.)

Hoje, a necessidade de receber corretamente uma informação é mais importante do que em qualquer outro período. O formato dos números encontra-se atualmente em fase de mudanças, devido ao surgimento dos já mencionados indicadores digitais, controlados eletronicamente.

Sendo assim, no que concerne às calculadoras, os sinais numéricos reduzidos a sete segmentos foram rapidamente adotados como padrão de reconhecimento, transformando-se numa segunda lógica da forma, paralela à tradicional.

Uma segunda lógica da forma

A evolução nesse campo pode ser acompanhada com expectativa, pois não se trata apenas de um simples progresso técnico, mas também de um conflito fundamental entre a sensibilidade humana e a objetividade técnica.

X. OS SINAIS DE PONTUAÇÃO

Nosso alfabeto consiste numa série fixa de sinais para as menores unidades fonéticas, a partir das quais se compõe a linguagem escrita. As letras também podem ser classificadas como material literário de construção. No entanto, esse material não é suficiente para formular um texto escrito de modo compreensível. A demarcação das palavras e sua organização nas orações é possível apenas com a utilização lógica dos espaços intermediários e dos sinais de pontuação. Esses elementos essenciais, embora não sejam pronunciados, poderiam ser caracterizados como instrumentos de limitação, que ajudam a manipular o material básico das letras, ou seja, a relacioná-las e a separá-las.

**reisen
eisern
riesen
serien**

As letras são o material de construção das palavras

1. O espaço entre as palavras

Pela forma como a caixa de composição manual é organizada, o tipógrafo sabe que o material de espacejamento, disposto em grande quantidade logo abaixo de sua mão, constitui um elemento "cego" de chumbo, ou seja, o espaço intermediário entre as palavras. Mais uma vez nos deparamos com a importância elementar da ausência de sinais. Uma seqüência de sinais alfabéticos torna-se uma composição legível apenas mediante a interposição lógica desses espaços vazios.

Historicamente, não se sabe a data exata do uso coerente de espaços intermediários como forma de separar as palavras. As antigas inscrições capitulares gregas e romanas e os manuscritos em maiúsculas não apresentam lacunas como delimitação dos vocábulos. Nos regis-

**aneinandermal
aneinander mal
an ein andermal
an ein an der mal**

Os espaços intermediários determinam a compreensão

APALAVRAÉUMAIMAGEM
QUEOLEITORCOMPREENDE
EABSORVECOMOUM
CONJUNTO
A palavra é uma imagem que o leitor compreende e absorve como um conjunto.

Da inscrição aos caracteres tipográficos

tros romanos posteriores, pontos centralizados indicavam inicialmente nomes próprios. Mais tarde foram dispostos entre as palavras ou no final das orações.

Todavia, o desenvolvimento de uma separação sistemática das palavras por meio de um sistema intencional de espaçamento não ocorreu nem na escrita monumental, nem na antiga escrita caligráfica livresca. Esteve presente justamente nos manuscritos de formas mais fluentes e anotadas com rapidez, nos quais o início nítido de cada palavra tornou-se indispensável para a legibilidade.

No mesmo período, aproximadamente entre os séculos IV e IX d.C., a escrita livresca sofreu a metamorfose da maiúscula para a minúscula. A verdadeira formação das palavras ocorreu nesses dois processos evolutivos. As antigas escritas capitulares, amplamente espaçadas, foram decifradas letra por letra, enquanto o processo de leitura das minúsculas cada vez mais estreitas tornou possível "fotografar" o desenho das palavras separadas. Sendo assim, o espaço entre elas se transformou numa ordenação lógica da escrita.

2. Os sinais de pontuação

Um estudo histórico ou literário bem detalhado sobre a origem e o uso dos sinais de pontuação ultrapassaria o âmbito puramente gráfico de nossas considerações. Apesar disso, não podemos deixar de mencionar seu formato atual como auxílio ao registro da linguagem. Todo alfabeto recém-formado compreende determinado número de sinais, desenhados no mesmo estilo e que podem ser subdivididos em vários grupos, de acordo com suas diferentes funções.

Fim de frase

a Sinais estruturais de pontuação

Os sinais elementares de pontuação, que regulam a estrutura de um processo de pensamento dentro da evolução linear de um texto, poderiam ser definidos como sinais estruturais de pontuação. Ao "entrar" numa página de texto, o leitor busca orientar-se pelo início e pelo fim de uma oração, tentando, portanto, identificar os pontos finais (nesse sentido, as maiúsculas no início das frases ajudam-no bastante).

Divisão e subdivisão

A vírgula e o ponto-e-vírgula são sinais que subdividem a oração. O primeiro tem um efeito de separação mais fraco que o segundo.

Introdução

Muitas vezes esses sinais são vistos erroneamente pelo leitor como indicadores de respiração. Qualquer ator pode confirmar que os sinais mentais de pontuação não coincidem com o ritmo retórico. Esta seria apenas uma indicação secundária para a diferenciação entre dois processos fundamentalmente distintos: o da leitura em voz alta e o da silenciosa.

Como seu próprio nome e aspecto já denunciam, os dois-pontos possuem um duplo significado. Podem indicar tanto um final de frase quanto o início da seguinte, relacionada à primeira. Geralmente são usados para anunciar uma citação, mas também são empregados como introdução a uma análise da oração precedente.

Os parênteses, as chaves e o travessão, inventado posteriormente, são sinais que isolam partes intercaladas de pensamentos dos mais diferentes tipos (explicativos, adicionais, afirmativos etc.). Além disso, o travessão conhece outros usos, como a marcação de uma idéia importante ou a mudança de interlocutores num diálogo, que variam conforme a interpretação do autor.

O hífen possui dois significados opostos: a união de palavras para formar um único conceito e a separação delas no final de uma linha. De modo semelhante, a barra oblíqua também é utilizada para unir duas palavras, porém mais no sentido de determinar uma função entre elas.

Ao observarmos retrospectivamente a origem dos sinais simples de pontuação já mencionados, podemos supor que se estabeleceram ao final da Idade Média, portanto na época em que foi inventada a impressão. Certamente, os calígrafos medievais seguiam normas de escrita que possuíam uma expressão individual e uma interpretação pessoal em cada região, mosteiro e na mão de cada copista.

A princípio, os escribas da Idade Média usavam pontuações para abreviar as terminações extensas do latim, particularmente em relação às colunas cada vez mais estreitas que, desse modo, podiam indicar uma margem direita muito bem justificada. O ponto era usado sobretudo como sinal de abreviação, exatamente como hoje. Do mesmo modo, o apóstrofo ainda é empregado como sinal de elisão.

Visto que no latim as orações eram sempre interligadas por conjunções como "e em seguida", "e além disso", praticamente não se fazia uso de sinais como a vírgula e o ponto-e-vírgula. Até mesmo o ponto-final tornava-se desnecessário, devido ao emprego freqüente de iniciais maiúsculas e geralmente decoradas no começo de cada frase.

As impressões feitas na oficina do veneziano Aldus Manutius, um dos fundidores de caracteres e tipógrafos mais importantes do Renascimento, podem ser vistas como padrão para a pontuação elementar. Elas apresentam regras de composição extremamente uniformes e nítidas. Nesses impressos, o ponto, a vírgula e os dois-pontos assumem suas funções definitivas, e os parênteses e o sinal de interrogação tam-

Inserção

Múltiplas funções

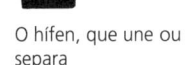

O hífen, que une ou separa

Sinal de união que determina uma função

Abreviação

Apóstrofo, elisão

!
Afirmação, exclamação

?
Interrogação, dúvida

« »

" "
Discurso direto, citação

» Alemão «

« Francês »

"Inglês"

¡ Espanhol !

Usos diferentes conforme a língua

bém se fazem presentes. Além disso, deve-se notar que não existem abreviações no texto.

b   Sinais de pontuação expressivos

Além da função puramente estrutural, os outros sinais de pontuação mais usados possuem particularidades adicionais que podem conferir determinada expressão à parte do texto no qual estão inseridos. É o caso dos pontos de exclamação e interrogação, que caracterizam uma palavra ou frase mencionada com ênfase ou dúvida, respectivamente. É importante observar que esses dois sinais consistem em pontos finais, aos quais foi acrescentada uma extensão. Por essa razão, são os únicos que dispensam o ponto-final ao término de uma oração.

A princípio, as aspas são empregadas para inserir as partes de um texto que devem ser destacadas como citação literal. Esses sinais também são usados, por exemplo, para separar locuções ou expressões diferentes do modo habitual de escrever do autor. Os primeiros usos das *guillemets*, ou aspas em francês, são encontrados nos manuscritos da Alta Idade Média, em forma de sinal de lambda na horizontal (< >). Supõe-se que seu inventor tenha se chamado "Guillaume".

Outra possibilidade de expressão empregada pelos copistas era a repetição ou a combinação de dois ou mais sinais. Esse recurso lhes permitia sugerir muitas idéias "abreviadas", sem a necessidade de escrevê-las literalmente. Combinações como !! !? (?) ... (...) etc. são anotações comuns que podem dizer muito usando pouco.

A pontuação expressiva não provém da escrita latina medieval, mas do período pós-renascentista, no qual se estabeleceram os estilos de escrita das outras línguas européias. Esta é uma das razões pelas quais a forma e o uso desses sinais se desenvolveram de modo diferente de um país para outro.

As aspas francesas, por exemplo, diferem das inglesas. No espanhol, os pontos de interrogação e exclamação são colocados no início e no fim da frase.

c   Sinais de referência

Fora do campo da pontuação que realmente constrói a frase, o tipógrafo dispõe de muitas outras figuras, cuja aplicação no texto indica ao leitor os trechos explicativos que o autor preferiu colocar em nota de rodapé ou em notas anexas para não sobrecarregar a leitura do texto principal. Nesses casos, usa-se normalmente um asterisco como sinal de referência ou indicação. Nos países de língua anglo-saxônica, emprega-se a figura da espada com o mesmo objetivo.

O sinal de parágrafo poderia ser incluído nesse grupo, uma vez que também é usado como referência.

Indicações, referências

3. O sinal "et"

Esse sinal não é nem uma letra, nem uma pontuação. Trata-se de um ideograma à parte, derivado da conjunção latina *et* (e), muito comum na escrita, e que continuou sendo usada ao longo dos séculos. Atualmente, essa figura não está mais vinculada a uma língua em particular, mas é usada como o sinal de "+" matemático, seu "parente" mais próximo, para indicar o conceito de adição, geralmente no sentido de uma união de nomes de empresas. Estilisticamente, o *et* foi adaptado à aparência do alfabeto conforme a época e a técnica. Visto que esse sinal não depende de uma legibilidade diretamente verbal, os desenhistas de caracteres puderam inventar novas formas.

Os sinais *et* não estão vinculados a nenhuma língua específica

4. Sinais de valores e outros

Os sinais de valores monetários podem ser mencionados como a última categoria de sinais, geralmente projetada conforme o estilo de escrita e pertencente, portanto, ao grupo de determinada composição alfabética. Na maior parte dos casos, esses sinais são formados pela inicial do nome que define a unidade monetária de um país. Para distingui-las das letras correspondentes do alfabeto, essas "iniciais" são cortadas por um ou dois traços.

Moedas

A apresentação desses sinais completa a série das figuras "relacionadas ao estilo" e pertencentes a um alfabeto. Naturalmente, a literatura técnica, econômica ou jornalística requer outros tipos de sinais que, no entanto, escapam à questão da escrita como registro da linguagem, constituindo puros símbolos ou ideogramas, que serão tratados na terceira parte de nossas considerações.

PARTE 3 SINAIS, SÍMBOLOS, LOGOTIPOS, SINALIZAÇÃO

"A criação do mundo"
Xilogravura de um incunábulo,
Nurembergue, 1493

INTRODUÇÃO

Os meios expressivos para a compreensão mútua entre os membros de um grupo ou sociedade sempre foram uma das condições mais importantes para a sobrevivência. Essa necessidade de comunicação e seu constante aperfeiçoamento e progresso devem ser considerados um dos principais fatores para o crescimento da civilização humana.

Ao longo da evolução intelectual, a compreensão entre os indivíduos concentrou-se progressivamente na comunicação verbal. No decorrer do último milênio, as primeiras mensagens também foram visivelmente fixadas por meio de vários sistemas de escrita, dos quais o desenvolvimento do alfabeto latino pode ser estimado como o apogeu de um método de expressão abstrato e racional.

Sinais não-alfabéticos

Não podemos esquecer, no entanto, que há poucos séculos – ou melhor, até a invenção da multiplicação de textos por Gutenberg – a linguagem visível, isto é, a leitura e a escrita, era mantida como privilégio da elite clerical.

Nessa época, além de uma importante tradição oral, a população "analfabeta" dispunha de outros recursos para fixar e transmitir o que pensava e dizia: imagens, símbolos, sinais, sinalizações e "métodos" próprios de escrita, presentes como auxílios mnemônicos, meios de comunicação, testemunho ou confirmação no uso cotidiano. As imagens

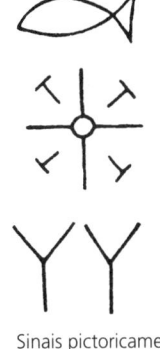

Sinais pictoricamente compreensíveis, porém abstratos e codificados

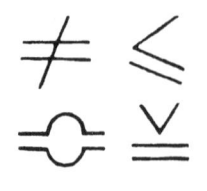

190 SINAIS E SÍMBOLOS

Imagem exata, sem limites de linguagem

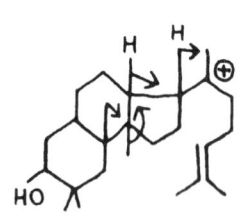

As formas desenvolvem-se livremente no espaço

O perigo da semelhança

e os sinais podiam ser totalmente compreensíveis ou, ao contrário, possuir um significado oculto e codificado. Com a difusão da escrita alfabética a todas as camadas da população e a racionalização do modo de pensar em geral, o uso e a compreensão dessa fonte primitiva de imagens e sinais quase se perdeu por completo nesses últimos quinhentos anos.

Novos sinais para a ciência

Todo povo possui sua própria língua, e a maioria delas possui sua própria escrita. Hoje, além das fronteiras lingüísticas e territoriais, vemos cada vez mais pessoas com interesses científicos em comum e conseguindo se entender de maneira geral. Contudo, os sinais lingüísticos tornaram-se muito imprecisos e completamente insuficientes para a comunicação no âmbito científico, servindo apenas para a linguagem corrente. É impossível satisfazer a exatidão do trabalho científico com formas puramente verbais. A partir dessa necessidade natural de um modo absolutamente claro e inequívoco de registrar trabalhos, funções e esquemas com precisão, surgiram novas séries de sinais, que foram concebidos num desenvolvimento contínuo.

Mesmo baseando-se inteiramente num repertório alfanumérico, as fórmulas matemáticas, químicas ou físicas sofreram um acréscimo de vários outros sinais: alguns fazem parte das reservas do passado, outros são invenções recentes.

O fato de as fórmulas matemáticas, químicas e outras não estarem mais sujeitas à evolução linear da escrita, feita da esquerda para a direita, mas de abrangerem a superfície em todas as direções, numa dimensão nova e livre para a sua expressão, torna visível a extensão da distância que separa o registro de conceitos científicos daquele puramente verbal.

O jogo de xadrez é um exemplo semelhante ao que ocorre na linguagem abreviada dos sinais científicos. Como numa fórmula, todos os valores e posições sobre um tabuleiro de xadrez são imaginários, e não anotados. Todas as figuras são dispostas sobre a superfície quadriculada, e o jogo prossegue mentalmente segundo regras determinadas.

Pictogramas para a indústria

As leis econômicas de uma oferta insistente e em constante crescimento que, por outro lado, estimula uma demanda cada vez mais exigente, produzem novas convenções pictóricas e linguagens de sinais. Nos setores especializados, fala-se em imagem de marca e programa de identidade. Os publicitários têm a tarefa de conferir a novas empresas e novos produtos uma nova imagem. Sendo assim, nas últimas décadas, foram projetadas várias marcas e logotipos no campo gráfico comercial. A maior parte desses pictogramas industriais modernos baseia-se em princípios de efeitos e contrastes gráficos bastante expressivos. É surpreendente ver a freqüência com que os sinais apresentam semelhanças entre si, um fato que tanto pode ser atribuído à orientação unilateral dos desenhistas quanto à perda do conhecimento a respeito do patrimônio de antigas culturas de sinais, que poderiam gerar idéias novas.

Os sinais de direção

Nas últimas décadas, as vias de circulação na cidade e no campo, e até mesmo dentro de edifícios, foram construídas de forma tão densa, que um senso natural de direção não é mais suficiente para se chegar ao destino desejado, partindo-se de determinado local. Sem as inscrições e os sinais que indicam o sentido, qualquer tipo de locomoção é praticamente impossível. Atualmente, a sinalização no trânsito tornou-se indispensável. O surgimento constante de novos locais e caminhos e a utilização de novos meios de transporte, que precisam ser modernizados e automatizados continuamente, requerem a criação de sinais cuja imagem transmita instruções inequívocas.

A sinalização tornou-se uma necessidade

Excesso de imagens – Fastio às imagens

Atualmente, os recursos técnicos permitem difundir informações realistas de modo quase instantâneo por todo o globo terrestre, não apenas por meio de telefone ou rádio, mas também pela transmissão de imagens em filmes e na televisão.

Quanto a esse aspecto, é importante notar que o público receptor tende nitidamente a preferir as transmissões diretas da televisão às comunicações puramente verbais. É menos trabalhoso assistir a uma imagem do que ouvir e compreender uma informação falada.

Mesmo em forma impressa, a difusão maciça de imagens está a ponto de mudar profundamente a psique da geração atual. A imagem transmitida é captada globalmente, ou seja, em relances, sem um acompanhamento contínuo, o que não ocorre no caso da linguagem verbal, que se desenvolve num curso temporal linear e não pode sofrer interrupções para ser compreendida. Além disso, a imagem apresenta a informação simultaneamente em sua totalidade e em sua forma isolada. O observador não precisa criar uma figura para si próprio, como ocorre com o leitor ou com o ouvinte. A imagem é um produto acabado que dispensa o ato da imaginação e empobrece consideravelmente a capacidade humana de criar novas representações pictóricas. A comunicação por imagens provoca ainda uma espécie de processo de desmistificação, uma vez que tudo o que acontece atualmente no mundo pode ser visto por todos ao mesmo tempo. Esse excesso de transmissões "fotográficas" conduz a um certo fastio às imagens.

A abundância de ilustrações que as pessoas absorvem diariamente pela televisão e pelos impressos nunca satisfaz sua curiosidade. Além disso, devido a essa multiplicidade, a imaginação não é estimulada, mas esquematizada.

Por outro lado, o texto impresso, que também age sobre o leitor em quantidades ilimitadas, está sujeito a determinadas barreiras. De fato, a

Figura baseada numa pintura de Paul Klee

letra alfabética perdeu parte de seu poder de atração como sinal por ter se tornado um objeto funcional necessário e quase banal.

A demanda por uma nova "estilização" da imagem, por desenhos e sinais que sejam acessíveis mediante uma observação, uma pesquisa e uma meditação detalhadas destaca-se, por exemplo, em relação ao desenvolvimento geral da arte contemporânea. Atualmente, é possível perceber um interesse crescente e ativo pela compreensão de sinais com conteúdo simbólico por toda parte.

De volta à escrita pictórica?

A cada piscar de olhos o ser humano visualiza uma imagem. Nossas idéias e criações, lembranças e sonhos, enfim, toda a nossa experiência se apresenta em séries de imagens. Não se quer, com isso, fazer nenhuma referência aos clichês fotográficos. Nossas imagens mentais não são objetos bem definidos, mas arquétipos de coisas que vimos e experimentamos uma ou várias vezes. Com a sobreposição das impressões, algo como um desenho estilizado fica retido na mente, sem contornos perfeitos. Como num sonho, essas imagens transformam-se, portanto, numa figura esquemática, que se aproxima do sinal.

Desse modo, é perfeitamente compreensível que seja necessária uma renovação dos sinais e símbolos. Como tentativas de satisfazer essa necessidade e uma busca por meios de expressão e comunicação mais profundos, podem ser mencionados os grafites sobre os muros, nas pinturas dos artistas famosos de nossa geração e até mesmo estampados nas camisetas dos jovens.

A coletânea de símbolos e sinais apresentada neste trabalho é uma tentativa de tornar o patrimônio perdido dessas "alegorias" acessível à imaginação do leitor, seguindo determinada ordem. No entanto, não se deve compreender essa seleção de imagens como um manual completo, mas como um estímulo à observação e talvez fonte de novas formas de expressão.

Poderíamos nos perguntar se, desse modo, não estamos voltando à origem do registro do pensamento e às escritas pictóricas dos nossos antepassados. É particularmente claro o modo como essa necessidade de símbolos fecha um círculo completo, que nos conduz às pinturas rupestres, mencionadas no início deste estudo como precursoras do registro da linguagem verbal e primeiro indício da cultura humana. Contudo, mostramos também que esse caminho de volta ao passado não pode ser percorrido sem um empobrecimento e uma esquematização da própria linguagem verbal, pois a função da imagem pictórica num

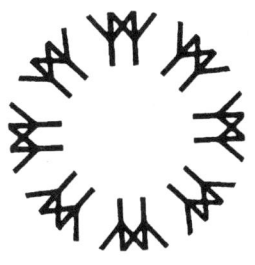

Logotipo da Expo Montreal, de 1967. O sinal medieval para a amizade é repetido com o objetivo de representar a comunidade em forma de círculo (mundo).

mundo infinitamente complexo é sinalizar, de modo organizado, os locais onde a linguagem seria excessiva. Sendo assim, podemos dar uma resposta provisória à pergunta feita no início deste parágrafo: não exclusivamente, mas no local adequado, a imagem tornou-se cada vez mais indispensável para a comunicação humana.

I. DA ILUSTRAÇÃO AO SÍMBOLO

1. A imagem

Como todos os livros impressos, o presente volume baseia-se no princípio do processo bidimensional de impressão. A utilização de mais de uma cor e de meios-tons, ou seja, a reprodução de imagens de maneira plástica e colorida, foi deliberadamente excluída. Visto que esta obra trata de um estudo sobre os sinais, essa limitação deveria contribuir de maneira positiva para que todas as figuras do livro formassem uma unidade de expressão entre si, estando numa relação mais estreita umas com as outras e, portanto, oferecendo melhores condições de comparação.

Aquilo que em geral se entende pelo termo "imagem" é um registro, o mais natural possível, do que o olho humano vê ou acredita ter visto. As artes plásticas dos últimos séculos esforçaram-se para reproduzir a imagem captada pela visão com o máximo de fidelidade.

No entanto, com a invenção da fotografia, a arte naturalista de "registrar imagens" perdeu seu sentido e valor originais. Sendo assim, não é por acaso que na pintura o desvio da representação realista coincida com o surgimento dos processos técnicos de fotografia. Hoje, esse modo de reprodução permite que as pessoas entrem em contato com vários materiais pictóricos numa quantidade cada dia maior, tanto em forma de produções gráficas quanto televisivas.

No passado, qualquer imagem era percebida como uma espécie de intermediário pontual ou uma mensagem fechada em si mesma, muitas vezes no sentido de um objeto de contemplação. Atualmente, o volume de informações pictóricas e imagens em movimento evoluiu até uma verdadeira linguagem pictórica. Para os chamados "leitores" de imagens, a expressão verbal que as acompanha é pouco relevante para a compreensão do sentido da mensagem. Como exemplo mais antigo, pode-se mencionar o cinema mudo, cuja arte estava justamente em transmitir a ação sem usar a linguagem verbal.

Os membros de uma geração mais jovem estão se transformando em verdadeiros leitores de imagens. Os adolescentes passam os olhos pelas histórias em quadrinhos sem sequer considerar o texto nos balões das figuras. O fenômeno das histórias em quadrinhos ou de outros tipos de imagens em série forma uma nova mentalidade da comunicação visual.

No campo da transmissão de imagens, observamos que a qualidade pode ser claramente dividida em dois grupos. De um lado, temos a informação pictórica superficial e breve, como as que aparecem na imprensa escrita diária e nas reportagens filmadas. Nesse setor, a qualidade da reprodução não desempenha uma função muito importante. A retícula pontilhada e rudimentar ou o contraste ruim da tela da televisão são subordinados à imaginação do espectador. Nesse caso, as imagens são consideradas apenas como "esboços". De outro lado, existe a necessidade de uma reprodução que se aproxime cada vez mais da realidade. No campo da publicidade, por exemplo, a reprodução real do objeto a ser promovido é de grande importância.

Em princípio, a técnica de comunicação dispõe de dois meios básicos: a linguagem verbal e a pictórica. Tanto em uma quanto na outra, a diversidade do vocabulário é cada vez mais evidente. Expressões como "lugar-comum" e "frase feita" são exemplos típicos. No âmbito da língua, hoje experimentamos o oposto com a difusão do vocabulário numa espécie de "polissemia", ou seja, uma diversidade e variedade de significados de expressões e conceitos que, para serem compreendidos, requerem um processo de aprendizado constante. A imagem, por sua vez, expande-se nos campos micro e macroscópico, nos quais, porém, não pode mais ser considerada como natural, pois simplesmente torna-se invisível ao olho humano. Esse tipo de figura nos conduz involuntariamente ao setor da ilustração esquematizada. É importante analisar com mais detalhes a progressão desse tipo de ilustração, levando-se em conta o contexto que trata da evolução da imagem em sinal.

Leitura de imagens

2. O diagrama

A principal tarefa de um diagrama é tentar analisar ou subdividir um objeto, um acontecimento ou um fato em elementos pictóricos, e não apenas descrevê-los com palavras ou simplesmente representá-los por meio de fotografias. Portanto, para que uma estrutura, um mecanismo ou uma função possam ser comentados, a imagem completa deve ser estilizada, recortada ou decomposta. Além da representação do objeto, em outros diagramas podem aparecer, por exemplo, tabelas de conceitos abstratos para a ilustração de circunstâncias técnicas ou econômicas em forma de gráficos.

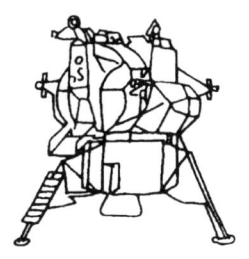

Ilustração simplificada

a   Os níveis de esquematização

Com base em alguns exemplos, apresentaremos quatro graus de esquematização, nomeados pelos especialistas como "graus de iconicidade". A primeira ilustração consiste num desenho quase universalmente reconhecido como a espaçonave lunar LEM. Trata-se, nesse caso, da expressão pictórica simplificada ao máximo: o contorno de um desenho, em que apenas as formas externas mais essenciais são delimitadas linearmente, renunciando, portanto, a qualquer tratamento das superfícies por meio de cores, semitons, sombreamentos ou informações estruturais a respeito do material. Nesse sentido, essa ilustração pode ser avaliada como o primeiro grau de esquematização, pois o distanciamento da realidade já é significativo e o esboço baseia-se consideravelmente na imagem que o observador preserva em sua memória.

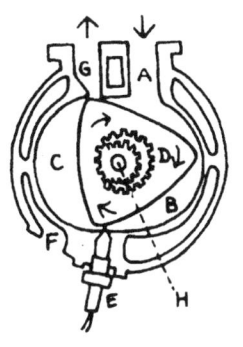

Corte transversal

O segundo exemplo apresenta uma esquematização que exige muito da inteligência do observador. Trata-se de um motor cortado transversalmente. A figura desprendeu-se da realidade, pois o objeto não pode ser visualizado com essa forma. A ilustração recortada torna-se absolutamente indispensável para que as informações a respeito do princípio de funcionamento do motor sejam explicitadas.

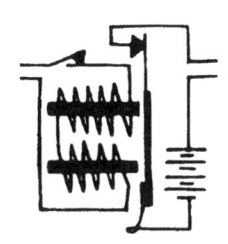

Uma terceira esquematização, ainda mais desenvolvida, é a reprodução do diagrama de instalação elétrica. A forma externa do objeto desapareceu por completo. Quanto à função do aparelho, apenas uma parte, a elétrica, é demonstrada. Dentro desse diagrama, surgem sinais específicos, cujo significado não pode ser claramente reconhecido de imediato, uma vez que essas indicações pertencem ao campo científico e, como tais, precisam ser aprendidas pelo especialista.

Diagrama de instalação elétrica

O observador deve notar que, já a partir do segundo exemplo, na medida em que a esquematização vai progredindo, o esclarecimento verbal torna-se indispensável. Quanto mais intensa for a esquematiza-

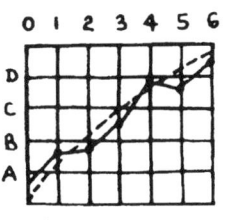

Gráfico

ção e, portanto, maior a distância da imagem do objeto, mais ela dependerá de uma linguagem explicativa. Esse fato aparece de modo mais claro no último exemplo. Trata-se de uma tabela, cuja grade básica indica uma distribuição de determinados valores. A disposição bidimensional dessas linhas de valores segundo coordenadas horizontais e verticais permite que certas relações sejam fixadas visualmente em todos os pontos de cruzamento. As linhas de conexão entre cada ponto produzem a curva que, com uma clareza espontânea, torna situações e tendências facilmente compreensíveis para o observador.

Entre esses quatro graus da esquematização existem muitas outras possibilidades de representação gráfica, que dão suporte à expressão verbal na explicação de algo difícil de ser descrito.

b O auxílio do computador na esquematização

A representação de três e quatro dimensões leva os técnicos a explorar novas fontes de esquematização, como a do desenho digital numa tela controlada por computador, que permite sobretudo regular com a máxima precisão o progresso temporal de um projeto. A concepção de uma rodovia, por exemplo, depende de tantos fatores determinantes que a verificação no tubo de raios catódicos tornou-se um auxílio indispensável. No computador são gravados os pontos de coordenação do terreno, bem como as especificações dos princípios básicos da rodovia teórica. Uma linha anteposta é inserida como impulso (*input*) no computador, e o resultado aparece na tela em forma de projeções em perspectiva do local do trajeto, no trecho selecionado do terreno. A progressão de uma imagem para outra permite identificar e corrigir decisões erradas que não podiam ser previstas pelo cérebro humano.

3. A planta

No âmbito de nossas considerações, entendemos pelo termo *planta* a subdivisão visivelmente marcada de um espaço ou a organização de um decurso temporal. Tanto uma quanto outra constituem bases esquemáticas sobre as quais algo é disposto ou acontece. O mostrador de um relógio, por exemplo, pode ser considerado uma planta, sobre a qual o decurso do tempo é medido com o movimento dos ponteiros. O mesmo vale para o tabuleiro de damas como planta de jogo. Sobre a base quadriculada são movimentadas as peças conforme as regras predeterminadas que permitem a evolução do jogo.

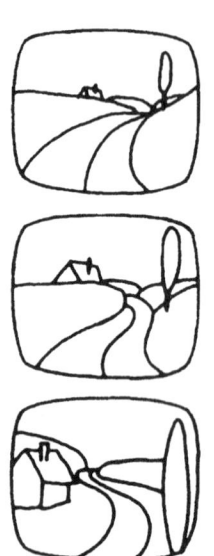

Imagem teórica "calculada" por computador

O coreógrafo também tem de desenhar uma planta sobre o palco para determinar os movimentos do balé. O general sobrepõe várias plantas quando marca seus planos estratégicos de batalha sobre a planta geográfica, isto é, o mapa.

Sem a planta da cidade, um estrangeiro se perderia no emaranhado de casas. Até mesmo um nativo depende muitas vezes de um guia referente à rede de transportes urbanos. O plano de orientação é uma representação esquemática e gráfica de uma realidade mais ou menos definida e que hoje não pode mais ser vista apenas superficialmente nas dimensões espaciais e temporais.

Planta para a divisão do tempo

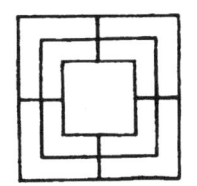

Planta de jogo

A planta simbólica de uma cidade insular

Em quase todos os campos, o fenômeno de expansão ultrapassou a capacidade humana de compreensão. A cada um de nós resta apenas imaginar uma figura esquemática de redes de transporte, resultados econômicos, realizações científicas etc.

Como contraste de todos esses movimentos no incompreensível, a vista aérea de uma cidade insular no oceano Pacífico revela uma planta fascinante por sua simplicidade. As ruas estão dispostas como um sinal, consistindo de cruz e círculo com grande ênfase para o centro. Nesse caso, a planta transformou-se num sinal simbólico que todos os habitantes carregam na memória e se identificam em relação a ele.

Como último exemplo da variedade de tipos de plantas, escolhemos a imagem de um tantra. Devemos considerá-la uma planta contempla-

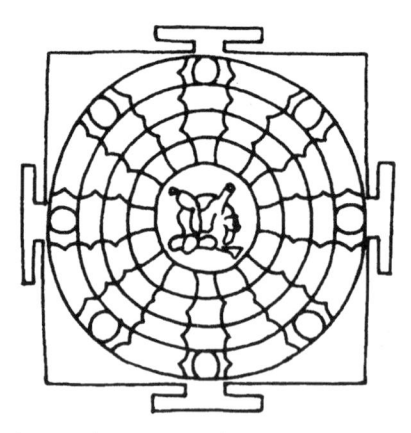

Imagem de um tantra indiano: uma planta para a meditação

tiva, diante da qual os seguidores indianos percorrem o caminho da vida meditando. Da parte externa em direção ao centro, eles passam de um círculo ao outro até atingir o Nirvana.

Com esses exemplos, já nos distanciamos bastante dos diagramas e plantas científicas ou cotidianas para entrar no campo dos símbolos, que será o tema de grande parte de nossas considerações.

4. A alegoria

A única razão de inserirmos neste ponto de nossas considerações um estudo a respeito da alegoria é o fato de confundirmos freqüentemente esse conceito com o de símbolo.

A alegoria consiste numa representação puramente figurativa. Geralmente é empregada como uma personificação de conceitos abstratos, com o objetivo de conferir uma ilustração pictórica e concreta a ações extraordinárias, situações excepcionais ou qualidades surpreendentes. A maioria das figuras alegóricas da cultura ocidental provém da mitologia greco-romana e é dotada dos chamados *atributos*. A combinação da figura histórica com o objeto carregado de significado simbólico resulta numa expressão abstrata e de fato alegórica. Sendo assim, a forma feminina alada, por exemplo, simboliza em geral a vitória e a liberdade, enquanto o chifre cheio de frutas é uma alegoria para a riqueza e a abundância. A figura da justiça, uma forma feminina com os olhos vendados, segurando uma espada com uma mão e uma balança com a outra, não é

A figura da justiça: uma imagem tipicamente alegórica

simplesmente um símbolo ou uma conexão entre um mundo visível e outro invisível, mas uma imagem alegórica de um fato real.

Essa figura é uma representação típica de formas alegóricas da mitologia ou da religião. Dos centauros à estátua da liberdade, passando antes pelas sereias, há inúmeros exemplos a serem mencionados.

No século XX, a tendência a tomar as figuras antigas como modelo para imagens alegóricas praticamente se perdeu por completo. Hoje, novas formas passam para o primeiro plano. Silhuetas de super-heróis de todo tipo, conquistadores do espaço rodeados de escravos robôs, entre outros, provavelmente serão os novos modelos da expressão alegórica do futuro.

5. As imagens da superstição

A superstição pode ser definida como um desvio da crença. Em geral, ela se baseia num medo primitivo do futuro e da catástrofe. A humanidade sempre tentou se proteger dos infortúnios. Muitas reações supersticiosas têm um núcleo totalmente verdadeiro. Ficar em pé debaixo de uma escada aumenta com certeza o risco de alguém ser atingido por um tijolo na cabeça. Em épocas e regiões em que o sal era raro, derramá-lo podia significar uma desgraça.

A superstição deu origem aos amuletos, ou seja, aos objetos que as pessoas geralmente carregam sobre o corpo e que supostamente possuem uma influência protetora para preservá-las das catástrofes.

Tais objetos também são conhecidos em forma de imagens. Bastam alguns exemplos típicos para termos uma idéia. Na maioria dos casos, trata-se de amuletos da sorte, exceto o do número 13: o limpador de chaminés no primeiro dia do ano, o porquinho da sorte, a joaninha, a "aranha da noite"* etc. Mais próximo dos sinais simbólicos da

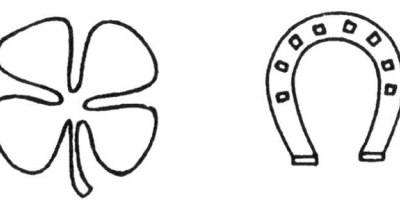

Sinais da sorte

* Do provérbio: *Spinne am Morgen bringt Kummer und Sorgen, Spinne am Abend erquickend und labend* [Ver uma aranha durante o dia é sinal de desgosto e preocupação; ver uma aranha à noite é sinal de tranqüilidade]. Em sua origem, esse provérbio não

sorte está, por exemplo, o trevo de quatro folhas. Essa variedade biológica, encontrada apenas em alguns tipos de solo, era muito importante para indicar ao agricultor a fertilidade da terra. A ferradura é outro sinal para a fertilidade, pois achar uma é ter a certeza de um cultivo longo. É também um objeto respeitado, às vezes associado a antepassados distantes.

---

se refere à aranha (*Spinne*), mas ao ato de fiar (*spinnen*). Antigamente, a mulher que fiava durante o dia era pobre e precisava ganhar dinheiro para se sustentar. As que fiavam à noite faziam-no por puro deleite, em companhia de outras mulheres. (N. da T.)

II. O SÍMBOLO

1. O que significa "simbólico"?

Ao observarmos pinturas, esculturas, obras arquitetônicas decoradas dos mais diversos modos e até mesmo ornamentos em objetos de uso diário, seja qual for a época – desde as descobertas da Idade da Pedra até a pintura moderna –, é comum nos depararmos com as seguintes questões: o que esses objetos significam? O que se esconde por trás deles? Nem sempre as figuras e os adornos são claros ou perfeitamente "legíveis" em sua expressão. Geralmente o observador tem de supor um sentido oculto e procurar uma interpretação. Essa capacidade de representação muitas vezes indefinível também é designada pela expressão "conteúdo simbólico".

Esse elemento simbólico na imagem é um valor implícito, um intermediário entre a realidade reconhecível e o reino místico e invisível da religião, da filosofia e da magia, estendendo-se, portanto, desde o que é conscientemente compreensível até o campo do inconsciente. Nesse sentido, pode-se dizer que o artista ou o artesão é, na verdade, um mediador entre um mundo visível e outro invisível. Em épocas mais remotas, o artesanato era visto como algo "milagroso". Quanto mais a obra conseguisse expressar seu conteúdo por meio de sua perfeição estética, maior e mais idolatrado era seu valor simbólico. Um exemplo típico seria o ícone, cuja beleza, muitas vezes realçada por certa estilização, destina-se inteiramente a revelar o conteúdo simbólico e inspirar o observador.

Pintura sobre um sarcófago egípcio

2. Da imagem simbólica ao sinal simbólico

Em oposição a essa elevação da imagem simbólica à beleza perfeita, encontramos também uma tendência à simplificação, em que o elemento pictórico era reduzido a um símbolo, passando antes por uma representação básica da forma. Um exemplo é o símbolo do Cristo crucificado, que não pode ser considerado por ninguém do mundo ocidental como uma espécie de ilustração anedótica, mas apenas como objeto absoluto de adoração, ou seja, um símbolo da fé cristã. Contrariamente a essa perfeição da imagem, é possível encontrarmos numa cabana na montanha ou na barraca de um excursionista dois pedaços de madeira amarrados, representando a mesma cruz e, portanto, com idêntico conteúdo simbólico para os fiéis, mesmo não havendo qualquer representação figurativa ou valor estético. Embora a imagem tenha se reduzido a um simples sinal, a expressividade simbólica permanece absolutamente idêntica.

Ícone iugoslavo do século XII

Em comparação com o desenvolvimento da escrita, essa diminuição da imagem ao sinal não resulta de uma redução gestual de quem escreve, mas da necessidade do fiel de possuir uma versão da imagem original e verdadeira, para de certo modo poder participar da sua irradiação. O mesmo ocorre com o supersticioso que carrega consigo seus amuletos para poder transferir a si mesmo algum tipo de força superior.

Os vários níveis de valores simbólicos não dependem, portanto, de uma perfeição da forma externa, mas da disposição interna do observador de depositar sua convicção e sua crença num objeto de meditação, ou seja, num símbolo.

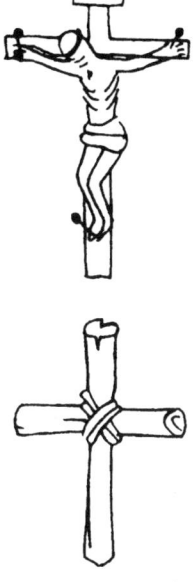

3. O uso ambíguo do conceito de "símbolo"

É comum usarmos o termo "símbolo" de forma errada, como, por exemplo, para designar sinais novos que se distinguem dos alfabéticos e numéricos. Contudo, não será fácil mudar esse hábito no futuro. Um cientista sempre utilizará uma nova fórmula para uma nova unidade de sinal, encontrando ou inventando um "símbolo" diferente dos outros, que na verdade pertence ao campo dos sinais puramente científicos e não justifica de modo algum a designação "símbolo". Em contrapartida, é difícil obter alguma certeza a respeito do conteúdo simbólico de qualquer figura na categoria da expressão gráfica não-alfabética de nosso meio.

Um exemplo característico dessa dificuldade é o sinal dos dois ossos cruzados. Na bandeira dos guerreiros ou no emblema do navio pirata, aparece como assinatura heráldica de um grupo. No vidro de remédio, é uma advertência para "venenoso", e finalmente na jaqueta de um motoqueiro é o símbolo de alguém que aceita desafios.

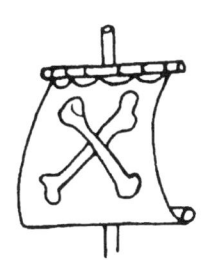

Redução máxima da forma de uma imagem simbólica a um sinal simbólico

Emblema    Advertência    Símbolo

III. O PATRIMÔNIO GRÁFICO DOS SÍMBOLOS FIGURATIVOS

A disposição e a seleção dos sinais ilustrados nas próximas páginas não obedecem a nenhum objetivo histórico e geográfico, nem a uma interpretação filosófica e metafísica. A razão dessa escolha e o confronto das figuras seguem pelo mesmo caminho das considerações a respeito das análises feitas nas partes 1 e 2, a saber, o de tentar compreender os elementos de sinais a partir do ponto de vista da expressão gráfica. Nosso principal interesse é mostrar como as representações figurativas podem ser alteradas ou simplificadas com a aplicação de técnicas manuais em associação ao material utilizado. Em contrapartida, acreditamos que a justaposição de sinais iguais de épocas e culturas diferentes torna a intenção original da forma de um sinal mais fácil de ser reconhecida e compreendida por nós.

A série de ilustrações obedece a uma seqüência lógica, na medida em que a transformação dos sinais pictóricos concretos é semelhante à da escrita pictórica em sinais. Talvez essa estrutura corresponda a determinada evolução histórica, pois é evidente que a atividade mental cada vez mais intensa do ser humano sempre foi acompanhada por uma abstração crescente.

Além disso, consideramos que um símbolo de forma reduzida produz uma imagem mais fácil de ser lembrada do que uma figura comum, e que um código secreto num sinal não-figurativo é justamente o que oferece mais estímulo à meditação e a uma associação mais próxima com o que está oculto.

Deixamos de lado as ilustrações puramente figurativas, isto é, aquelas mais ou menos naturais, embora a forma ilustrativa como tal ocupe

Sereia: desenho simbólico e pictórico do século XV. Muito longe de ser considerado um sinal!

uma posição importante na tradição simbólica. Nesse contexto, temos uma linha predeterminada a obedecer, ou seja, o tema "o homem e seus sinais", da maneira mais fiel possível, destacando exclusivamente o que de fato pertence à categoria dos sinais no conjunto de desenhos humanos.

1. Como as imagens se transformam em sinais simbólicos

a O processo de estilização

O ponto de partida para uma pesquisa sobre a formulação visível de uma representação será, inicialmente, a base concreta, ou seja, o objeto como portador de uma imagem, de um sinal ou de uma decoração. O objeto indicado é também muito importante para a interpretação do desenho simbólico. Não há dúvidas de que um único sinal não pode produzir a mesma unidade de sentido quando exposto num recipiente contendo alimentos ou sobre um altar, numa peça de roupa ou numa lápide.

Já no primeiro estágio da inteligência humana, houve certa comunhão entre o *Homo sapiens* e o objeto. O bastão alongava o braço para bater com mais força, e a pedra transformava a mão numa arma poderosa. Da arma ao instrumento, da vestimenta à habitação, o número de objetos cresceu, e com o uso constante tornaram-se companheiros indispensáveis.

A avaliação puramente prática com respeito ao grau de utilidade de um utensílio obedece a uma escala afetiva de valores, transformando-o numa propriedade cobiçada. No que concerne a essa afeição pelo objeto, é bastante compreensível a necessidade de marcá-lo com um sinal característico.

Esse processo de aquisição, acompanhado pelo surgimento da sensibilidade estética, conduziu à ornamentação. Em contrapartida, as crenças míticas em forças sobrenaturais deram origem a desenhos simbólicos, que conferiam mais segurança à arma e maior utilidade ao instrumento, a fim de proteger a própria casa de alguma catástrofe e o corpo de doenças e da morte.

No início, portanto, não era o sinal, mas o objeto que contava! A forma e o material de que era feito determinaram a figura. Hoje esse processo de adaptação é denominado "estilização". O desenho é ajustado ao material e à forma do suporte, elevando com isso a natureza simbólica da expressão. Essa tendência a produzir sinais também aproxima a imagem do campo de uma expressão simbólica.

SINAIS, SÍMBOLOS, LOGOTIPOS, SINALIZAÇÃO **209**

Adaptação da forma aos objetos decorados

1 a 3. Ilustrações figurativas fortemente estilizadas. Na forma arredondada das moedas, a posição dos membros foi adaptada. Moedas celtas.   4. No decorrer da Idade Média, a adaptação das figuras heráldicas ao formato do escudo levou a inúmeras variantes de estilizações das imagens.   5. Figura humana comprimida na forma circular de um disco rosqueado. O próprio furo central é incluído na composição do desenho como escudo. Argila queimada. México antigo.   6. Insígnia de uma família japonesa. Com a integração total da ilustração da ave num círculo, esse sinal adquire uma expressão sobrenatural. Bordado.

210 SINAIS E SÍMBOLOS

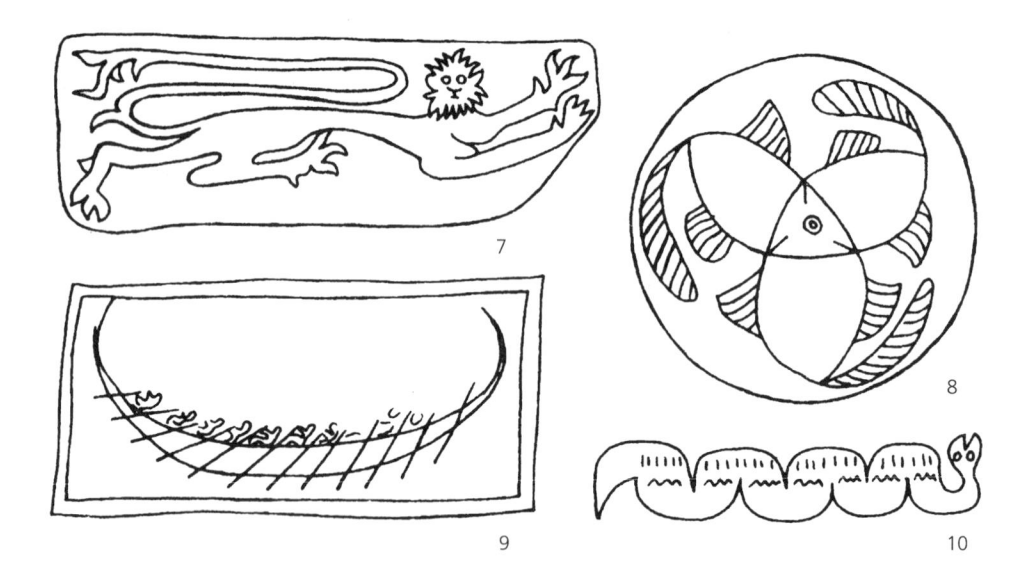

7. A deformação da figura concreta para decorar espaços foi empregada sobretudo no campo da heráldica. Exemplo típico: o desenho de um leão foi destorcido ao máximo nessa guarnição de sela. Bordado. Inglaterra.   8. Essa pintura em porcelana apresenta um exemplo interessante de adaptação da forma, em que o famoso desenho dos três peixes foi moldado com as caudas acompanhando o movimento circular. Argila queimada. Espanha.   9. Barco viking, bastante estilizado e muito bem ajustado à parede externa de um sarcófago. Esculpido em pedra. Escandinávia.   10. Serpente entalhada sobre um pedaço de madeira e completamente integrada ao seu formato. Dahomey.

b   A simplificação por meio de materiais e instrumentos

Para uma avaliação correta do efeito gráfico dos sinais, é indispensável conhecer a característica do instrumento e o suporte que determina sua estrutura. As inscrições podem ser riscadas ou esculpidas na pedra, queimadas ou entalhadas na madeira, entrelaçadas ou bordadas no tecido. Da relação entre material e instrumento desenvolvem-se, portanto, as "tipificações" formais das produções de sinais de vários gêneros (vide parte 1, VIII, "A diversidade do aspecto"). Por essa razão, quando possível, indicamos nas legendas das ilustrações do presente volume as técnicas aplicadas.

Com o objetivo de ilustrar um único campo expressivo, reunimos numa tabela os modelos mais típicos de desenhos da tapeçaria oriental. O significado simbólico de cada figura não pode mais ser interpretado com segurança. O verdadeiro sentido das imagens e dos sinais transformados em ornamentos é muito antigo e foi em grande parte esquecido devido ao uso repetido, levando à tendência de provocar um efeito eminentemente ornamental.

Em contrapartida, é importante observar que as técnicas de tecer e entrelaçar os fios para compor um tapete difundiram-se em grande parte nos países muçulmanos, que não permitem a representação de figuras humanas e de animais, nem mesmo a de plantas não estilizadas como elementos de decoração. Esta certamente é outra razão pela qual os objetos permaneceram irreconhecíveis.

A riqueza da arte de ornamentar tapetes orientais também pode ser atribuída às condições climáticas das regiões pouco férteis. Quando o nômade estende no deserto seu tapete em direção à Meca para orar, ele imagina um jardim mágico ao seu redor.

Os modelos produzidos nas regiões nórdicas, ao contrário, são mais sutis, limitando-se, em geral, a motivos listrados no eixo habitual de junção. Além disso, os elementos decorativos permaneceram visivelmente figurativos (vide também as tabelas das pp. 222 e 224 dos símbolos de animais e plantas).

c   Sinais simbólicos gigantescos

Até hoje os sinais simbólicos gigantescos, em muitos casos descobertos apenas graças a fotografias aéreas, são um enigma indecifrável (ilustrações das pp. 214-5). O que motivava as pessoas a desenhar, em solo não cultivado, sinais enormes, tanto de ordem figurativa quanto abstrata, no sul da Inglaterra, nos pampas peruanos ou no deserto chileno de Atacama? Essas figuras possuem tal dimensão que praticamente não podem ser reconhecidas em seu conjunto no nível do solo. Su-

212 SINAIS E SÍMBOLOS

Motivos da técnica de tecelagem

põe-se que esse tipo de desenho, ou melhor, o ato criativo em si, fosse produzido durante uma cerimônia religiosa.

É provável também que a extensão gigantesca indique determinada reação ou ação contrária ao poderoso mistério dos demônios e divindades. A amplitude "inumana" dos desenhos era uma oportunidade de encontrar o que está além das dimensões.

2. Símbolos zoomorfos

a   Da multiplicidade à simplicidade. A representação da ave

Os seres humanos, vinculados à terra, devem ter sempre considerado as aves como criaturas dotadas de capacidades "sobrenaturais", graças à sua habilidade de dar volteios no ar. O fato de as aves serem associadas tanto ao terreno quanto ao "celestial", e portanto a algo que está além da vida, segundo o imaginário primitivo, é uma espécie de personificação do simbólico. Por isso, não é de admirar que todos os animais voadores tenham sido objetos de atração muito forte para crenças simbólicas e místicas, representadas em todas as culturas desde a Idade da Pedra. É interessante notarmos, sobretudo, que a capacidade de voar também era conferida a outras criaturas, na medida em que estas recebiam asas como atributo. Sendo assim, a cobra voadora transformou-se no dragão onipotente, e o homem voador, no anjo celestial.

O pavão é uma exceção no que diz respeito à associação que se faz entre "voar" e "ter penas". Embora sua plumagem seja bastante simbólica, na mitologia ela era interpretada como símbolo para o sol, como

O atributo "asa"

Pintura bizantina de 1100 d.C.

1 a 10. Uma seleção dos motivos mais utilizados na tapeçaria. A maior parte dos desenhos é construída simetricamente no centro. Durante a seleção, foi interessante observar o tratamento variado que se aplicou às extremidades.   Em 1 e 2, encontramos o início de um meandro.   Em 4 e 5, as curvaturas assemelham-se a trepadeiras, em oposição ao 6, em que as extremidades parecem desfolhadas (raro).   9. As cruzes aparecem apenas nas regiões nórdicas (Cáucaso). O contorno em ziguezague é chamado de "cachorro correndo".   Nos exemplos 11 a 19 podemos reconhecer motivos de flores e plantas. O desenho 14 mostra o broto de um algodoeiro; o 15, um cravo; o 17, uma espiga, e o 18, uma folha de carvalho.   As ilustrações 20 e 21 retratam os famosos sinais *boteh*, cuja origem ainda é motivo de discussão entre os especialistas: amêndoa, gota d'água, figo etc. Um ornamento típico com conteúdo simbólico, cuja interpretação se perde.   Os outros desenhos da tabela são sinais figurativos e provêm de regiões nórdicas. 22. dragão; 23. camelo; 24. jarro; 25. cachorro com uma cruz na cauda; 26. caranguejo.   O exemplo 27 é um rico motivo da tapeçaria sueca; a árvore-da-vida é representada com figuras imaginárias de animais.

214 SINAIS E SÍMBOLOS

imagem do firmamento, como o olho do além, entre outros, devido ao leque que forma com a cauda.

As ilustrações organizadas na tabela da p. 216 foram escolhidas com a intenção de mostrar um panorama da diversidade de formulações possíveis da imagem, associadas ao material e ao instrumento empregado. A majestosa visão frontal (uma forma bastante usada de mostrar o pássaro parado e voando ao mesmo tempo) do fino bordado no manto de Carlos Magno busca a perfeição na concepção da imagem, em que todo detalhe foi realizado com minúcia. Com esse desenho, não se pretendeu de modo algum reproduzir realisticamente um animal. Trata-se, antes, de um "superanimal", ricamente decorado com motivos bastante simbólicos.

Em oposição, foram dispostas no canto inferior esquerdo as silhuetas de aves simplificadas ao máximo, consistindo de um único traçado reto e de linhas transversais, segundo o processo de tecelagem próprio daquele povo.

As interpretações que os índios norte-americanos faziam a respeito das aves são ainda mais expressivas, visto que essas figuras não eram simplificadas por razões puramente materiais (a pintura, a incisão e a queima permitem um estilo de desenho mais complexo), mas devido a uma tendência interna à simplificação, que expressam de modo notá-

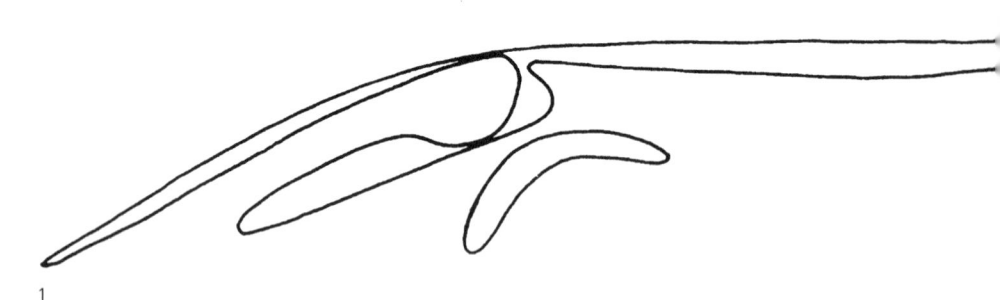

1

1. O cavalo branco de Uffington, Inglaterra. Marcado com dez metros de comprimento numa camada de cal sob o gramado.   2. "Nozca". Segundo a interpretação de Maria Reichs, trata-se da figura de um macaco de cinqüenta metros de altura, gravada nos pampas peruanos.   3. "Nizca". Réptil gigante desenhado no solo de pedra dos pampas peruanos.

SINAIS, SÍMBOLOS, LOGOTIPOS, SINALIZAÇÃO **215**

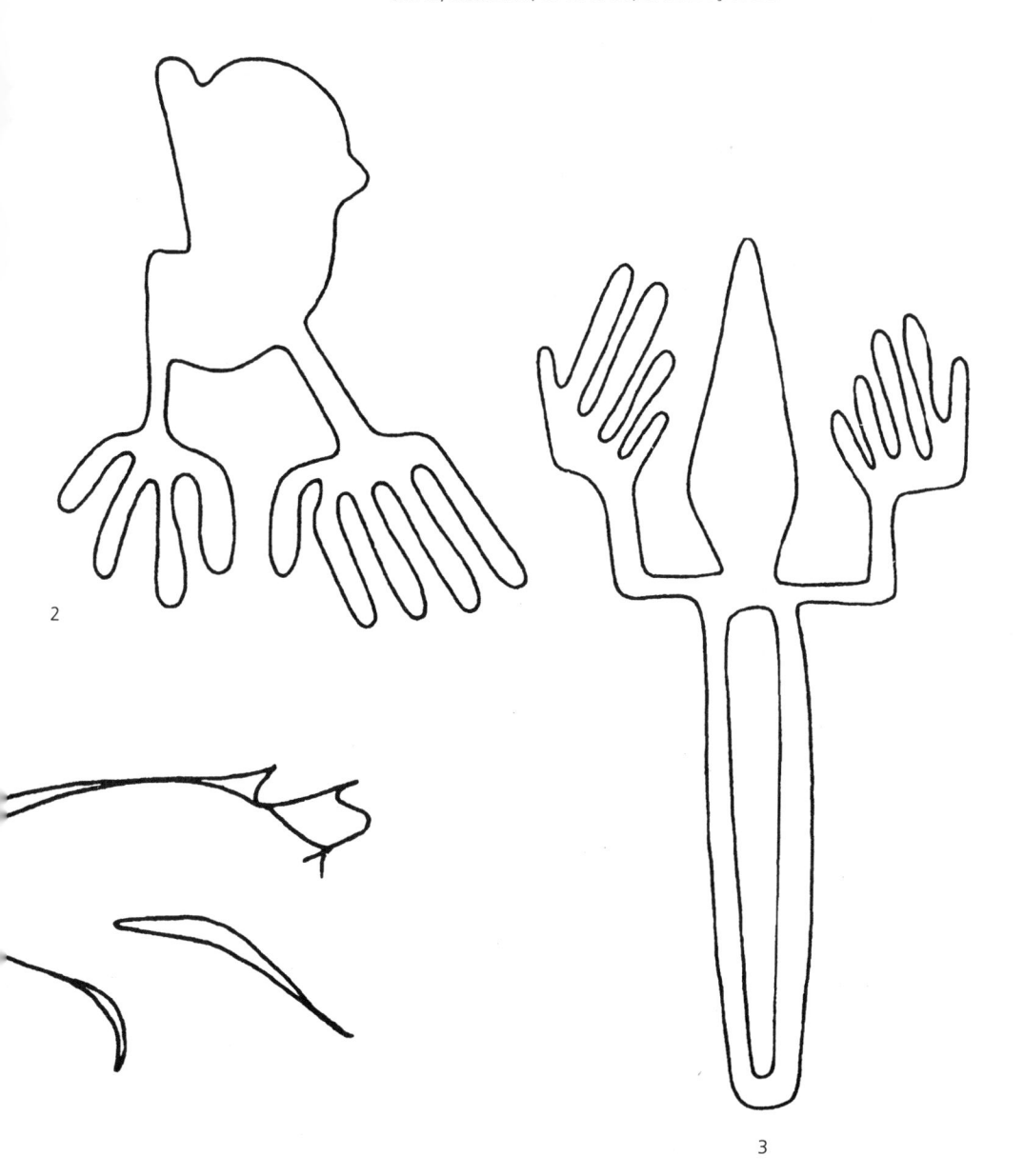

2

3

216 SINAIS E SÍMBOLOS

Formas simbólicas entre o céu e a terra

vel, talvez com a intenção de reduzir a imagem a um sinal absoluto. Essas figuras exprimem uma atividade intelectual mesmo sem qualquer manifestação verbal. A imagem foi conscientemente transformada em sinal simbólico ou símbolo.

b Da vida e da morte. O símbolo da serpente

A serpente é o ser vivo mais fácil de ser desenhado. Um traço ondulado, talvez com a cabeça mais espessa, é o que basta para sua ilustração. Essa "falta de corpo" deve ter sido uma das atrações que fez sua figura extremamente simplificada aparecer como uma das representações mais misteriosas de todos os tempos.

Evidentemente existem outras razões muito mais importantes além desse método mecânico básico de desenhar o símbolo da serpente. Sua forma pode ser considerada um arquétipo simbólico, e sua presença no subconsciente humano é incontestável. Como associação mais importante, podemos mencionar o medo da mordida fatal, ou seja, de um ser escondido na terra, entre as plantas, no meio da folhagem ou entre as pedras, e que é capaz de nos trazer a morte.

No confronto com o medo primitivo, em várias culturas a serpente obteve uma posição de destaque na decisão simbolizada sobre a vida e a morte.

A antiga associação figurativa da serpente com o falo, em conjunto com a idéia de fonte de vida que emerge do subsolo como uma raiz semi-encoberta, coloca o animal sob uma luz completamente ambivalente: portador da morte – gerador da vida.

Em relação à reflexão profunda do ser humano sobre o renascimento e a imortalidade, o fenômeno da troca de pele na serpente deve ter tido uma interpretação simbólica ainda mais sutil.

---

1. Figura de ave estilizada com atributos, porém representada realisticamente (interpretação desconhecida). Afresco anterior a Cristo. Turquistão.   2. Símbolo de Carlos Magno, tecido em seda sobre seu manto. É interessante observar os símbolos que se acumulam na figura: o sol, o lírio, a balança, a lágrima e especialmente a auréola.   3. Representação não usual do pavão com a cauda fechada. Mosaico, Ravello.   4. Águia gótica, fortemente estilizada. Armação de metal com engaste em pedras. Jóia espanhola.   5. Ave dupla sobre selo de cerâmica do México antigo.   6 e 7. Pássaro voando. Pintura em cerâmica da Grécia e da China.   8. Sinal de pássaro típico da Ilha da Páscoa, feito apenas de contornos. Entalhado em madeira.   9. Ave dos sonhos, "portadora do sono". Queimada em cortiça. Escandinávia.   10. Pintura em tecido. Costa do Marfim.   11, 14 e 15. Sinal de pássaro altamente abstrato, feito pela tribo Hopi, no Arizona.   12 e 13. Motivo de pássaro bastante estilizado pela técnica de tecelagem.   12. Perusa.   13. Escandinávia.   16. Composição decorativa de quatro aves abstraída ao máximo. Arte sobre couro, feita pelos índios norte-americanos.

A Lua sobre o Sol conduz à forma de serpente

A lua crescente e a serpente possuem formatos semelhantes

O desenho da serpente circular, que com a cauda na boca parece engolir a si própria, ou seja, que é capaz de se nutrir com a própria morte ou de se aniquilar, é um símbolo inequívoco do eterno retorno. A idéia de um renascimento iguala-se à representação do mistério da eternidade. No uso ocidental, a serpente também se transformou no símbolo e, posteriormente, na marca ou no emblema da ciência médica. Retorcida em volta do bastão de Esculápio, é o atributo do deus grego da medicina. Mais tarde podemos encontrá-la duplicada em torno do bastão alado de Mercúrio (tabela da p. 220). Esses símbolos são utilizados ainda hoje para caracterizar o médico ou a farmácia.

Uma tese interessante sobre a origem do bastão de Hermes é a de que o formato da serpente derivaria de um antigo sinal grego em que a Lua aparece sobreposta ao Sol. Supõe-se ainda que a semelhança entre a forma da lua crescente e a da serpente leve a associações de idéias e interpretações, uma vez que a lua também era um símbolo da fertilidade, da gravidez, do aparecimento e do desaparecimento eternos, devido ao seu crescimento e à sua diminuição constantes.

Outra associação é composta pela serpente e pelo ovo. A forma entrelaçada em espiral que circunda o ovo simboliza o contorno cósmico do mundo, o domínio de toda a vida.

O traçado extenso e em forma de fita do corpo de uma serpente, guarnecido de modelos rítmicos de manchas, traços e cores em sua superfície, compunha uma "motivação" ideal para a ornamentação. Como será mencionado em capítulo posterior, as espirais, os entrelaçamentos, os nós, entre outros, são abstrações bastante simbólicas. O corpo da serpente em sua forma linear permite ao artista unir ao máximo o figurativo com o abstrato. Tanto na ornamentação abrangente quanto na linear, a linha sinuosa desempenha um papel importante.

Nó de serpentes mesopotâmico

c   *Outros símbolos zoomorfos. Arquétipos do subconsciente*

Desde os tempos primitivos existem relações entre o homem e o animal que devem estar enraizadas nas zonas mais profundas da psique. No subconsciente do ser humano, os animais sempre representaram arquétipos importantes de tudo o que é instintivo, atuando como símbolos de princípios de forças materiais, intelectuais e até cósmicas.

Não faltam exemplos para ilustrar esse fato. Divindades de várias culturas antigas são representadas por figuras de animais: todos os deuses egípcios possuíam cabeças de animais. O mesmo ocorre com o deus assírio "Nisroch", com cabeça de águia. Ainda hoje, "Ganesha", o elefante, é um dos principais deuses indianos. A divindade dos astecas era a serpente "Quetzalcoatl", de plumagem verde. O deus "El" dos hebreus era representado pela figura de um touro, que mais tarde aparece no Antigo Testamento como o "bezerro dourado".

Mais próximos de nós estão os evangelistas, simbolizados por animais, e o próprio Cristo, designado como "cordeiro de Deus", enquanto o Espírito Santo é retratado por uma pomba que voa para baixo.

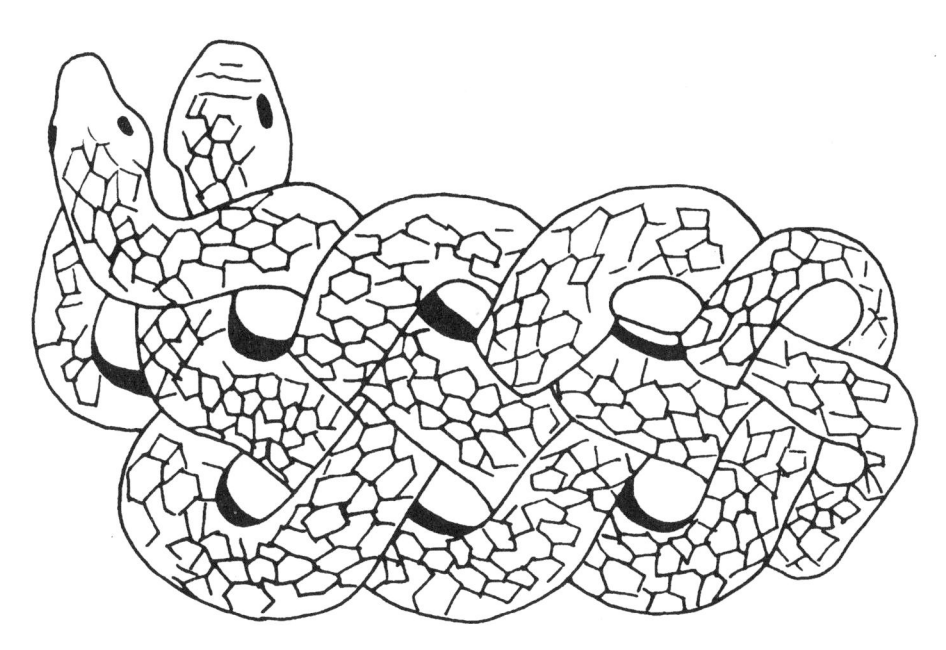

Motivo de serpente em forma de rede. Suméria, 2200 a.C.

220 SINAIS E SÍMBOLOS

A serpente em forma de fita constitui por si só um sinal

Ainda hoje projetamos nos animais características humanas que logo se manifestam de modo pictórico. Sendo assim, é comum fazermos comparações do tipo "esperto como uma raposa", "forte como um leão", mas também "tolo como uma galinha" ou "falso como uma cobra".

Os psicanalistas usam muito esse gênero de situação quando acreditam ter encontrado a solução dos conflitos e traumas na interpretação dos sonhos, em que os animais de fato aparecem com freqüência.

O patrimônio de representações gráficas de símbolos zoomorfos é tão grande que o material ilustrativo a ser mostrado precisaria de um espaço muito maior do que este. Nesse campo, gostaríamos também de ressaltar sobretudo a evolução da imagem concreta ao sinal. Por essa razão, escolhemos exemplos no limite do reconhecimento. Segundo nosso ponto de vista, a estilização que conduz ao sinal prova que esses exemplos tratam mais de desenhos com uma intenção simbólica do que de ornamentação e decoração.

Deus egípcio Hathor

O Espírito Santo

João = águia    Mateus = anjo    Lucas = touro

Marcos = leão

1. O bastão de Esculápio, circundado por uma serpente sagrada. Esta era a marca do deus grego da Medicina. Até hoje é usado como o símbolo dos médicos.   2. Durante milênios, a serpente dupla foi usada como portadora de conceitos profundamente simbólicos. A forma mais comum é a do bastão de Hermes ou de Mercúrio, envolvido por duas serpentes.   3. A serpente enrolada no ovo cósmico é o símbolo grego para a presciência divina.   4. Outra figura bastante simbólica é o anel de serpente, em que o animal devora o próprio corpo segurando a cauda com a boca. Essa representação já existia na mitologia egípcia. No entanto, também pode ser encontrada nas culturas orientais e ocidentais. A ilustração mostra o sinal como símbolo africano, modelado em argila. Dahomey.   5. Essa suástica com cabeça de serpente nas extremidades foi encontrada numa moeda indiana. Trata-se, provavelmente, de um sinal representando o Sol, com seus fortes raios esquentando os trópicos.   6. Serpente carregando nuvens. Desenho feito por indígenas norte-americanos.   7. O patriarca fecunda os sete ovos sagrados. Desenho australiano.   8. Motivo de serpente dupla. Tapeçaria do Turquistão.   9. A divindade egípcia Tum aparece como serpente. Seu corpo assume uma forma tipicamente humana.   10. Um exemplo impressionante de serpente dupla com corpo extraordinariamente espesso e sem cauda. Desenho rupestre sul-africano.   11. Decoração de serpentes feita por meio de um processo de dispersão de areia no solo. Índia central.   12, 13, 14. Ilustrações de serpentes num selo de cerâmica do México antigo.

222 SINAIS E SÍMBOLOS

Exemplos da riqueza ilimitada de símbolos de animais

SINAIS, SÍMBOLOS, LOGOTIPOS, SINALIZAÇÃO **223**

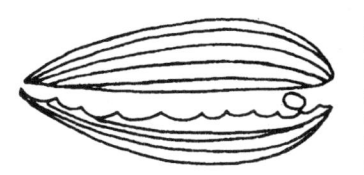

A concha (*cauri* em indonésio) é o exemplo típico de um símbolo zoomorfo: analogia com a vulva, que pode esconder uma pérola (sinal da sorte).

3. Símbolos de plantas

A humanidade está cercada pelo reino vegetal, que originalmente cobria grande parte do espaço terrestre. A floresta oferecia-lhe proteção. Ainda hoje, as plantas, as frutas e as raízes compõem um segmento importante de nossa alimentação. Por isso, não é de admirar que plantas de todas as espécies também tenham se transformado em símbolos.

Sinais simbólicos da vegetação são encontrados em todas as civilizações como expressão fundamental da vida, do crescimento, da fertilidade, da procriação etc. A passagem da vida primitiva das plantas para aquela mais evoluída dos animais e do homem é representada de várias maneiras. Um exemplo é a flor de lótus idolatrada. Ela é a personificação de toda vida que cresce da profundidade das águas, como se nascesse do nada. Da própria flor surgem, por sua vez, todos os poderes elevados e cósmicos.

Um dos símbolos humanos mais importantes é a árvore. Suas raízes prendem-se às entranhas misteriosas da terra; seu tronco muitas vezes

---

1. O peixe era um símbolo hebraico para o "redentor". Mais tarde, foi utilizado pelos primeiros cristãos em Roma como sinal secreto durante a sua perseguição. Entre outros locais, era riscado nas paredes das catacumbas. 2. Peixe duplo. Símbolo chinês. Pintura em porcelana. 3. Peixe triplo com uma única cabeça em comum. O símbolo da trindade é bastante evidente neste exemplo. Pintura em manuscrito espanhol. O mesmo sinal foi realizado na Índia por meio da técnica de dispersão de areia. 4. Aranha. Arquétipo de um símbolo zoomorfo. Encontrado em várias regiões do mundo, geralmente em associação com a teia. 5. Concha de um caracol. Relação com a espiral, mas também com os conceitos de alojamento, proteção, cautela. Antigo símbolo rural do norte da Europa. 6. Símbolo grego do Náutilo ou da concha, simbolizando o mistério do mar. 7. Lobo-cavalo, espectro de um animal assustador. Gravado sobre um machado. Cáucaso. 8. Crocodilo duplo sobre um selo. Gana. 9. Cão. Figura riscada. Gana. 10. Sépia. Um símbolo zoomorfo muito comum, que simboliza o mistério, a profundeza e os perigos do mar. Pintado sobre um vaso. Creta. 11. Dragão. Bordado em arma chinesa. 12. Lagartixa ou crocodilo (dois símbolos básicos completamente diferentes). Selo de cerâmica do México antigo. 13. Peixe-gato. Entalhe em marfim. Nigéria. 14. Cabeça de touro coroada com machado duplo. Uma combinação de dois símbolos para força, poder, vitória e justiça. Sobre um túmulo em Creta. 15. Cavalo-aranha. Espectro de animal, como no exemplo 7. Cáucaso. 16. Sapo. Um símbolo do princípio anfíbio bastante difundido. Peso de pedra africano. 17. Cabrito com cornos circulares envolvendo pássaros míticos do sol que levantam vôo. Pintura em cerâmica da Mesopotâmia (3500 a.C.).

224 SINAIS E SÍMBOLOS

A sensibilidade para a beleza no reino das plantas

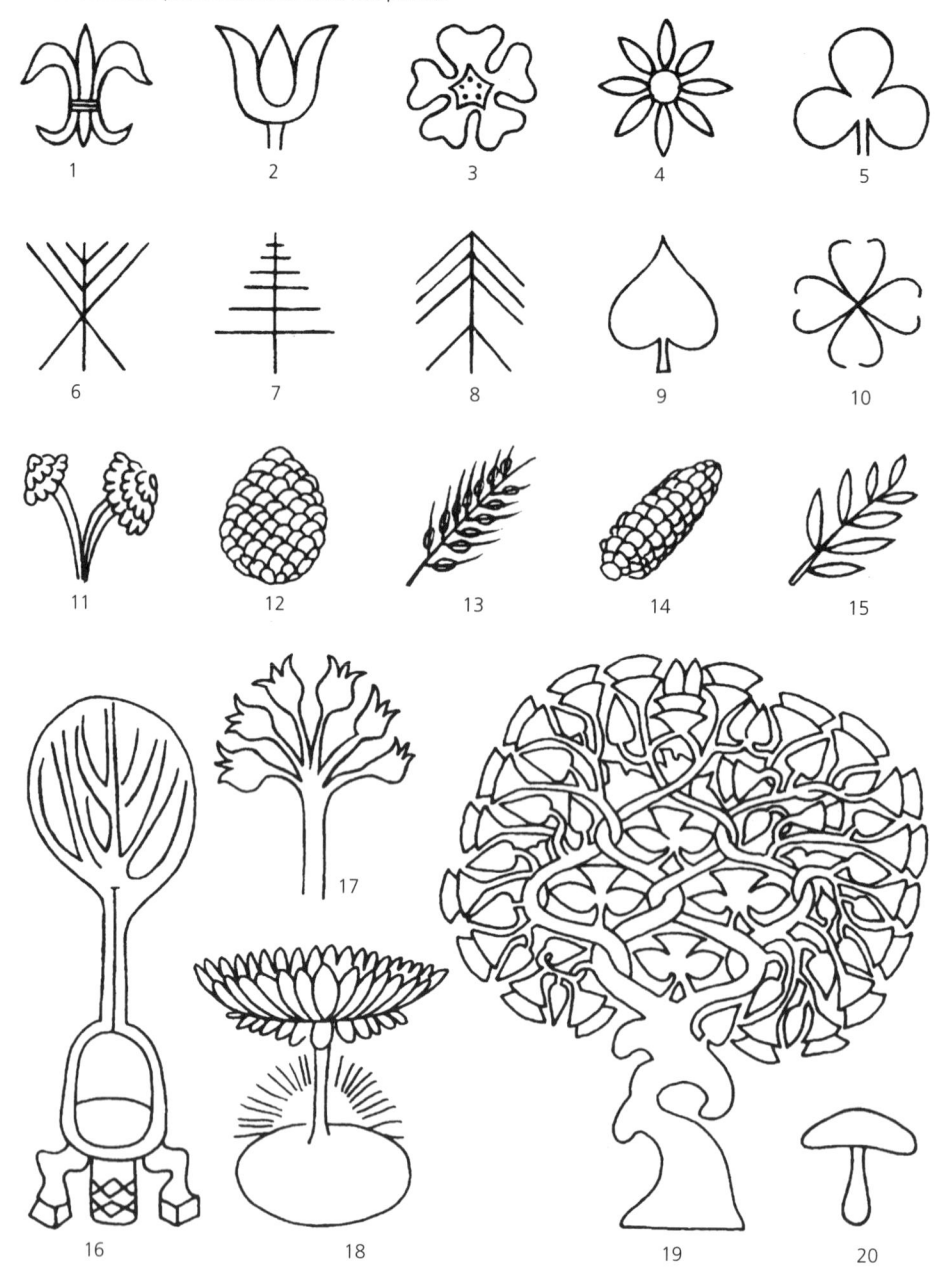

era a viga principal da habitação primitiva (em geral, consideravam-no o eixo do mundo). Assim como as aves, seus ramos pairam no ar, no céu, no campo do sobrenatural. A árvore é, portanto, o símbolo de uma união entre o céu e a terra, representando em sua estrutura um conteúdo marcadamente simbólico. A múltipla dependência do ser humano em relação à árvore – basta pensarmos na importância da madeira para o fogo, a construção, as ferramentas etc. – chega a transformá-la numa "árvore da vida". Em comparação ao homem, a árvore vive muito mais tempo, o que acaba gerando um sentimento de respeito, como a um ancestral. Fala-se também da árvore da sabedoria. Para os celtas, o tradicional carvalho era sagrado, quando não escolhido como deus.

As flores e folhas em geral eram tomadas como modelos para a decoração. No entanto, uma sensibilidade crescente para a beleza também trouxe para o mundo vegetal, com o esplendor de suas cores e a plenitude de suas formas, um conteúdo simbólico. Nomes como "pé-de-leão", "verônica", entre outros, além de características descritivas (por exemplo, "puro como o lírio") evidenciam esse fato. Partes de plantas, como os espinhos ou os botões, também possuem seu conteúdo simbólico. Até hoje o ramo da palmeira é conhecido como símbolo da paz.

No capítulo sobre heráldica, voltaremos a tratar com detalhes das representações de plantas, embora não mais no sentido de verdadeiros símbolos, e sim como marcas ou emblemas.

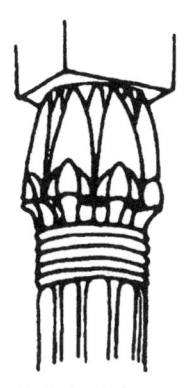

Capitel egípcio, representando uma flor de lótus fechada

1. Lírio. O significado desse sinal é ambíguo. Pode representar tanto a pureza e a inocência quanto a procriação (falo na vulva). Esse sinal adquire uma grande importância na heráldica como símbolo real. O número de traços transversais indica a hierarquia.   2. Tulipa. Sinal da fertilidade.   3. Rosa. Todos os motivos feitos com rosas simbolizam o amor.   4. Margarida. Outro símbolo para o amor. Arte popular do Ocidente.   5. Folha de trevo. Em oposição ao trevo de quatro folhas (10), o de três representa a prosperidade.   6. Árvore-da-vida.   7. Árvore-de-maio ou árvore-da-vida. Símbolo da alegria. 8. Árvore morta. Um sinal associado ao exorcismo.   6, 7 e 8 são antigos sinais rúnicos.   9. Folha de tília. Simboliza a morte. a) Na lenda de Siegfried, uma folha de tília cai entre os ombros do herói invulnerável. b) Esse sinal também representa um coração ao contrário, atingido por uma lança. c) O formato da ponta de uma lança assemelha-se a uma folha de tília.   10. O trevo de quatro folhas aberto nasce da sobreposição de uma suástica voltada para a esquerda com outra voltada para a direita. Esse tipo de planta é raro na natureza. Geralmente é utilizado como amuleto da sorte, porém, como em todos os fenômenos pouco comuns, também pode ter um sentido negativo.   11. Heliotrópio ou flor do sol, que durante o dia se movimenta em busca da luz solar. Símbolo grego para a fidelidade no amor.   12. Pinha. Antigo símbolo semítico para a fertilidade.   13. Espiga. Sinal mundialmente utilizado para a colheita. Significa abundância, gratidão, esperança.   14. Espiga de milho. Símbolo da fertilidade de grande importância. América Central pré-colombiana.   15. Ramo da paz. Símbolo ocidental associado à história de Noé.   16. Árvore do Buda e, ao mesmo tempo, formato do trono divino.   17. A planta da imortalidade, da lenda de Gilgamesh.   18. Flor de lótus. Um símbolo com vários ramos da flor que "nada sobre a água". Os egípcios a idolatravam. Nosso desenho ilustra a flor de lótus nascendo do ovo cósmico. Pintura indiana.   19. Árvore-da-vida chinesa. Cada ramo duplo gera uma flor, conforme o esquema de dualidade do yin e yang.   20. Cogumelo. Outro sinal de sentido duplo. De um lado, é o "cogumelo da sorte", de outro, uma advertência em relação ao veneno.

4. A forma humana como símbolo

a   O corpo como figura completa

Na verdade, querer dar uma expressão simbólica a uma simples representação concreta do corpo humano nu seria uma contradição, visto que ele não apresenta nenhum conteúdo simbólico. Sendo assim, é evidente que a forma da figura humana por si só não é capaz de transmitir uma imagem simbólica. A expressão do simbólico surge apenas quando o corpo é relacionado a algum objeto ou ser vivo, quando vestido com determinada roupa ou provido de algum atributo.

Tais representações da própria forma humana simbolizada são irrelevantes para nossa pesquisa a respeito dos sinais. O que realmente nos interessa nesse contexto é o confronto com aqueles sinais em que a forma humana está presente como silhueta estilizada e muitas vezes bastante alterada.

Já nos referimos ao fato de que as formas de cruz, de garfo e o sinal egípcio para a vida têm sua origem na figura humana. Um exemplo bastante expressivo dessa transformação do corpo em sinal é a série de desenhos medievais "A vida em família", reunida por Rudolf Koch. Trata-se, provavelmente, de trabalhos esculpidos em pedra, que contêm uma expressão não-verbal.

A história da mitologia, da arte e da criação em geral mostra que o homem sempre considerou o próprio corpo como o mais perfeito na hierarquia dos seres vivos.

A ilustração da figura humana sempre foi utilizada como centro "normativo" e ponto de partida para a construção de imagens do mundo mitológico, religioso e filosófico e como explicação do cosmos.

É o que encontramos, por exemplo, nas representações indianas da figura humana, dividida em zonas de forças e ações metafísicas. Todos os deuses gregos tinham forma humana. No Ocidente, os diagramas construídos sobre a imagem humana transformaram-se em visões de

Carregador de água. Amostra de tecido da Nigéria

1 a 15. Sinais abstratos, em que uma forte associação com a silhueta do corpo humano pode ser reconhecida.   1. Cruz cristã.   2. Cruz egípcia (vide os desenhos de cruz). 3. Sinal de garfo (vide parte 1, dualidade).   4. Garfo duplo, suporte. Sinal para junção, firmeza, disponibilidade.   5. Portador de luz. Sinal da adoração.   6 a 15. A vida da família.   6. Homem.   7. Mulher.   8. Homem e mulher unidos pelo ato de amor. 9. Mulher grávida.   10. Nascimento.   11. Família.   12. Dois amigos.   13. Briga. 14. Homem morto.   15. Viúva com dois filhos.   16. Deusa da lua. Maias.   17. Deusa Antiga. Cartago.   18. Figura divina. China antiga.   19. Remadores de galera. Ornamento sobre um recipiente. África.   20. Símbolo microcósmico, relacionado à figura humana.

SINAIS, SÍMBOLOS, LOGOTIPOS, SINALIZAÇÃO **227**

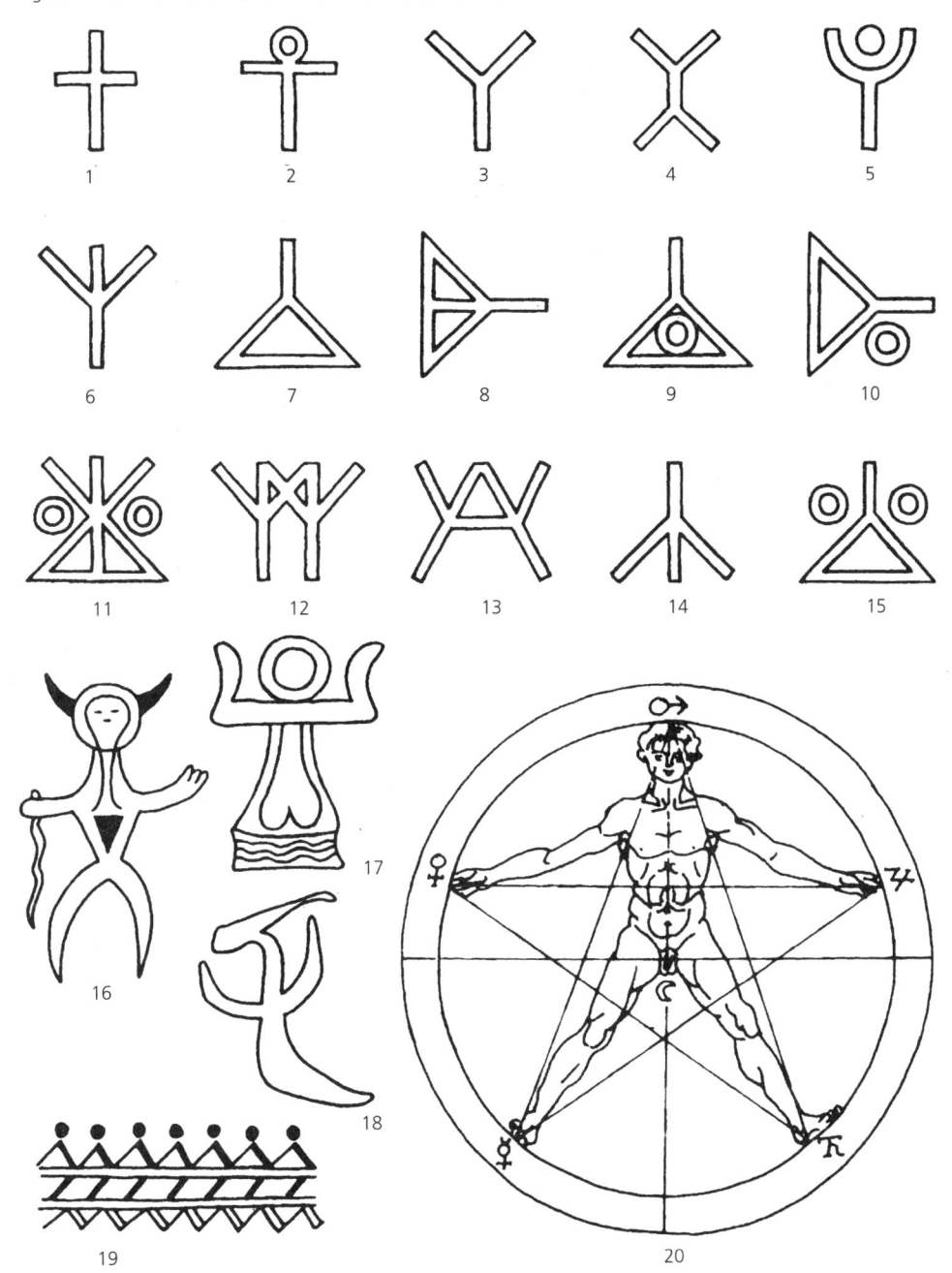

Figuras humanas simbólicas, abstratas, estilizadas e concretas

mundo mágicas, místicas ou filosóficas. A tabela da p. 227 mostra uma representação simbólica de uma figura masculina dentro de um círculo cósmico.

É interessante notar que na mitologia islâmica não existem representações figurativas. Essa é a razão pela qual a escrita árabe desenvolveu uma diversidade tão rica e decorativa e a palavra escrita e sagrada do Corão sempre serviu de base para a ornamentação, conhecida como arabesca.

b   Partes do corpo humano

Supõe-se que a primeira ilustração da história humana tenha sido a marca da pegada na argila e, em seguida, o decalque da palma da mão colorida sobre a rocha. A capacidade de criar uma imagem sem usar movimentos para desenhar deve ter fascinado os primatas. A técnica de reproduzir o formato da palma da mão sobre tecido ainda é usada por algumas tribos africanas.

Palma da mão: talvez o primeiro desenho rupestre

Na mitologia budista, a pegada do Buda é de grande importância e gerou sinais simbólicos magníficos. Na escala imaginária da forma divina e sobrenatural, a sola do pé é a parte do corpo mais próxima da terra. Dessa idéia surgiram os símbolos do pé, porque eram os únicos traços deixados pela divindade que um dia vagou pela terra. Esse mito também permaneceu vivo no hinduísmo. Eis por que nas pinturas do norte da Índia sempre aparecem silhuetas de pés. Como exemplo, ilustramos a pegada do deus hindu Vishnu, que apresenta muitos símbolos em sua sola.

A mão pode ser considerada a parte do corpo que mais aparece no campo da visão humana. Em conseqüência disso, sua imagem é bastante freqüente, e não apenas para orientar ou advertir.

Um símbolo típico é a mão de Fátima, filha de Maomé, nascida em Meca. Sua principal característica era a presença de um polegar nos dois lados da mão. Existem vários modos de explicar essa posição dos dedos: a silhueta pode representar as duas mãos sobrepostas como forma de saudação, porém, em muitos casos, sua constante repetição como talismã, seja em desenhos, incisões ou recortes, transformou-a simplesmente num sinal simétrico. Talvez as formas de flores como o lírio e a tulipa, que se assemelham a essa imagem da mão, também tenham participado da formação desse sinal.

A mão de Fátima

Na fé cristã, a mão ferida do crucificado tornou-se um símbolo de grande importância.

Desenhos da mão e do pé são encontrados como *ex voto* (em agradecimento aos milagres realizados) em todos os locais de culto e pere-

Sola do pé do deus indiano Vishnu. Pintura do Nepal

grinação. Na maior parte das religiões, o sinal da mão é relacionado ao gesto de abençoar. Na doutrina da salvação budista, existe toda uma linguagem gestual nas diversas posições da mão do Buda.

Em oposição à mão que cura, existem também gestos de conspiração e infortúnio, como a famosa mão do diabo, que simboliza os chifres e serve para afastar o "mau-olhado". Na Índia, a mão direita é vista como boa e a esquerda como ruim.

Em todas as culturas, o rosto humano desempenha um papel importante quando utilizado para símbolos de vários tipos. Geralmente as feições desenhadas são enrijecidas em forma de máscaras, que muitas vezes lhes conferem expressões assustadoras. A redução gráfica do semblante ao verdadeiro sinal em si é relativamente rara, embora seja comum encontrarmos detalhes do rosto em formato estilizado. Como órgão mais importante podemos destacar o olho, que na maioria das vezes simboliza o olho de Deus.

Desde a época dos primeiros desenhos rupestres, os órgãos sexuais eram símbolos primitivos para a vida, o poder, a fertilidade etc. No mundo cristão, a repressão à nudez levou ao desaparecimento completo desses sinais simbólicos, enquanto em outras religiões, como na hindu, eles chegaram até mesmo a ser tidos como sinais de adoração.

No presente contexto, não dispomos de muito espaço para expor todas as partes do corpo e seus significados simbólicos. No entanto, uma

230 SINAIS E SÍMBOLOS

Partes do corpo humano com profundo conteúdo simbólico

SINAIS, SÍMBOLOS, LOGOTIPOS, SINALIZAÇÃO **231**

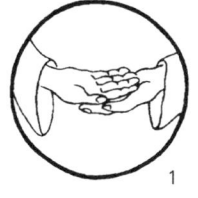

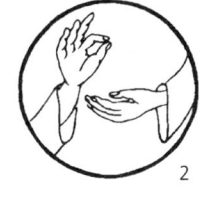

Mudras, os gestos sagrados do Buda:
1 Meditação
2 Fundamento
3 Doutrina
4 Proteção e pedido
5 Esclarecimento
6 União da matéria e do espírito

última observação a respeito dos órgãos humanos internos deve ser feita. A representação de sua forma está muito mais ligada à pura imaginação do que à observação. O exemplo mais significativo é o formato do coração, cuja silhueta reproduz o sinal simbólico mais difundido em todo o mundo, apesar de não apresentar nenhuma relação com a verdadeira aparência do órgão.

Outro tema de especial interesse é a representação da morte em relação à imortalidade da alma. O conceito "morte" está intimamente ligado à imagem do esqueleto.

No imaginário primitivo, a alma em ascensão era um órgão físico com inúmeros símbolos abstratos, que se soltava do corpo morto. Nas ilustrações medievais, ela chegava até mesmo a assumir a forma com-

A mão do diabo

A máscara, uma nova face

O sinal do coração; vida

1. Marca da palma da mão da Idade da Pedra. Encontrada na parede de uma caverna da Anatólia.   2 e 3. Desenhos das pegadas do Buda. Índia.   4. Sinal *ex voto* em locais de culto. Índia.   5. Símbolo da bênção maometana, em que a mão de Fátima se une à lua crescente.   6. Trísceло. O rosto e o círculo juntam-se formando um símbolo expressivo. Interpretação incerta. Moeda grega.   7, 8, 9. Partes representativas do corpo numa pintura indígena da América do Norte.   10. Vulva. Símbolo tantra. Desenho indiano.   11. Trísceло ou trípode. Símbolo para a vitória e o progresso (vide também os sinais da suástica). Pintura em vaso de cerâmica. Grécia.   12. Utchat, o olho sagrado. Hieróglifo esculpido em pedra. Egito.   13. Olho de Buda, pintado na parede frontal de um templo em Katmandu.   14. O olho de Deus. Símbolo cristão da trindade. Pintura encontrada na parede de várias igrejas.   15. Símbolo da mão, entalhado em madeira. Congo.   16. Par de seres humanos dentro do sol. Desenho rupestre. Espanha.   17, 18. Símbolos da mão. Selos do México antigo.   19. Ciclope. Terracota. Babilônia.   20. O mundo com o rosto de Deus. Desenho etíope.   21. Tlaloc, o deus da chuva esculpido em pedra. México antigo.

pleta da figura humana, que deixava o corpo irrompendo da boca com o último suspiro.

5. Objetos, paisagens, elementos da natureza

Apenas raramente os objetos do dia-a-dia apresentam um conteúdo simbólico próprio. Ferramentas, recipientes de alimentos, vestimentas e moradia estão muito próximos da vida cotidiana das pessoas para receberem algum significado mitológico. Por outro lado, em relação a outros objetos ou seres vivos, eles podem servir de atributos para conferir à imagem inteira uma nova expressão simbólica.

Esqueleto, morte

Sendo assim, as ferramentas habituais do carpinteiro, por exemplo, assumem um significado inusual, na medida em que, ao lado da cruz cristã, se transformam no símbolo do martírio.

1, 2, 3. Sinais de armas que, por meio da ilustração de pontas e farpas, simbolizam, por exemplo, a agressão, o ferimento, a morte, mas também o poder e o domínio.   1. Lança (vide também a folha de tília).   2. Espada (vide também a espada em forma de cruz).   3. Tridente. A arma do oceano. Símbolo da deusa indiana Shiva, do deus grego Netuno e da deusa mexicana Chalchiutlicue. Universalmente usado para representar a superioridade divina.   4, 5, 6. Instrumentos cortantes.   4. Machado. Muito empregado para simbolizar o extermínio e também o relâmpago e o trovão.   5. Machado duplo. Um símbolo que aparece em quase todas as culturas. Significa não apenas o extermínio, mas também a vida e a morte no sentido dualístico. No palácio de Cnossos, podemos encontrar o machado duplo "Labrys" como símbolo sagrado que deu nome ao templo "Labirinto".   6. Foice. O instrumento da morte.   7. O martelo de Thor, sinal da sentença. A cruz romana de Tau era a única usada para a execução dos condenados. Na heráldica, é conhecido como régua.   8. Escudo. Sinal da proteção, mas também da honra e da obrigação. Transformou-se no principal suporte de imagens da heráldica. Nos países de língua alemã, a idéia de "tramar" ou "maquinar" algo ainda hoje é expressa por meio da expressão *etwas im Schilde führen*, ou seja, "levar algo (escondido) no escudo".   9. O livro selado (a palavra) de Deus.   10. Balança da justiça.   11. Vassoura de bruxa. Proveniente do tempo das runas, é um sinal de proteção para "permanecer ancorado à terra". Note-se a semelhança com a árvore morta. Em sua múltipla significação, é um sinal esotérico para o juramento.   12. Vara. Símbolo da força criativa do homem. Originalmente deve ter representado o falo ereto. Muito encontrado na heráldica, simboliza o poder de punir dos cavaleiros.   13. Anel com fios amarrados. Antigo símbolo camponês para a relação sexual. O anel era visto como a vulva e os fios, como o símbolo popular do membro masculino.   14. Barril. Símbolo da abundância, riqueza e alegria. 15. Haltere. Símbolo da oposição: vida – morte, alegria – sofrimento, verão – inverno. É comumente usado na alquimia e na astrologia.   16. Fogo.   17. Nuvem, água, vento.   18. Relâmpago.   19. Representação primitiva das montanhas.   20. Fonte. Pintura rural espanhola.   21. Chave. Um símbolo profundamente arraigado, que possibilita a entrada no que é invisível e misterioso. Sinal de poder para o dono da chave. Ilustração de livro espanhol. 22. Corrente. Símbolo comum para unir, prender e também para a misteriosa reação em cadeia. Propagação. Quando fecha um círculo, simboliza o eterno retorno e assemelha-se ao rosário.   23. Urna. Última morada. Isolamento e segredo. Etrusco.   24. Berço. Expressão da dualidade. Nascimento (espiral esquerda), morte (espiral direita) e, entre ambos, a curva da vida. Aproxima-se do signo astrológico de Áries. Proveniente de um emblema heráldico.   25. Desenho estilizado da ampulheta ou clepsidra. Simboliza a passagem do tempo. Posteriormente, foi usado como o sinal alquímico para a hora.   26. Barca funerária. Em quase todas as mitologias, simboliza a passagem da vida para a morte. Ilustração da época víquingue.   27. Candelabro de sete braços. Símbolo da fé judaica com diversos significados: luz; árvore da vida; o número de planetas com o Sol no centro, que atinge a Terra com seus raios etc. Miniatura alsaciana.

SINAIS, SÍMBOLOS, LOGOTIPOS, SINALIZAÇÃO **233**

Objetos de uso cotidiano, elevados à categoria de símbolos

Os únicos símbolos de objetos isolados são aqueles que se encontram associados a períodos excepcionais da vida, como o nascimento, o casamento, a morte etc. Nesse sentido, sinais que representam armas também são simbólicos, uma vez que estão relacionados ao ato de morrer. O antigo sinal da flecha pode ser encontrado já nos desenhos rupestres da pré-história (vide parte 1). O machado aparece em quase todas as culturas do mundo, muitas vezes simbolizado como o sinal do relâmpago e do trovão, mas vale também como instrumento sagrado para o sacrifício. Como símbolo da penetração na madeira e na terra, transformou-se na imagem da força capaz de destruir e criar vida em várias regiões. O machado duplo simboliza de forma mais acentuada essa dualidade. Quando implantado na cabeça de um touro, torna-se uma imagem sagrada.

Em sentido mais amplo, deveríamos acrescentar as imagens de paisagens, todos os fenômenos da natureza e os elementos primitivos às representações dos objetos. O habitante das extensas planícies vê a colina ou a montanha, que interrompe o horizonte despido, como o ponto central do seu meio ambiente, transformando-o num local predestinado ao culto. Na verdade, o princípio de construção dos locais de culto budista (Stupas) nada mais é do que uma saliência artificial feita na planície, pois o edifício em si não possui espaço interno.

À primeira vista, alguns fenômenos naturais devem ter causado a impressão de poderes fatais e divinos à inteligência humana em desenvolvimento: o vale, por onde corre a água necessária à vida, depois de nascer de alguma fonte oculta; as nuvens, que carregam a tão esperada chuva e, ao mesmo tempo, os trovões e a tempestade; e, não menos importante, o fogo, que aquece mas também destrói. Registros gráficos dos fenômenos e elementos naturais são encontrados nas antigas escritas pictóricas num estágio em que os pictogramas já haviam se transformado em sinais. A origem dessas escritas se perdeu no passado, mas é muito provável que tenham sido usadas desde o início como repre-

---

1. Nó górdio. Ornamento romano, esculpido ou pintado em pedra.   2. Símbolo do nó. Gravado num corno de colocar pólvora. Noruega.   3. Labirinto. Sobre uma moeda antiga. Creta.   4. Sinal simbolizando o centro, desenhado no solo com areia branca para fins religiosos. Índia.   5. Labirinto de lajes brancas e pretas, que revestem o chão das catedrais. O peregrino percorria-o de joelhos até chegar ao centro.   6. Diagrama tantra. Esquema do Nirvana (céu), o caminho que vai do retângulo terreno ao círculo celestial. A sexualidade (triângulo) é o ato de criação universal. Imagem da meditação, também conhecida como mandala, com o ponto principal no centro. Pintura indiana.   7. Diagrama "Jaina", representando as diferentes camadas do universo e o ensinamento de como passar por elas. Pintura indiana.

SINAIS, SÍMBOLOS, LOGOTIPOS, SINALIZAÇÃO **235**

O centro desenhado como imagem de meditação

sentações simbólicas (vide parte 2, capítulo III, "O patrimônio gráfico das escritas pictóricas").

6. O símbolo do centro

De todo o conjunto dos sinais simbólicos abstratos, apenas um pequeno número não foi construído simetricamente. Até mesmo os símbolos pictóricos concretos buscam uma simetria, seja na representação frontal do pássaro, em que o coração é desenhado no centro, seja na técnica da dupla ornamentação, em que plantas ou animais são simetricamente duplicados para unir-se numa imagem harmoniosa.

Em todas as épocas, o princípio mais ou menos oculto do centro parece ter incorporado a expressão da perfeição desejada. Essa tendência é constantemente observada nos principais sinais simbólicos: a cruz, a suástica etc.

Dois tipos de formação de sinais, o nó e o labirinto, servem de base para simbolizar o caminho que conduz à meditação, o árduo percurso para se chegar à perfeição e também as penitências impostas pelos cristãos medievais etc. Sinais que contêm nós geralmente são entrelaçamentos de vários outros sinais e exigem certa atividade mental para serem desatados.

Um exemplo característico é a imagem do "nó górdio", considerado como "a chave para o Oriente". Supõe-se que Alexandre, o Grande, tenha cortado o nó com sua espada, simbolizando a redução de um caminho difícil, antes de partir para o Oriente com sua campanha.

De certo modo, os sinais de nós podem ser comparados aos diagramas das mandalas hindus e budistas, destinadas à meditação sobre a sabedoria e com um profundo significado em diversos espaços terres-

Sobre uma caixa de madeira africana

A simetria por meio da duplicação (selo cilíndrico assírio)

O umbigo do Buda, centro de toda a vida. Sinal modelado nas telhas frontais de um mosteiro japonês

tres e cósmicos, ou círculos de vida, pelos quais o ser humano tem de passar para poder chegar ao centro, ao Nirvana.

Esse movimento espiritual aproxima-se bastante das representações ocidentais do labirinto. Na ilha de Creta, repleta de costumes misteriosos, um típico sinal de labirinto foi cunhado numa moeda de uma época anterior a Cristo. Supõe-se que o ornamento represente o esconderijo do Minotauro. Num período bem posterior, na Idade Média, encontramos labirintos nas lajes brancas e pretas que revestem as catedrais. Ao final da romaria, os peregrinos percorriam o labirinto de joelhos, muitas vezes durante horas, como ponto culminante de sua peregrinação e último ato de expiação, até atingirem o centro e, conseqüentemente, a satisfação de seus desejos após o perdão.

IV. OS SÍMBOLOS ABSTRATOS

1. O universo e seu centro

De que outro modo o ser humano poderia compreender e experimentar o espaço à sua volta sem se imaginar como o centro dele? O homem procurava orientar-se entre a superfície terrestre e a abóbada celeste, dividindo o espaço. Da observação das estrelas surgiram os conceitos dos pontos cardeais. A eclíptica transformou-se na tangente das horizontais que cortava o dia.

Em contrapartida, nascia também a sensação do eixo firme e vertical, ancorado na estrela polar do norte. A experiência e o conhecimento do meio ambiente deram origem à sua divisão consciente, visivelmente expressa pelo desenho da cruz, que se tornou um auxílio básico de orientação. Esse sinal permitia diferenciar entre o que estava acima, abaixo, à esquerda e à direita do observador. A partir desse reconhecimento, o homem passou a compreender o espaço ao seu redor e, portanto, a formar a base de todos os processos mentais.

As inúmeras aplicações desse sinal elementar da cruz revelam esse esquema primário, em que a maior parte das percepções e idéias subseqüentes é incorporada. Sendo assim, a mudança de direção dos ventos, por exemplo, é subdividida pelo sistema primário de coordenadas nas direções intermediárias como sudeste, noroeste etc. A bússola é o instrumento usado para registrar os pontos cardeais e ainda hoje é chamada de "rosa-dos-ventos".

Em todas as civilizações nascentes surgiram idéias mitológicas e especulativas a respeito da origem do mundo. Além disso, não faltam ver-

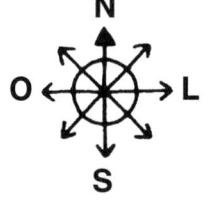

240 SINAIS E SÍMBOLOS

Imagens do centro do mundo

sões a respeito da gênese. Todo povo desenvolveu sua fé na fonte primitiva da vida com representações expressivas, algumas vezes explicativas, outras, orientadoras. A maioria, porém, de caráter meditativo e simbólico, segundo suas próprias idéias sobre o traçado do mundo.

No espaço limitado de que dispomos, pudemos reproduzir apenas uma pequena seleção dos vários sinais, esquemas e imagens, que exprimem o conceito de Terra e universo, associados à idéia de um ato primitivo de criação.

2. O sinal da cruz e sua decoração

Se tomarmos como ponto de partida o conceito básico que comentamos anteriormente a respeito do espaço vital e do cosmos, simbolizado pelo princípio horizontal e vertical, sem dúvida a cruz é o símbolo elementar mais usado em todo o mundo, unindo o princípio ativo e o passivo numa conexão dualista. Para indicar um centro, tornou-se o símbolo das mais diversas mitologias. A extrema simplicidade de sua estrutura é certamente a razão de sua disseminação pelo mundo.

A relação pictórica com a cruz de referência e a semelhança de sua silhueta com a forma humana transformaram-na no principal símbolo da fé cristã. Na parte 1, capítulo II, item 5, comentamos com detalhes algumas considerações gerais sobre o sinal da cruz.

Devido à sua constituição simétrica, de um lado, e às quatro extremidades livres, de outro, a forma de cruz gera um forte estímulo à

1. Símbolo do tantra indiano para vulva. Centro e fonte de toda a vida.   2. Sinal asteca representando os quatro cantos do mundo.   3. Os quatro cantos do mundo. Selo em relevo. Gana.   4. Símbolo de uma força central. Relevo em ouro sobre uma fivela de cinto. Turcomenistão (2000 a.C.).   5. Símbolo típico de um conceito central de vida e eternidade, do modo como é encontrado no norte da Europa, em muitas variantes das pedras rúnicas anteriores a Cristo.   6. O ovo cósmico, fertilizado e dividido em zonas de energia. Pintura sobre papel. Rajastão, Índia.   7. Amostra de bordado russo, com ênfase no centro.   8. Sinal em pedra rúnica da era cristã, com símbolos sobrepostos ao centro. A cruz sobressai no desenho.   9. Antigo símbolo chinês para o eixo sagrado do mundo.   10. Sinal alquímico do espírito do mundo. O sol e a lua encontram-se sobre o mundo retangular, dentro do qual a superfície do corpo é cortada pela vertical do espírito.   11. Símbolo indiano para a vida. As formas de gota e de triângulo (como em 1) são ilustrações estilizadas da "Yoni", ou vulva. No centro encontra-se a letra sagrada "ohm", proferida em todas as orações como o som da eternidade universal. Curiosamente, pode-se fazer uma comparação com o "amém" ocidental.   12. Representação da criação do mundo, feita pelos índios norte-americanos. Nela reconhecemos facilmente o retângulo terreno contendo um boi, as nuvens do céu e as quatro flechas em forma de relâmpago, apontando para o infinito.   13. O círculo mágico. Esquema maometano do mundo, com letras árabes bastante significativas. Índia setentrional.

242 SINAIS E SÍMBOLOS

A cruz como símbolo da fé cristã

ornamentação. A linha abruptamente interrompida requer uma terminação, um fim para as retas que se estendem ao infinito.

A maior parte das cruzes decoradas encontra-se na cultura cristã ocidental. Desde a Idade Média, o cristianismo apoderou-se completamente do significado desse símbolo, que acabou se transformando num signo básico em todos os campos de aplicação, como na decoração, na heráldica, na sinalização etc.

As três últimas linhas da tabela de ilustrações da p. 242 mostram uma seleção bastante limitada da variedade de sinais e ornamentos, que na maioria dos casos têm a cruz como base. No entanto, esses elementos pertencem a religiões não-cristãs, inclusive no sentido temporal, uma vez que a cruz já existia em épocas anteriores a Cristo.

1. Cruz quadrada ou grega; cruz com ramos iguais; sinal de mais.   2. Cruz inclinada (indica as direções intermediárias do vento); cruz de proteção ou bloqueio; cruz de Santo André. Os dois traços oblíquos e iguais não conferem à figura uma imagem dualista, mas uma expressão pictórica muito próxima da ornamentação pura. A letra grega "X" é a inicial de Cristo.   3. Cruz da vida, cruz latina ou cruz de Cristo. Antes de Cristo esse sinal já simbolizava divindades na Grécia, no Egito e na China.   4. Cruz invertida ou de São Pedro. Ao contrário da cruz da vida, indica algo negativo. Supõe-se que São Pedro tenha sido crucificado de cabeça para baixo.   5. Cruz do ladrão. Esse sinal é a negação da cruz. A vertical foi cortada por um traço oblíquo. Simboliza a necessidade, a fatalidade e uma vida intranqüila.   6. Cruz dupla, cardinalícia ou de Lorena. A duplicação das horizontais transforma o sinal numa cruz de categoria mais elevada. O traço superior também é interpretado como painel para inscrições (INRI). Origem grega.   7. Cruz tripla papal. As três horizontais indicam poder. Esse sinal também apresenta o formato da árvore-da-vida.   8. Cruz tripla ortodoxa. A repetição das horizontais no centro não é considerada uma expressão de poder (como em 7), mas um testemunho de uma fé profunda.   9. Cruz ortodoxa com um traço inferior oblíquo, servindo de apoio para o pé ou indicando a morte de Cristo (como em 5).   10. Cruz do sofrimento, cruz quebrada, cruz em estilo chaveirão. Refere-se à via-crúcis e à morte de Cristo.   11. Cruz de Tau, de Jerusalém, em forma de muleta ou martelo. Esse sinal já aparece na era viquingue. Símbolo de autoridade em moedas, armas, logotipos etc.   12. Cruz germânica ou de consagração. Os traços nos quatro ramos da cruz reforçam a expressão sagrada.   13. Sinal das cruzadas que deu origem à designação "cruz de Jerusalém".   14. Cruz gamada. Recebe esse nome por ser composta de quatro letras gregas "gama" (Γ). Originalmente, era um antigo sinal chinês para indicar os quatro cantos do mundo.   15. Cruz cóptica. Os pregos simbolizam o martírio do crucificado.   16. Cruz egípcia. Chave do Nilo. Símbolo da vida e da divindade colocada na fronte do faraó.   17. Cruz em forma de espada.   18. Cruz em forma de âncora. A associação da âncora com a cruz produz um símbolo que exprime "firmeza de fé".   19. Sinal de âncora. É difícil visualizar a cruz nesse desenho, e uma associação com a cruz egípcia parece improvável. O laço na parte superior expressa mais a ilustração do primeiro anel de uma corrente.   20. Cruz em forma de âncora. Supõe-se que esse sinal simbolize o nascimento de Cristo (cruz) do corpo de Maria (lua crescente).   21. Monograma de Cristo, formado de duas iniciais gregas, X e P.   22. Cruz com extremidade em forma de gancho, idêntica ao 21. O gancho também poderia representar o báculo.   23. Cruz de Malta ou dos cavaleiros. Um sinal medieval da ordem religiosa dos cavaleiros, dos seguidores de São João, dos malteses e dos templários.   24. Cruz celta e sinal representando o Sol. Refere-se aos séculos de aproximação entre cristãos e o culto celta.   25. Cruz asteca, indicando os quatro pontos cardeais.   26. Cruz e círculo. Símbolo oriental para o Sol. Como no ocidental (24), apresenta os mesmos sinais elementares: círculo e cruz para Sol e Terra.   27. O espelho de Vênus. A associação com a interpretação do desenho 26 é evidente.   28. Globo imperial. Símbolo da dominação terrena.   29, 30. Cruz sobre as letras alfa e ômega; princípio e fim, um duplo símbolo cristão.

A simetria da cruz oferece vários estilos de ornamentação

3. Sinais que simbolizam o movimento

Se a cruz reta simboliza tudo o que é estático e bem ancorado, a que contém extremidades fragmentadas expressa um movimento rotatório. Em sua forma linear básica, a suástica pode ser considerada o símbolo mais antigo da humanidade, tendo sido descoberta em desenhos pré-históricos.

É mais fácil atribuir um caráter mágico e simbólico a esses sinais do que à cruz, pois esta era empregada como marcação ou auxílio mnemônico, sobretudo devido à simplicidade do seu traçado. O desenho da suástica, ao contrário, requer uma capacidade intelectual diferenciada de visualização e execução.

O nome "suástica" deriva do sânscrito e significa "sentir-se bem". Na China era o símbolo da "máxima perfeição". No Japão, era chamada de *manji* e designava tanto o conjunto numérico 10.000 quanto a idéia de "infinito".

A posição dos ganchos confere ao sinal um sentido giratório, que se apresenta de modo diferente em cada ilustração encontrada, apontando ora para a esquerda, ora para a direita. É interessante a interpretação que os antigos chineses dão a esse fato. Segundo eles, os ganchos voltados para a esquerda denotavam "sorte", enquanto os que apontavam para a direita significavam "infortúnio".

Quando as quatro extremidades da cruz suástica não formam uma reta, mas uma curva, o significado de representante do Sol, geralmente atribuído a esse sinal, torna-se ainda mais evidente.

As interpretações mais atuais associam a simulação do movimento giratório com uma roda, com a pedra de um moinho etc.

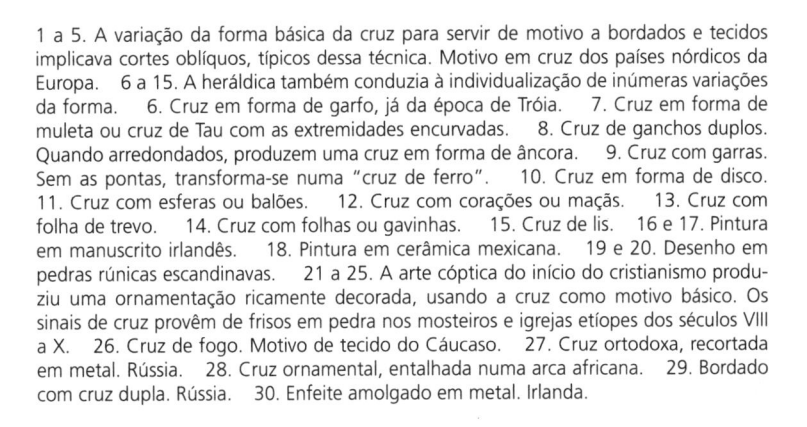

Sorte

Infortúnio

1 a 5. A variação da forma básica da cruz para servir de motivo a bordados e tecidos implicava cortes oblíquos, típicos dessa técnica. Motivo em cruz dos países nórdicos da Europa.   6 a 15. A heráldica também conduzia a individualização de inúmeras variações da forma.   6. Cruz em forma de garfo, já da época de Tróia.   7. Cruz em forma de muleta ou cruz de Tau com as extremidades encurvadas.   8. Cruz de ganchos duplos. Quando arredondados, produzem uma cruz em forma de âncora.   9. Cruz com garras. Sem as pontas, transforma-se numa "cruz de ferro".   10. Cruz em forma de disco. 11. Cruz com esferas ou balões.   12. Cruz com corações ou maçãs.   13. Cruz com folha de trevo.   14. Cruz com folhas ou gavinhas.   15. Cruz de lis.   16 e 17. Pintura em manuscrito irlandês.   18. Pintura em cerâmica mexicana.   19 e 20. Desenho em pedras rúnicas escandinavas.   21 a 25. A arte cóptica do início do cristianismo produziu uma ornamentação ricamente decorada, usando a cruz como motivo básico. Os sinais de cruz provêm de frisos em pedra nos mosteiros e igrejas etíopes dos séculos VIII a X.   26. Cruz de fogo. Motivo de tecido do Cáucaso.   27. Cruz ortodoxa, recortada em metal. Rússia.   28. Cruz ornamental, entalhada numa arca africana.   29. Bordado com cruz dupla. Rússia.   30. Enfeite amolgado em metal. Irlanda.

O fenômeno da extremidade retorcida, do gancho à espiral

A partir de determinado grau de curvatura do traço, a agressividade do gancho desaparece, o sinal enrola-se até formar laço e, por fim, quando o traço interno encontra o externo produzindo uma forma circular reduzida, surge uma espiral. A esse respeito, cabe uma comparação com a curvatura progressiva dos chifres de alguns animais: o do touro é pontiagudo, o da camurça, ligeiramente arredondado, e o do carneiro, enrolado.

As dobras, curvaturas e espirais resultam, portanto, em três imagens completamente diferentes. A primeira mantém a associação com a ponta agressiva de uma flecha reta ou de uma arma, lembrando também uma chama ou língua. Com a curvatura, o caráter agressivo desaparece e surgem imagens de gavinhas (crescimento), ondas (água), cachos (beleza) etc. Na espiral, o centro destaca-se como um olho, e os círculos que se desenvolvem paralelamente a ele produzem certa rotação e mobilidade.

Touro, camurça, carneiro

A espiral é um símbolo bastante antigo do sol e da vida. Sua rotação constante simboliza as pulsações e os períodos de todos os seres vivos.

4. Tranças, entrelaçamentos, nós

Os materiais usados para produzir, moldar e criar objetos possuem um maior ou menor grau de elasticidade (flexibilidade), conforme sua estrutura.

1. Suástica simples, também conhecida como cruz gamada ou provida de ganchos. Um símbolo que aparece no extremo Oriente antes da era cristã.   2. Suástica oblíqua, em que dois sinais rúnicos cruzados tornam-se reconhecíveis: dois relâmpagos produzindo luz; dois gravetos em atrito produzindo fogo.   3. Nesse sinal arredondado, o símbolo do Sol manifesta-se com clareza.   4, 5. Variações da suástica em selos indianos.   6, 7. Formas bidimensionais. Pintura em manuscrito irlandês.   8. Suástica e estrela combinadas num único sinal.   9. Combinação de cruz de Tau e suástica.   10. Um signo de prosperidade viquingue numa pedra rúnica.   11. A verdadeira suástica, composta de dois ganchos duplos (como em 2).   12. Suástica feita de quatro semicírculos. Bordado africano.   13. Cruz de chamas. Selo em cerâmica do México antigo.   14. Acredita-se que esse sinal represente um penteado estilizado, significando força e unidade. Selo em relevo. Gana.   15. O signo "Chimi" simboliza a morte. Selo do México antigo. 16, 17, 24. Sinais tipicamente mediterrâneos em forma de ondas, amolgados em metal. Creta.   18. Suástica completamente arredondada, com forte efeito de movimento. Lápide irlandesa.   19. Os quatro pés do paraíso. Moeda indiana.   20. Sinal simetricamente enrolado. O movimento giratório da suástica desaparece. Selo de Gana.   21. Símbolo celta para vida.   22. *Tecpatl* significa pedra-de-fogo. Também pode ser interpretada como faca para o sacrifício. Selo de cerâmica do México antigo.   23. Símbolo mágico, pintado sobre a caixa de ressonância de uma harpa. Nômades mouros.   25. Selo de Gana.   26. Gravação sobre uma máscara de metal africana.   27, 28. Adornos de jóias, com espirais bastante marcadas. O desenho 27 também poderia representar um rosto. Estilização típica de Creta.   29. A gavinha se enrola até formar uma espiral. Símbolo do culto ao sol em pedras rúnicas escandinavas.

248 SINAIS E SÍMBOLOS

Desse modo, uma pedra, por exemplo, que se situa no nível mais baixo da escala de flexibilidade, não pode ser dobrada, mas apenas talhada. Em contrapartida, um pedaço de madeira, um ramo de salgueiro e sobretudo uma fibra ou um fio de cabelo podem receber uma forma nova ou ser literalmente transformados, sem perderem seu material, isto é, sem serem esculpidos, cortados ou quebrados.

A natureza de um fio tecido ou de uma corda retorcida compreende, por um lado, o mistério do comprimento infinito e, por outro, a possibilidade de enrolá-los num fuso dentro de um espaço limitado (espiral, circulação perpétua, o "desenrolar" da vida etc.).

O processo de trabalho sucessivo, que transforma a trama em tecidos, nós ou tranças, conservando o comprimento infinito, confere a todos esses materiais uma atração peculiar. (Esse efeito desapareceu quase por completo nos tecidos modernos.)

O objeto flexível e longo estimula a mão e a mente a agir, e o resultado, de certo modo, é sempre belo, ornamental ou, ao contrário, misteriosamente atado e enredado (sugerindo uma comparação com o corpo mitológico da serpente e seu significado simbólico).

As mulheres possuem a habilidade manual de trançar com arte seus cabelos, bem como a massa de um doce ou as réstias de cebola que preparam para o inverno. A forma do *bretzel* é o exemplo mais concreto de um adorno elementar do cotidiano, mas também bastante harmonioso, em que poderíamos reconhecer um símbolo mais profundo, como o do berço, o do nascimento e o do desejo de reprodução.

A forma entrelaçada ou entremeada ocupa uma posição de destaque na representação simbólica. Inúmeros sinais geométricos básicos podem ser entrelaçados uns nos outros, produzindo sempre um efeito intenso de união, que certamente pode ser atribuído a um conteúdo simbólico.

O fio tecido e enrolado, de comprimento infinito

Bretzel, berço

Mundo da matéria, mundo do espírito

Infinito e atado para sempre

1. Cruz romana com efeito de trança, típico desse estilo.   2, 3, 11, 13, 15, 18. No início da era cristã, a arte da ornamentação nos afrescos e frisos esculpidos em pedra da Etiópia foi levada ao extremo com os efeitos de figuras entrelaçadas e trançadas. No entanto, em cada ornamento podemos reconhecer sinais elementares com conteúdo simbólico.   4, 12, 16. As pinturas em manuscritos irlandeses e anglo-saxônicos da Alta Idade Média também apresentam uma riqueza quase inesgotável de adornos com efeitos de tranças e nós. Nesse caso a forma de cruz aparece em segundo plano, como motivo básico.   5. Trançado em tecido escandinavo.   6. Sobre um selo indiano.   7. Ornamento de nós, gravado em metal. Creta.   8. Modelo em mosaico. Ravenna.   9. Sinal semelhante ao nó górdio oriental sobre um selo de cerâmica. México antigo.   10. Relevo metálico em jóia. Creta.   14. Gravado em marfim. Nigéria.   17. Desenho indiano feito com areia. Trata-se de um método de desenho em que a areia é polvilhada sobre o solo plano para fins cerimoniais. Primeiro, uma espécie de retícula é marcado na superfície; em seguida, as linhas são traçadas pela areia branca que escorre por entre os dedos. A particularidade desse ornamento consiste na ausência de início e fim dos traços. Quase todas as linhas baseiam-se no princípio do "eterno retorno".

SINAIS, SÍMBOLOS, LOGOTIPOS, SINALIZAÇÃO **249**

As extremidades dos traços desaparecem no entrelaçamento

Em função do mesmo desejo de criar centenas de motivos a partir de um simples fio, como as mãos que bordam e fazem rendas, os "bordados" gráficos difundiram-se mundialmente em todos os campos artísticos. Conforme a imaginação do artista, elevaram-se até atingir o "insolúvel", e praticamente não deixam transparecer o sinal básico. Provavelmente, essa possibilidade de simular um volume foi praticada sobretudo com o sinal da cruz. As traves que se encontram no centro, em ângulo reto, as quatro extremidades "despidas" e os quatro ângulos internos, dispostos simetricamente, formam um ponto de partida ideal para o simples divertimento de fazer laços, tranças e nós. Sendo assim, nem todos os exemplos ilustrados na página 249 precisam, necessariamente, ter uma intenção simbólica como base.

5. Os símbolos do Sol

Em nossa divisão dos símbolos em figuras concretas e abstratas, as figuras dos astros assumem uma posição intermediária. Embora o Sol e as estrelas possam ser considerados figurativos, em sua estrutura simétrica e básica estão mais próximos da abstração como "objetos intocáveis".

Sem nos aprofundarmos muito em comentários e fundamentos, o culto ao Sol pode ser visto como a cerimônia de adoração mais difundida e talvez a mais antiga de todas. O fato de a forma circular ou de disco assumir uma posição privilegiada de arquétipo no subconsciente pode ser atribuído à imagem do Sol como fonte que libera energia. (Na parte 1, capítulo II, tentamos analisar com mais detalhes a forma básica do círculo.)

1. O símbolo básico para o Sol, o universo, o eterno retorno. É encontrado em quase todas as culturas do mundo. 2. Símbolo primitivo do Sol. Os quatro pontos cardeais. Cruz cristã em forma de roda (a cruz dentro do mundo). 3. O círculo do Sol e sua irradiação interna (calor). Sinal cristão com a letra grega X (inicial de Cristo). 4. O Sol (círculo interno) reflete na Terra (círculo externo). 5. A cruz em forma de roda abre-se para formar uma suástica circular. Esquema básico para inúmeros símbolos do Sol e da vida. 6, 7, 8. A subdivisão arredondada não indica mais os raios solares, mas a rotação, o movimento do astro no céu. A ilustração 6 representa também a trindade divina. 7. Círculo do Sol ou roda eólica (movimento oriundo dos quatro pontos cardeais). 9. Sol nascendo. 10. Pôr-do-sol. Bases para signos posteriores e pseudocientíficos. 11. Cruz com raios, uma representação clássica do Sol. Também é interpretada como o ventre materno, gerador de vida. 12. Sobre uma moeda indiana. 13. Amolgado em metal. Creta. 14. Sol com raios em forma de chamas. 15. Sinal indiano, pintado sobre couro. O sentido da saída em forma de chaminé ainda não foi descoberto. 16. Círculo solar, pintura camponesa dos Alpes. 17. Sobre uma lápide romana. 18. O Sol dentro de um mundo fechado. Cnossos. 19. Antigo sinal chinês representando os poderes da natureza. 20. Desenho indiano feito com areia polvilhada. 21. Típico símbolo celta do culto ao Sol. 22. Sol troiano com pés. 23, 25. Sobre moedas indianas. Os raios terminam com armas agressivas. 24. Hieróglifo egípcio para "dia feliz". 26. Sobre uma cerâmica da tribo Hopi. Arizona. 27. Assíria, riscado em argila.

SINAIS, SÍMBOLOS, LOGOTIPOS, SINALIZAÇÃO **251**

O astro que representa o dia. Ilustrações simbólicas de todas as culturas

Quase sempre o símbolo do Sol consiste em dois elementos fundamentais: em primeiro lugar, a forma circular ou de disco do corpo e, em segundo, a indicação mais abstrata dos raios. Geralmente ambos são amparados pela alusão de uma rotação, de um movimento, talvez em relação à eclíptica. Não podemos nos esquecer da representação simbólica do dia ou das estações do ano, que se exprimem sobretudo em forma de espiral.

Os raios (tabela da p. 251) foram desenhados tanto dentro (1 a 8) quanto fora (11 a 15) do círculo. Seu aparecimento sobre a superfície terrestre também se manifesta (22 a 25). Nesse contexto, é interessante notar que a presença do Sol, conforme sua posição geográfica, é sentida não apenas como "benéfica", mas também como algo que "queima" ou "chamusca" (vide os dois sóis indianos, cujos raios são providos em sua parte externa de armas como a flecha e o tridente). Nas línguas nórdicas, o Sol é caracterizado no feminino como "a amada mulher Sol", enquanto nas latinas meridionais constitui um ser masculino. Em contrapartida, no círculo lingüístico árabe, a Lua pertence ao gênero masculino, pois é interpretada pelos nômades como "guia na noite".

A maioria dos símbolos solares enfatiza o conceito de "centro" como confirmação da importância central do Sol para toda forma de vida, um sentimento que remonta às épocas mais remotas.

1, 2, 3, 4, 5. Formas clássicas de estrela com contorno recortado. As pontas dos raios tocam um círculo externo invisível, e a irradiação perde-se no universo. Quanto maior o número de pontas, mais forte é a impressão de que a estrela cintila.   6. Pentagrama ou estrela de cinco pontas. O número cinco é estreitamente associado ao ser humano (cinco dedos, cinco sentidos). Trata-se de um sinal muito misterioso e freqüentemente empregado em todas as culturas. Pode ser executado com um único traçado, numa seqüência adequada de movimentos. Encontrado em muitos grafites atuais.   7. Pentagrama invertido. Sinal de magia medieval, representando a "mão negra".   8. Rosa-dos-ventos; duas estrelas de quatro pontas sobrepostas.   9. Símbolo da fé maometana. Como idéia básica, simboliza o deus da noite. Assim como o Sol realiza a divisão do dia e de cada ano, a Lua regula os meses e o decurso variado de todos os anos.   10. Período entre lua crescente e minguante. Símbolo medieval da vida.   11. A estrela de três pontas no círculo deriva de um símbolo medieval da trindade.   12. Estrela de oito pontas fechada, também conhecida como flor estrelada. Símbolo da fertilidade na arte popular.   13. Estrela-de-davi ou selo de Salomão. União de dois conceitos triangulares de dualidade.   14. Heptagrama. Seu sentido é semelhante ao do pentagrama (6). Era usado como sinal de proteção nas casas. O sete é um número mágico da sorte.   15. Estrela de oito pontas; dois quadrados unidos. Esse símbolo também foi desenhado na Idade Média como coroa de espinhos estilizada. Mosaico em Ravenna.   16. Uma forma conhecida de estrela de três pontas. Antigo símbolo nórdico para a onipotência divina. Antiga insígnia de família japonesa.   17. Estrela-aranha. Símbolo russo.   18, 19. Estrelas tecidas. Cáucaso.   20. Folha ou flor estrelada; arte popular.   21. Cruz viquingue, esculpida em monumentos de pedra no norte da Europa.   22. Estrela de neve.   23. Motivo têxtil. Gana.   24. Sobre moedas indianas.   25. Desenho indiano de areia polvilhada.   26. Estrela de cristal.   27. Modelo de estrela. Tapeçaria oriental.   28. Modelo de estrela bordada.   29. Esculpido em pedra. Etiópia.   30. Flor estrelada ou estrela do amor (margarida); pintura em manuscrito espanhol.

SINAIS, SÍMBOLOS, LOGOTIPOS, SINALIZAÇÃO **253**

Símbolos de estrelas, mediadores secretos de mundos distantes

6. As constelações da noite

Ao final de cada dia, o azul do céu, dominado apenas pelo sol, transforma-se em escuridão. Da sua profundeza surgem as estrelas, que deixam prever o caráter infinito do universo. No entanto, até alguns séculos atrás, o homem não era capaz de conceber as distâncias incrivelmente amplas de um universo teoricamente vazio. Para ele, a abóbada celeste era uma cúpula fixa e "material", em que as estrelas estavam dependuradas ou existiam como aberturas. Talvez seja este o motivo pelo qual o Sol, a Lua e as estrelas tenham assumido formas corporais em todas as representações pictóricas. Além disso, o trajeto percorrido pelas estrelas era expresso com "órbitas" ou "caminhos". Basta lembrarmos de Apolo, o deus do Sol, que num dia percorria a abóbada celeste com sua carruagem de fogo. A Lua aparece em suas fases de transformação como foice, semicírculo ou disco. Sua alteração mensal e os movimentos anuais das constelações tornaram-se pontos fixos de referência para que o homem pudesse dividir o tempo.

É importante termos em mente o fato de que o homem primitivo não conseguia compreender o espaço temporal em seu conceito abstrato de evolução universal. Ele vivia de um momento privilegiado a outro, imaginando sempre que o último período estivesse novamente terminando. O decorrer do ano era marcado por rituais. O carnaval, por exemplo, tinha o sentido de afastar o inverno. Para os povos nórdicos, a festa de São João é uma mensagem de bem-estar no dia mais longo do ano, mas também deve ter sido na Antiguidade a celebração da esperança de que um novo ciclo anual recomeçaria, apesar da proximidade dos dias cada vez mais curtos. Essa esperança era expressa por meio de sacrifícios e súplicas. A partir dessa perspectiva, fica mais fácil explicar o culto ao Sol e à Lua e, conseqüentemente, a existência de inúmeras representações simbólicas das estrelas.

Comparações referentes à forma, como a da lua crescente com o chifre de boi, a onda das águas, a raiz, a serpente e o falo levaram a símbolos básicos significativos, que abrangem tanto o mundo quanto a vida.

Enquanto o círculo e o disco formam as bases dos signos solares, a maioria dos sinais para as estrelas não aponta nenhuma forma redonda pronunciada. A expressão dos raios é dada pela disposição simétrica de retas que, estreitando-se até formarem uma ponta na parte externa, dão a impressão de que os raios desaparecem no vazio. Desse modo, quase sempre as estrelas consistem apenas em retas, a menos que se busque uma semelhança com algo figurativo, como flores, aranhas etc. (tabela da p. 253).

Em todos os campos da formação de sinais, desde a simbólica estrela-de-davi, passando pelos logotipos industriais até chegar ao asterisco em nossos livros, encontramos o símbolo da estrela como uma das figuras básicas que possui uma identidade gráfica muito forte.

7. O símbolo na decoração

Objetos pré-históricos foram encontrados com seqüências de sinais riscados e entalhados, cujo significado ou expressão não pode ser determinado cientificamente. Supõe-se que os primeiros ornamentos se devam tanto a decorações fortuitas quanto a marcações propositadas para identificar uma propriedade, ou ainda por motivos de magia. Naquela época, o surgimento de tais adornos deve ter causado admiração, uma vez que toda produção artística era considerada sobrenatural. Talvez isso fizesse com que o signo ornamental recebesse seu valor simbólico.

A limitação imposta pelo uso de ferramentas e movimentos primitivos, como os de entalhar, furar e queimar, reduzia a expressão da forma a motivos geométricos, em geral lineares. Mesmo assim, o significado desses motivos em seqüência foi transmitido, e essas tradições persistem até hoje, por exemplo nos tecidos produzidos pelos nômades do Saara, que possuem um símbolo para o olho em todos os modelos de tiras. Como exemplo típico de ornamentação simbólica, reproduzimos uma vara mágica de bambu, originária da península da Malásia, cujo estilo demonstramos a seguir. As diferentes tiras possuíam originalmente os seguintes significados informativos: a tira de número 7 representa o "rio"; na 6 reconhecemos o contorno de uma colina. Entre as tiras 5 e 2, de estruturas iguais e significado incerto, encontramos plantas (caule) no número 4 e ramos e folhas na tira 2. A primeira tira

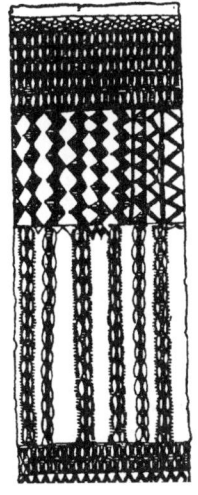

Decorações simbólicas numa vara de bambu da Malásia

Ornamentos de uma escultura; fertilidade; figura sentada; Ucrânia, final da Era Glacial

256 SINAIS E SÍMBOLOS

Símbolos dispostos em seqüência – Ornamentos para a meditação

SINAIS, SÍMBOLOS, LOGOTIPOS, SINALIZAÇÃO **257**

não foi identificada, mas poderia ser interpretada como nuvens (céu). Parece evidente que o conjunto desses modelos de tiras aparentemente decorativas tenha formado uma expressão simbólica para a "vida".

A ilustração ao lado mostra uma tigela de cerâmica ornamentada, do primeiro período sumério (cerca de 3000 a.C.). Sua pintura certamente possui um significado simbólico e até mesmo mágico. A borda é interpretada como motivo que representa a chuva (céu), o círculo central é pintado em forma de tabuleiro de xadrez como o sol, e as áreas onduladas como o mar. Em volta do sol, poderíamos imaginar pássaros míticos voando e raios largos representando a força mágica de um poder sobrenatural.

A tabela ao lado reúne um pequeno número de frisos e fitas ornamentais, que seguramente incluem sinais e símbolos específicos para fins de decoração e meditação.

Ornamentos simbólicos sobre um recipiente sumério

8. Geometria e símbolo

A parte visível de um símbolo geométrico consiste numa combinação mais ou menos complexa de linhas retas e encurvadas. A parte invisível, porém, consiste em leis matemáticas que servem para orientar, alongar ou dobrar as linhas. Entre os fatores subjacentes que determinam a forma do símbolo estão os quatro ângulos idênticos e retos do quadrado, o raio constante do círculo e seu centro invisível, os três comprimentos laterais do triângulo, entre outros.

A projeção de qualquer significado simbólico ocorre nesse conteú-

1, 2. Nem sempre é plausível buscar um significado simbólico numa simples retícula decorado com linhas que se cruzam na horizontal, na vertical ou na diagonal. Sabemos, no entanto, que nos objetos pré-históricos, mesmo em associação com as antigas escritas pictóricas, esses tracejados tinham um significado específico, que geralmente se referia à analogia com o campo arado e, portanto, à fertilidade.   3, 4. O motivo em chaveirão na horizontal, bem como a seqüência de triângulos são representações estilizadas dos grãos e da árvore-da-vida. Podem ser vistos como símbolos da fertilidade.   5, 6. Os motivos simetricamente sobrepostos comportam o sentido de uma dualidade ou de uma complementação e podem ser interpretados como fecundação.   7, 8. Provavelmente os modelos em forma de espinhas e escamas de peixe aparecem principalmente por impulsos ornamentais. Podemos entendê-los, porém, como uma proteção contra o ambiente externo (escamas, tijolos etc.).   9, 10, 11. Típicos frisos ondulados da região mediterrânea. Os três ornamentos foram encontrados em vasos gregos.   12. Adorno de ondas. Em vez de basear-se numa evolução linear, expande-se por uma superfície. Pintura em cerâmica. Creta.   13. O "meandro" grego é uma variante com traços retos do motivo de onda e apresenta aplicações em vários campos.   14. Motivo de onda sem extremidade nos traços. Bordado chinês.   15. Motivo de onda e de folha. Sobre um afresco escandinavo.   16. Um ornamento peculiar de ondas, que se assemelha à forma de planta. Riscado em chapa de madeira. Gana.   17. Meandro em forma de suástica. Um adorno amplamente usado e de forte caráter simbólico. Pintura em afresco. Ravenna.   18. Modelo em tecido, com formas sinuosas, ângulos e círculos. Sem dúvida o motivo de serpente é o elemento básico. Sobre placa de argila suméria.   19. Motivo de corda torcida.   20. Modelo de trança tipicamente romano e, posteriormente, românico. Mosaico. Nîmes.

258 SINAIS E SÍMBOLOS

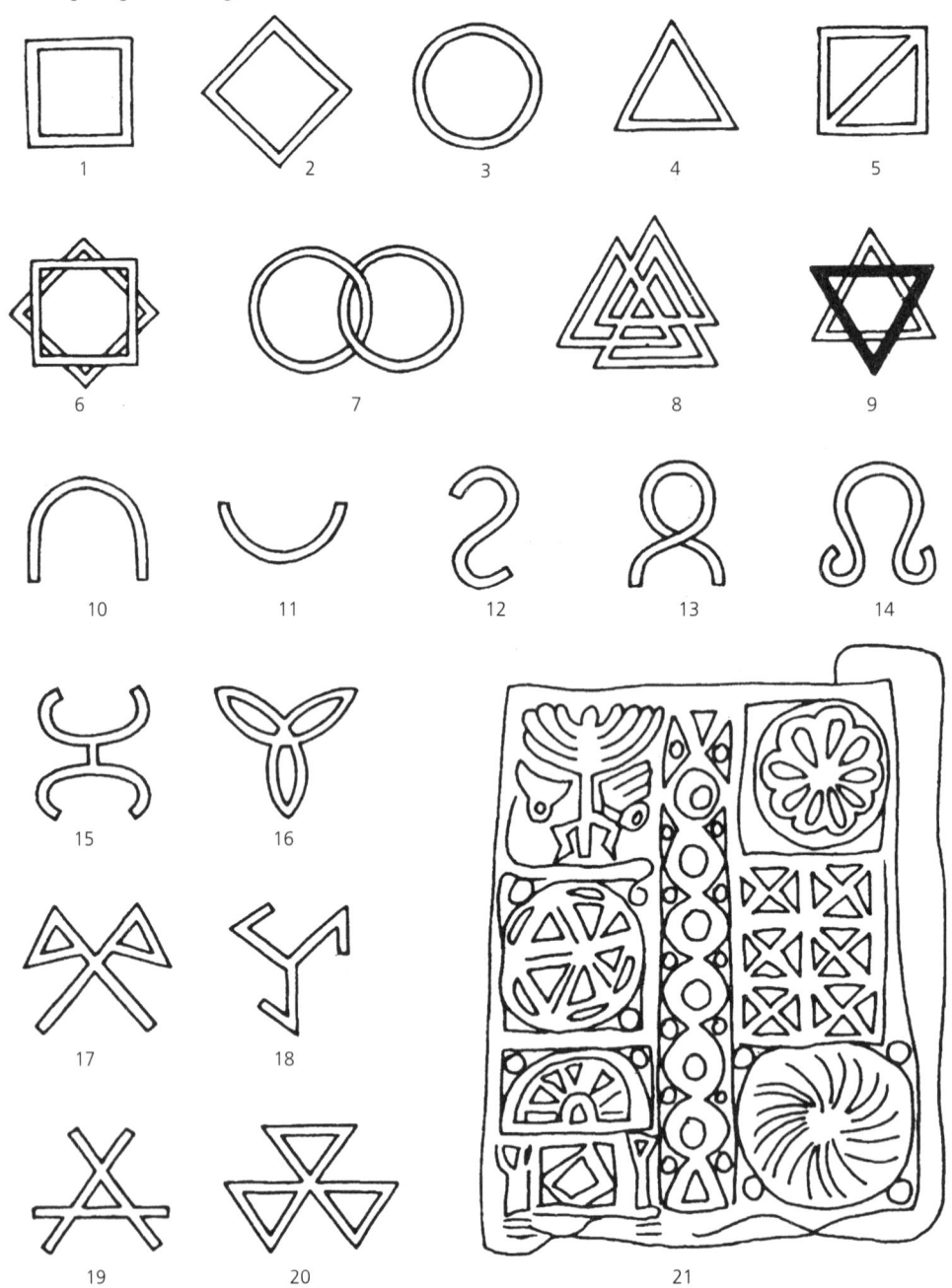

As figuras geométricas geralmente contêm um símbolo codificado do metafísico do sinal. No entanto, não se pode simplesmente querer determinar o sentido de cada um deles, pois muitos revelam seu significado convencional apenas aos iniciados.

A tabela ao lado apresenta uma seleção de símbolos das mais diversas origens. As tentativas de interpretação de cada figura devem permanecer subjetivas, uma vez que, na maioria dos casos, não se conhecem mais as explicações dos símbolos transmitidos.

As ilustrações incluem alguns sinais provenientes das escritas secretas esotéricas, pertencentes às filosofias medievais. Com isso, entramos no campo dos sinais pseudocientíficos, que compõem o argumento do próximo capítulo.

1, 3 e 4 são sinais elementares difundidos em todas as regiões do planeta. O quadrado significa os quatro cantos do mundo, as quatro estações do ano etc., em oposição ao círculo, que abrange tudo o que é espiritual no curso circular do eterno retorno. O triângulo, por sua vez, representa o intelecto criativo, a capacidade e o princípio ativo (vide explicações a respeito desses sinais elementares na parte 1).   5. A diagonal constitui o conceito do irracional. Seu comprimento matemático não apresenta nenhuma relação com as laterais. A partir disso, os gregos deduziram que a diagonal pertence a um mundo incompreensível e oculto.   6, 7, 8, 9. Da união dos sinais surgem novas alusões simbólicas. Na seqüência, vemos quatro tipos diferentes de união.   No desenho 6, os quadrados 1 e 2 foram sobrepostos, produzindo uma estrela de oito pontas.   No número 7, os dois círculos se entrelaçam, formando um símbolo para a comunidade.   Na ilustração 8, três triângulos foram combinados no mesmo nível, sem sobreposições ou entrelaçamentos. Esse sinal já era usado na época viquingue. O número secreto 9, obtido a partir da operação 3 x 3, certamente possuía um significado simbólico.   No desenho 9, os dois triângulos sobrepostos foram separados por cores, sendo o mais escuro e com o vértice virado para baixo o dominante. A terceira fileira apresenta sinais arredondados com extremidades bem visíveis.   10. O batente da porta, a cripta, a caverna protetora.   11. Tigela, recipiente, sacrifício, consagração.   12. O gancho duplo é uma figura da arte popular, também chamado de sinal da cegonha, símbolo de proteção e bênção.   13. Laço. Representa o ventre materno e uma variante do signo da serpente. Vale como sinal do destino.   14. Alteração da letra ômega. Simboliza a evolução natural da vida (tornar-se, ser e perecer).   15. Entre o nascimento e a morte encontra-se a vida. O barco da vida e o da morte estão ligados pelo traço da vida.   16. Trindade. Símbolo da vida consistindo num único traçado. Antigo sinal popular.   17. Cruz em X com duas bandeiras. Pode representar também duas cabeças de cavalo ou uma chave. Símbolo de proteção nas casas dos camponeses.   18. Tripé. Outro símbolo para trindade. Era muito utilizado como sinal mágico. Quando invertido, era chamado de "pé de bruxa".   19. Um típico sinal com efeito negativo, caracterizado pelas seis extremidades e pelos três cruzamentos.   20. Símbolo para a trindade com significado semelhante ao do número 8. Trata-se novamente de um sinal feito com um único traçado e com uma estrela no centro.   21. Tanto a religião judaica quanto a islâmica proibiam qualquer representação figurativa de seres vivos, a fim de evitar, de antemão, qualquer tipo de idolatria (adoração de indivíduos ou animais). Por conseguinte, ambas as culturas usaram várias vezes símbolos abstratos na ornamentação. Um bom exemplo é a porta do túmulo de Kefer-Yesef na Palestina, que data do período romano. Os ornamentos simbólicos motivaram diversas interpretações. Segundo M. Runen, a faixa central e vertical representa um cinto adornado com seis círculos e dois triângulos. (O cinto é uma parte integrante da vestimenta usada na festa de Páscoa para comemorar a fertilidade.) Os dois círculos à direita, nos cantos superior e inferior, representam um símbolo duplo: o Sol (Apolo) em cima e a Lua (Ártemis) embaixo. Entre os dois astros, seis quadrados mágicos simbolizam o mundo (são os seis estágios da criação na Gênese). O lado esquerdo da porta mostra o candelabro de nove braços em sua parte superior e, no centro, o ciclo terrestre das quatro estações do ano num hexágono, contornado pelo círculo da eternidade. Abaixo, à esquerda, vemos um altar estilizado ou uma arca contendo o livro da lei em forma de losango. Suspensa sobre a arca, a concha da fertilidade com o triângulo da criação no centro.

V. OS SINAIS DAS PSEUDOCIÊNCIAS E DA MAGIA

É extremamente difícil traçar um limite nítido entre o conceito de "sinal simbólico" e aquele destinado à comunicação inequívoca. Enfatizamos no início que os objetos e seres vivos elevados a símbolos devem ser considerados essencialmente como mediadores entre tudo o que é objetivo, ou seja, compreensível e visível, e tudo o que é místico, invisível e sobrenatural.

Em contrapartida, deixa de ser símbolo a ilustração ou o signo que for usado apenas para designar ou descrever um objeto bem específico, um estado ou um acontecimento.

Por outro lado, é evidente que qualquer objeto, ser vivo ou sua abstração em forma de signo pode tanto ser elevado a símbolo quanto ser tratado como mera designação. Com o objetivo de esclarecer esse fenômeno relativo ao uso variado de um único objeto, reunimos numa tabela ao final deste livro os diferentes níveis de características expressivas, com base em duas figuras e dois signos. O exemplo a seguir ilustra a ambigüidade dos termos "símbolo" e "signo" e o limite entre eles: os signos do zodíaco são designações de doze constelações, nas quais o Sol aparece ao longo do ano, a partir de um ponto de vista terrestre. Muito antes de nossa era, na China, na Índia, no Egito e na Babilônia, esse decurso anual foi dividido em doze setores, dando origem à divisão atual em meses. A cada constelação era atribuído um ser mitológico, simbolizado tanto figurativamente (por exemplo, com a ilustração de uma moça para a constelação de Virgem) quanto de forma reduzida com signos zodiacais, que surgiram depois.

| Áries (março) | Touro (abril) | Gêmeos (maio) | Câncer (junho) | Leão (julho) | Virgem (agosto) |

| Balança (setembro) | Escorpião (outubro) | Sagitário (novembro) | Capricórnio (dezembro) | Aquário (janeiro) | Peixes (fevereiro) |

Quando isolados de qualquer inter-relação ou associação com a data de nascimento de uma pessoa, esses signos devem ser considerados como simples sinais que indicam a posição solar correspondente na constelação em certo período.

Por outro lado, quando utilizados para fins de magia – por exemplo, para prever o futuro ou a escolha do cônjuge –, os signos zodiacais são elevados à categoria de símbolos, por serem considerados em relação a uma teoria. Como exemplo, ilustramos os doze signos no círculo da eclíptica, simbolizando o decurso de um ano. Segundo suas antigas relações astrológicas, os sinais são unidos por quatro triângulos que se cruzam, produzindo as seguintes associações mágicas: a tríade do fogo (Áries, Sagitário, Leão), a tríade da água (Peixes, Escorpião, Câncer), a tríade do ar (Aquário, Balança, Gêmeos) e a tríade da terra (Touro, Capricórnio, Virgem).

Essa demonstração ilustra claramente como os signos são combinados entre si para expressar um raciocínio e produzir, portanto, uma imagem simbólica. No exemplo indicado, outros signos além dos zodiacais transformaram-se em símbolos: o próprio círculo como retorno constante do ciclo anual; o triângulo como união tríplice; a estrela como expressão da complexidade da vida em sua multiplicidade e, sobretudo quando envolvida pelo círculo, como figura para a meditação nos símbolos de culto ao Sol e nas mandalas indianas.

Escolhemos esse exemplo para ilustrar a fronteira entre o símbolo e o signo com uma clareza que apenas as palavras não permitiriam. Deixamos com isso o campo dos símbolos. Todas as ilustrações seguintes devem ser consideradas como signos individuais isolados e sem rela-

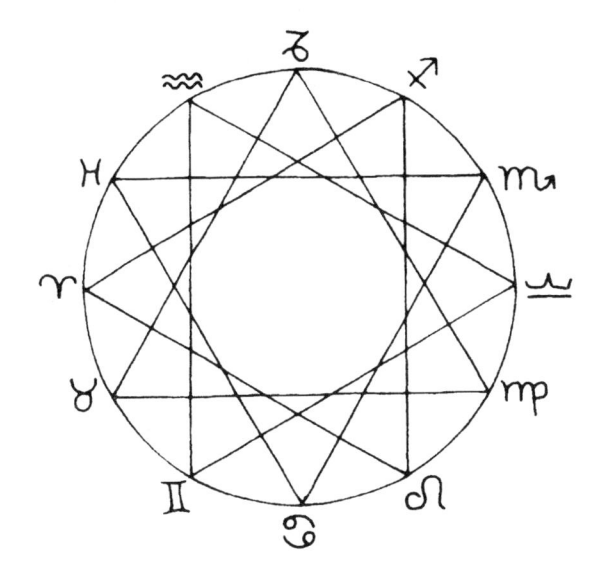

Representação cósmica dos signos do zodíaco. Além de alinhados em torno da eclíptica, os doze signos também são divididos pelos triângulos em quatro grupos. A dupla relação dos signos com o círculo e o triângulo motiva inúmeras interpretações.

ção entre si, embora também tenham sido usadas nas várias formulações mágicas pertencentes às pseudociências da astrologia e da alquimia e nos desenhos codificados dos maçons ou da Cabala para fins místicos e obscuros.

1. Os elementos

Com o despertar da inteligência humana, sentiu-se uma necessidade maior de compreender a natureza das coisas e da vida no mundo. Foi assim que surgiram os conhecimentos primitivos, porém realistas, das propriedades relativas às substâncias elementares. A terra é firme; a água, fluida; o fogo, quente, e o vento, frio (o ar só é reconhecido sob a forma de vento).

Os exemplos mais antigos de sabedoria que nos foram transmitidos baseiam-se na decomposição do mundo em elementos fundamentais. No âmbito dessas considerações, já tratadas em capítulos anteriores (parte 2, pp. 107 ss.), a sabedoria do I-Ching nos indicou o caminho de uma visão primitiva do mundo, baseada em oito elementos compostos pelos signos yin e yang.

A maioria das concepções filosóficas do mundo, principalmente as gregas, apóiam-se na natureza quadrática ou na quadratura dos ele-

Signo medieval e cristão para representar o mundo. Consiste nos quatro conceitos elementares.

mentos já mencionados (terra, água, fogo, ar), reconduzindo a eles tudo o que faz parte da criação, da evolução, da vivência e do que é passageiro: o frio e a umidade produzem a água; o calor e a umidade geram o ar; o calor e a aridez provocam o fogo; a aridez e o frio dão origem à terra. A natureza parece ter sido muito bem estruturada nesse princípio de quatro elementos, como demonstram também as interpretações simbólicas do quadrado: primavera, verão, outono e inverno; manhã, meio-dia, tarde e noite. Esses elementos já foram apresentados na introdução deste capítulo, quando tratamos dos quatro triângulos astrológicos do círculo zodiacal.

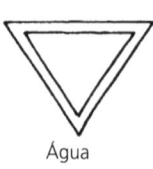

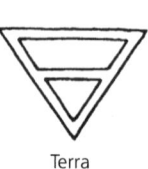

Fogo   Água   Ar   Terra   O mundo

Na Idade Média, o uso de signos não-alfabéticos tornou-se cada vez mais freqüente na prática secreta de ciências obscuras. Dessa época provêm os sinais apresentados acima para a visualização dos quatro elementos. Certamente não existe nenhuma razão para tentarmos descobrir nesses sinais qualquer imitação de representações figurativas. Devem ser entendidos como elementos puramente abstratos, pois na prática mística seu significado recebia uma interpretação mais ampla: o signo do fogo também significa "furioso"; o da água, "indolente", "lento"; o do ar foi interpretado como "leviano" e o da terra como "melancólico".

Na expansão dessas interpretações percebe-se claramente a natureza esotérica da ciência oculta, além de uma estreita ligação com a astrologia e sua prática de adivinhação. É interessante observar que o signo disposto na quinta posição manifesta a união de todos os elementos. Esse símbolo, a estrela-de-davi, foi descrito no capítulo sobre o dualismo (parte 1).

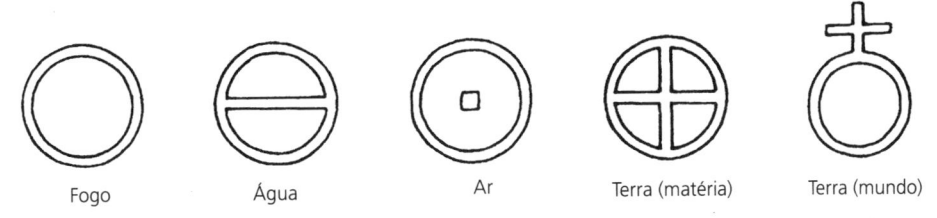

Fogo   Água   Ar   Terra (matéria)   Terra (mundo)

Os mesmos quatro elementos podem ser encontrados numa representação circular.

Esses desenhos seriam mais um motivo para uma comparação figurativa: no signo do fogo reconhecemos o do sol; o nível da água no segundo signo torna-se quase um elemento tangível; o ponto central no signo do ar pode ser considerado como uma representação não-figurativa desse elemento invisível no espaço; no signo da terra aparece novamente o caráter quadrático dos pontos cardeais (ou das estações do ano), além dos quatro cantos do mundo e a cruz com seus vários significados.

Conforme o caso, na classificação alquímica os elementos assumiam outras formas. Mostramos a seguir algumas típicas, complementadas pelo signo que representa o espiritual em oposição ao material.

Fogo   Água   Terra   Ar   Espírito, céu

2. Os signos da astrologia

Todas as culturas passadas, sem exceção, baseavam-se no reconhecimento da existência de poderes sobrenaturais e, conseqüentemente, na fé em divindades e reinos como o céu, o inferno, o Nirvana etc. Não podemos nos esquecer de que o indivíduo religioso e fiel submete-se passivamente às orientações sobrenaturais, acreditando num determinismo preordenado e fatal. Ao contrário, o indivíduo que não é religioso sente-se mais atraído pela magia e, portanto, por uma esfera em que ele acredita ser capaz de determinar ativamente o próprio destino, praticando atos espirituais de evocação, com a ajuda de certas manipulações e de símbolos ocultos para fórmulas mágicas.

Novamente é preciso fazer uma distinção entre símbolo e signo. Os fiéis elevavam um ser vivo, um objeto ou sua imagem a um mediador entre o ser onipotente, que supera qualquer possibilidade de compreensão, e sua própria insuficiência, criando para si mesmos um representante simbólico como objeto de adoração. O ateu, atraído pelas ciências, tentava interpretar e compreender o cosmo. Criava signos para a manipulação do macrocosmo das constelações e do microcosmo das matérias terrenas.

O leitor deve sempre ter em mente que a astrologia não era uma ciência astronômica verdadeira e que a alquimia também não era um ramo da química ou da física, fundamentado cientificamente. Por essa razão, nós as intitulamos de pseudociências. Na maioria das vezes, os astrólogos e alquimistas eram a mesma pessoa. Sendo assim, não é de espantar que os significados de muitos signos recorram a diversas áreas do saber. É por isso que encontramos o signo astrológico de Marte como símbolo do ferro na alquimia, da terça-feira (em latim, *dies martis*) no calendário e do conceito de "masculino", usado até hoje em botânica.

A tabela ao lado mostra uma seleção dos signos astrológicos mais empregados, aos quais devem ser acrescentados os doze signos do zodíaco, já mencionados no início do capítulo.

Marte, ferro, terça-feira, masculino

---

1 a 10. Signos planetários (os signos que representam o Sol, a Lua e Marte, reproduzidos anteriormente, possuem também, respectivamente, os seguintes significados: alquimia, ouro, signo do calendário para o domingo; prata, segunda-feira; ferro, terça-feira).   1. Mercúrio: mercúrio (metal), quarta-feira. Em botânica, um ser híbrido.   2. Júpiter: estanho, quinta-feira.   3. Vênus: cobre, sexta-feira. Em botânica, um ser feminino.   4. Saturno: chumbo, sábado.   5. Urano.   6. Netuno.   7. Vesta.   8. Ceres.   9. Palas: enxofre.   10. Juno.   11. Terra: antimônio.   12 a 15: as quatro estações do ano.   12. Primavera.   13. Verão.   14. Outono.   15. Inverno.   16 e 17 são signos que representam nós, ou seja, designações de pontos de intersecção de órbitas planetárias.   16. Ascendente.   17. Descendente.   18. Classificação de uma constelação retrógrada.   19 e 20 simbolizam a posição dos planetas, uns em relação aos outros.   19. Oposição direta a 180°.   20. Sobreposição ou conjunção a 0°.   21 a 24. Outros exemplos referentes à posição dos planetas.   21. Quadratura ou 90°.   22. Semiquadratura ou 45°.   23. Uma quadratura e meia ou 135°.   24. Quincunx ou 150°.   25. Reprodução de uma gravura do século XV: representação dos signos zodiacais em relação ao corpo humano. Tais ilustrações servem, entre outras coisas, para determinar as datas mais propícias para curar doenças em cada parte do corpo. Conhecidas como "miniflebotomistas", foram muito empregadas até o século XIX.

SINAIS, SÍMBOLOS, LOGOTIPOS, SINALIZAÇÃO **267**

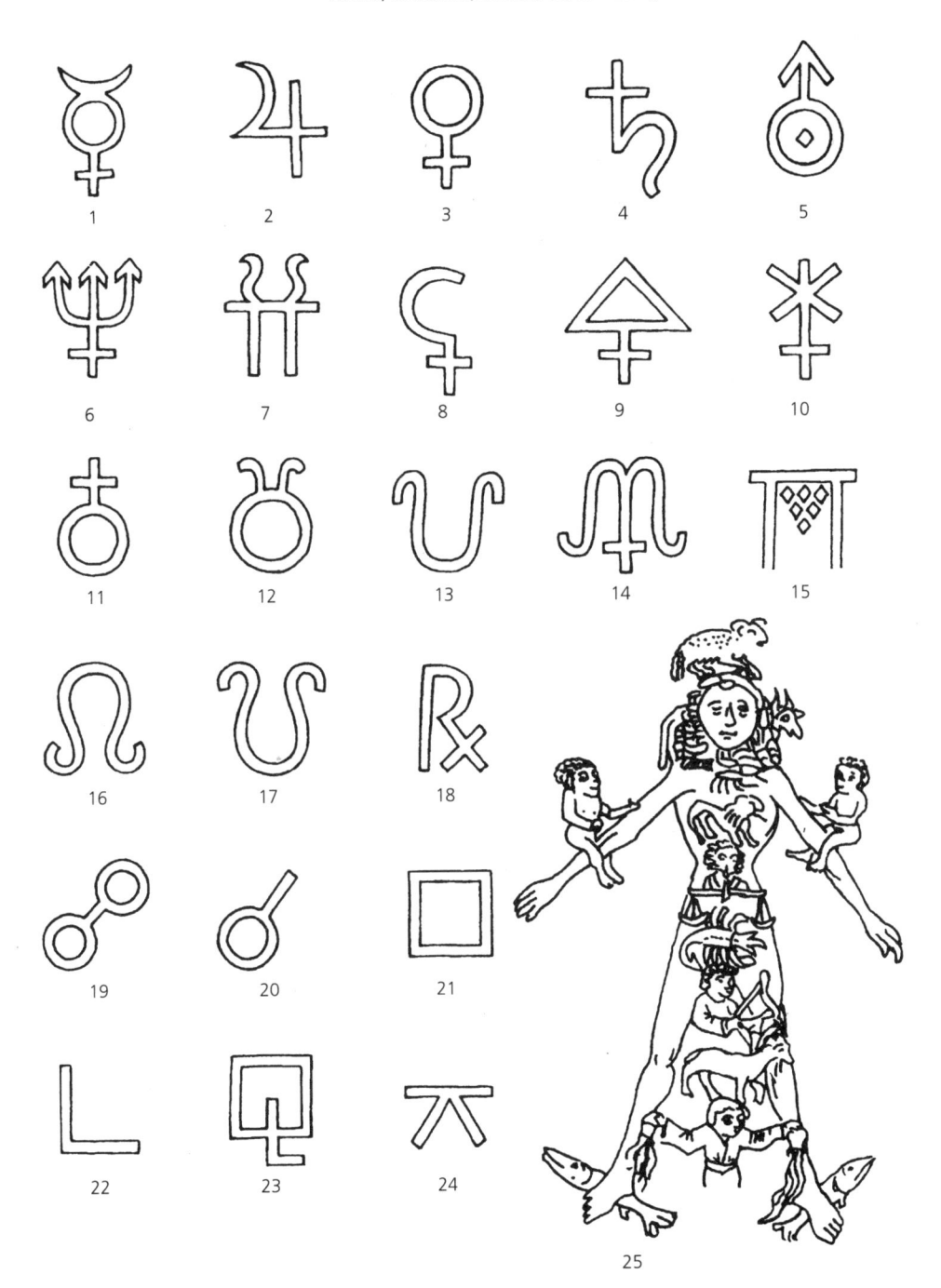

1 2 3 4 5
6 7 8 9 10
11 12 13 14 15
16 17 18
19 20 21
22 23 24
25

268 SINAIS E SÍMBOLOS

A essa categoria pertencem também os signos do Sol e da Lua, apresentados como símbolos. Na astrologia, ambos eram considerados planetas. (Antigamente, imaginava-se que a Terra, e não o Sol, era o centro do universo. Por essa razão, o signo da Terra não é usado em astrologia.)

3. Os signos da alquimia

A arte de transformar materiais, de derreter substâncias sólidas usando o fogo ou de evaporá-las por meio de ácidos líquidos era vista como magia pelos não-iniciados, que desconheciam as ciências naturais na Idade Média. Não eram capazes de compreender tais processos porque jamais os tinham observado no curso natural da vida.

Do grupo privilegiado de pessoas cultas sempre surgiam indivíduos, como Cagliostro no século XVIII, com conhecimentos básicos suficientes para poderem se dedicar aos campos da metafísica e mascarar as próprias práticas em ocultismo e magia, de forma a serem vistos por seus contemporâneos como seres dotados de poderes sobrenaturais. A principal atividade dos alquimistas consistia na busca pela "pedra filosofal" e, sobretudo, na produção mística do ouro com meios artificiais. O ouro significava poder, e até mesmo divindade e imortalidade (o bezerro dourado) em religiões orientais. A análise detalhada dos princípios da alquimia tomaria muito de nosso espaço. Resumidamente, poderíamos dizer que os alquimistas colocavam sua

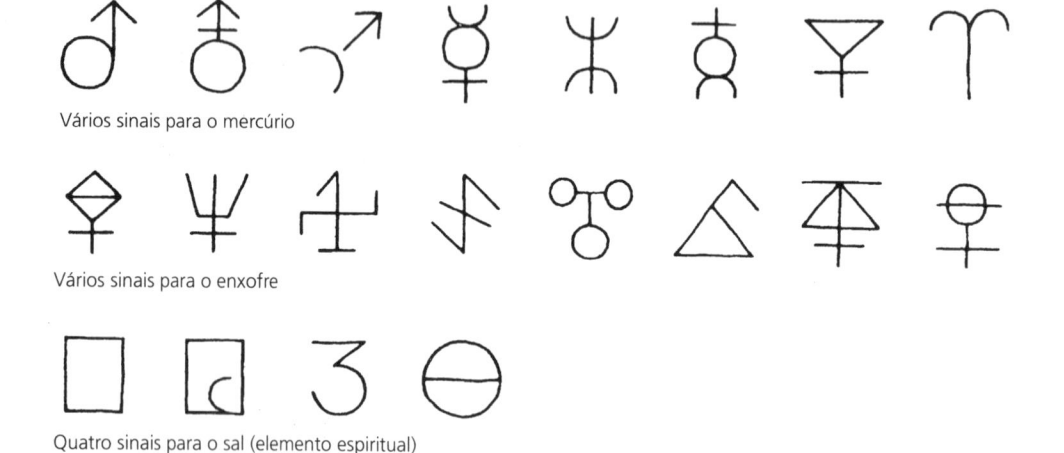

Vários sinais para o mercúrio

Vários sinais para o enxofre

Quatro sinais para o sal (elemento espiritual)

ciência no mesmo nível da cosmologia. As fases de "coagulação" e "solução" eram comparadas aos conhecidos ritmos dualistas e universais da vida, compostos pela inspiração e pela expiração. Os alquimistas também chegaram a compará-las com a sexualidade, especialmente quando o enxofre, polvilhado sobre o mercúrio, produzia um novo metal, o ouro (conhecido como o "novo Adão" ou o ser andrógino). Para esse processo, usava-se o cadinho, uma espécie de "útero" em que o bronze era gerado (sublimado) como se fosse ouro. Os elementos básicos da alquimia são o enxofre e o mercúrio, o fogo e a água, que podem ser comparados com um princípio ativo e outro passivo das forças divinas e terrenas. No equilíbrio desses dois princípios encontra-se o sal: não a substância natural conhecida como cloreto de sódio, mas a de efeito universal (na Bíblia fala-se do "sal da terra"). O ponto principal desse princípio de trindade (enxofre-mercúrio-sal) também se manifesta por meio da representação variada em forma de signos. No sentido metafísico, a alquimia distingue dois estágios (ou etapas) essenciais: o princípio branco, também chamado de "pequeno

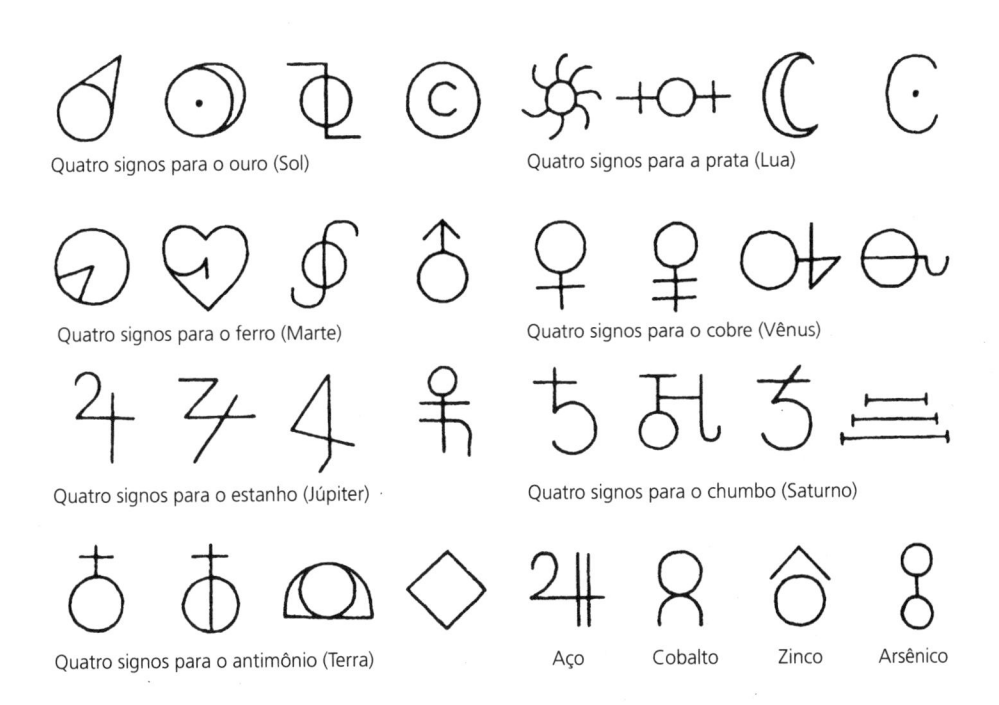

Quatro signos para o ouro (Sol)   Quatro signos para a prata (Lua)

Quatro signos para o ferro (Marte)   Quatro signos para o cobre (Vênus)

Quatro signos para o estanho (Júpiter)   Quatro signos para o chumbo (Saturno)

Quatro signos para o antimônio (Terra)   Aço   Cobalto   Zinco   Arsênico mistério", e o princípio vermelho, ou "grande mistério". Por um lado, correspondem ao desejo de perfeição (sorte, paraíso) e à entrada no centro do mundo. Por outro, o grande mistério baseia-se na idéia de elevar-se além do cosmo para que se consiga atingir o sobrenatural e o divino (a pedra filosofal).

Vista de outra perspectiva, a alquimia permitia às pessoas encontrar o caminho que conduzia do estágio material ao nível espiritual, da mesma forma que o ouro (espírito) era sublimado a partir das matérias-primas, sobretudo dos metais. Essa representação condensada das idéias dos alquimistas é suficiente para o desenvolvimento do nosso estudo. Podemos resumi-la observando que eles ultrapassaram o limiar existente entre a fé e a pura ciência, com o objetivo de encontrar em suas experiências tanto o conhecimento quanto a cura.

Além dos principais signos para os metais, apresentados acima, poderíamos enumerar vários sinais relativos a outros tipos de material. Limitamo-nos, porém, a uma pequena seleção:

Água	Madeira	Cera	Urina	Óleo de oliva	Ácido	Cobre, Açafrão	Mínimo
Sal de cozinha	Vinagre	Cinabre	Açúcar	Bórax	Alume	Casca de ovo	Vidro
Verdete	Fragmentos de cobre	Flor de nitrato	Solda	Cinza	Cristal	Pedra incandescente	Chifre de cervo
Ferrugem	Tártaro	Álcool etílico	Amoníaco	Vitríolo	Arsênico	Giz	Esterco

Nas fórmulas alquímicas, encontramos também signos para os procedimentos e processos químicos:

| Rompimento | Pulverização | Mistura | Amálgama | Limpeza | Ebulição | Composição | Incandescência |

| Diluição | Destilação | Filtragem | Desaquecimento |

| Sublimação | Precipitação | Putrefação | Solidificação | Aquecimento | Limpeza |

Também são interessantes os sinais usados para representar utensílios e recipientes:

| Cadinho | Balão | Retorta | Recipiente para destilação | Forno | Banho-maria | Banho de areia |

As noções de tempo, extremamente importantes para os processos químicos, eram igualmente expressas por meio de sinais:

| Hora | Dia | Noite | Dia e noite | Semana | Mês | Ano |

É preciso lembrar que não se pode atribuir aos signos alquímicos uma interpretação única e universal. Devido às diferenças geográficas, lingüísticas e individuais entre os grupos de alquimistas, a mesma

Incandescência

substância pode apresentar signos completamente diferentes de uma região para outra. As ilustrações expostas neste trabalho reproduzem apenas uma pequena seleção dos inúmeros signos disponíveis.

4. Sinais cabalísticos, mágicos, talismãs

Embora os verdadeiros signos mágicos não pertençam ao grupo precedente das pseudociências, concluiremos este capítulo com algumas observações a respeito desse tipo de sinal, principalmente porque apresentam certa relação com os diversos signos pseudocientíficos que surgiram na Idade Média.

Atualmente, o termo "cabalístico" tornou-se lugar-comum para designar o signo mágico em geral. Os verdadeiros signos da Cabala referem-se, porém, a uma filosofia oculta e bastante específica de intelectuais hebreus, fundamentada em dez esquemas chamados de *Sephiroth*. Seu registro em forma de signos ultrapassa a escrita verbal da Torá e fixa especulações espirituais ocultas. A expressão gráfica consiste principalmente na aplicação de caracteres hebraicos como valores numéricos mágicos, que se transformam em diagramas místicos. Ilustramos três sinais cabalísticos típicos:

    1   representa a primeira letra, Aleph, a raiz espiritual de toda harmonia e o ponto de partida para os outros esquemas *Sephiroth*;

    2   é um diagrama do mundo, desenvolvido a partir das letras iniciais de cada esquema *Sephiroth*, encaixadas umas nas outras;

    3   representação de uma série de iniciais *Sephiroth*, agrupadas em forma de árvore-da-vida.

Segundo a lenda, a sabedoria da Cabala (que em hebraico significa "tradição") foi introduzida no reino judeu pelo próprio Moisés, ampara-

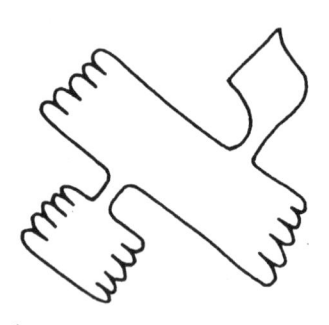

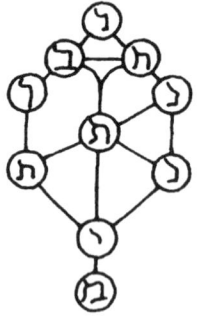

1   2   3

do pelos conhecimentos que adquiriu no Egito. O rolo de pergaminho, encontrado no mar Morto, com textos de uma seita judaica do século I d.C., contém signos em forma de diagramas que lembram muito os sinais medievais de magia, usados por volta de 1400. (Vale a pena observar o pentagrama facilmente reconhecível no desenho abaixo. Trata-se de uma figura medieval muito usada como sinal de magia e amuleto.)

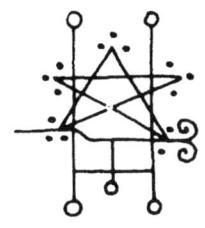

Desenho encontrado num pergaminho judaico do século I d.C.

Pentagrama

Apresentamos a seguir alguns sinais medievais de ciências ocultas e amuletos de significado mágico. O primeiro foi retirado do *Occulta philosophia*, do humanista Agripa. O segundo é um signo mágico do livro *Arbatel de magia reterum*. O terceiro retrata o sinal de um talismã que, conforme a crença, tornava belo o seu portador. O quarto é uma ilustração do livro mágico *Vincula Salomis* e contém as iniciais AGLA, muito usadas nos sinais talismânicos e referentes à abreviação da frase hebraica "Ateh Gedulah Le'ohlahm Adonai" (Tu és poderoso para sempre, ó Senhor).

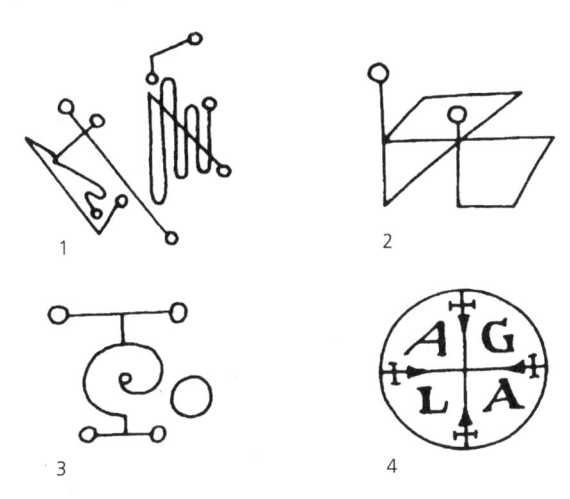

1

2

3

4

Escrita ainda hoje empregada no Camboja

Como particularidade gráfica, muitos signos mágicos das mais diferentes origens e épocas apresentam todas as suas extremidades reforçadas ora com pontos, ora com pequenos círculos. Essa mesma característica é encontrada nos alfabetos cabalísticos secretos. Curiosamente, pode-se também compará-los com as escritas asiáticas da Birmânia, da Tailândia, do Camboja, entre outros, que apresentam em suas extremidades arredondamentos semelhantes.

A presença desses círculos provoca não apenas o desaparecimento das extremidades, mas também dos pontos de intersecção e solda. Esse efeito produz uma expressão gráfica que afasta claramente essas figuras de qualquer sinal tradicional, em geral escrito ou desenhado, ressaltando a imagem essencialmente mística e codificada.

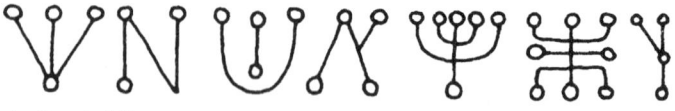

Escrita cabalística

VI. AS ASSINATURAS

É difícil imaginar atualmente que já houve pessoas sem nome, impossibilitadas de se distinguirem como indivíduos. (Os únicos casos ocorridos na história da humanidade são os dos grupos que "perderam o nome" por terem sido violentamente separados das próprias origens por motivos de escravidão ou captura.)

A nomeação verbal de um indivíduo tem suas raízes na pré-história, portanto, muito antes de qualquer tradição escrita. Supõe-se que a representação visual do indivíduo — não apenas o desenho de uma figura humana, mas também a expressão individual de determinada pessoa, ou seja, sua assinatura – tenha surgido em tempos bastante remotos entre tribos nômades, por exemplo, para identificar o rebanho e alguns objetos. Marcas de propriedade como essas foram descobertas em forma de riscos sobre chifres de animais e peças de argila da Idade da Pedra.

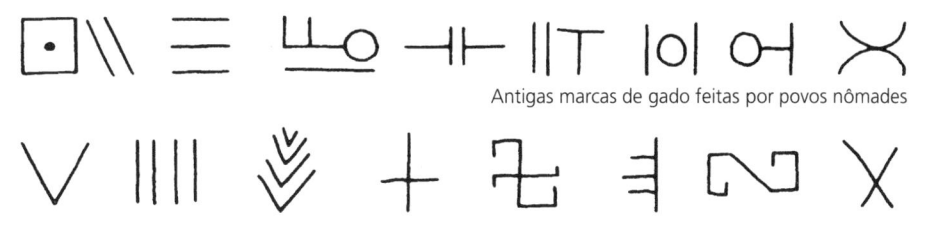

Antigas marcas de gado feitas por povos nômades

Marcações em recipientes do período neolítico

276 SINAIS E SÍMBOLOS

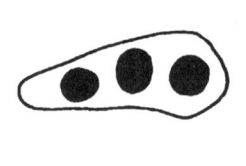

Seixo pintado do período paleolítico, encontrado em Mas d'Azil

Tema de muitas controvérsias, os seixos originários do período paleolítico (12000 a.C.), encontrados na gruta Mas d'Azil, na França, seguramente não são precursores diretos de nossa escrita, como muitos pensam. Trata-se, antes, de objetos que identificam pessoas ou tribos.

O desenvolvimento do registro escrito da linguagem não substituiu de modo algum o uso de assinaturas individuais ou insígnias familiares, nem mesmo nos tempos mais modernos de difusão da escrita.

Há muitas razões para isso. Ainda hoje existem muitas pessoas que não sabem ler nem escrever, e também não faz muito tempo que, sobretudo nos países em desenvolvimento, os analfabetos assinavam documentos com um "X". Em contrapartida, mesmo nas comunidades cultas, a assinatura ainda possui aquele misterioso poder de atração, devido ao seu aspecto enigmático, além de um efeito decorativo. (Reproduzimos ao lado duas insígnias típicas de grandes personalidades artísticas.)

Além disso, as assinaturas se submetem a um princípio espacial que reduz quase todas a uma dimensão precisa (a largura é igual à altura), em oposição à caligrafia linear e de traços longos do nome por extenso.

Um exemplo característico e que fala por si mesmo é a ilustração a seguir de uma tábua de marcação do século XVII, usada numa fazenda finlandesa para registrar corretamente o pagamento dos diaristas. Todo trabalhador tinha sua assinatura marcada na tábua. Ao final de cada dia ou semana, fazia-se um furo com prego ao lado de cada sinal. É importante observar a semelhança entre eles. Tratava-se, provavelmente, de irmãos ou parentes, ou ainda de trabalhadores da mesma corporação. É muito difícil interpretar a origem dessas formas. Nota-se claramente uma influência dos antigos sinais rúnicos (vide parte 2). Também não se excluem os auxílios mnemônicos referentes a objetos como o sol, o cavalete de serralheiro, entre outros.

O estímulo à identificação pessoal por meio de um desenho visível pode ser considerado o ponto de partida básico para a história da for-

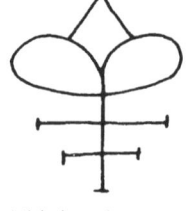

Michelangelo

Peter Vischer

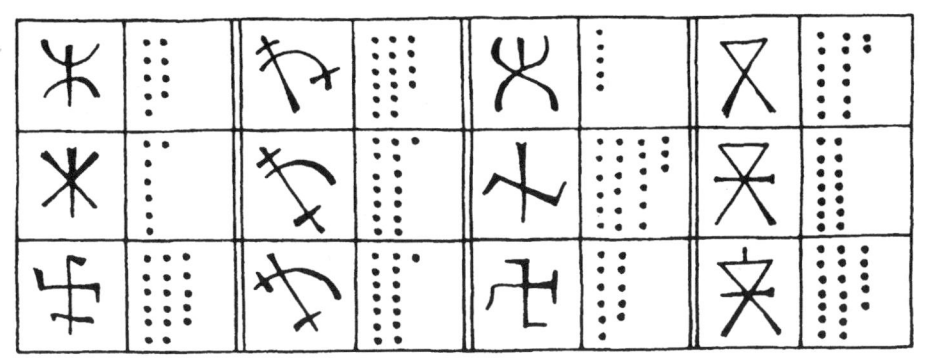

Relação dos empregados com as anotações feitas pelos diaristas. Fazenda finlandesa, século XVII.

mação do signo em seu mais amplo sentido, devendo ser classificado como o primeiro despertar intelectual da humanidade.

1. Os sinais dos canteiros

Grande parte dos sinais usados como sigla de um fabricante, selo de um proprietário ou confirmação de responsabilidade por uma decisão pode ser encontrada em toda sorte de objetos e documentos antigos. Especialmente interessante para nós são as siglas dos fabricantes, que constituem a maioria dos sinais de propriedade e podem ser avaliadas como a verdadeira origem das logomarcas (vide capítulo VIII).

Os sinais dos canteiros são os que sobreviveram em maior quantidade, pela simples razão de que um desenho esculpido em pedra é capaz de permanecer intacto durante séculos. Para os historiadores de várias áreas (arte, técnica, etnologia, sociologia etc.), esses sinais são uma fonte de material de pesquisa e documentação.

O arquiteto responsável pela manutenção da catedral de Estrasburgo, dr. J. Knauth, inventariou todos os sinais de canteiros e chegou ao espantoso resultado de 1 500 desenhos diferentes. Tomamos a liberdade de apresentar alguns exemplos desse excelente estudo. O leitor logo perceberá como a evolução do formato dos sinais se alterou ao longo do período de construção, que no total se estendeu por mais de quinhentos anos (1200-1700).

Tanto a origem quanto o desenvolvimento dos sinais feitos pelos canteiros estão estreitamente relacionados às condições sociais da Idade Média. Nos primórdios das construções românicas, eram sobretudo

278 SINAIS E SÍMBOLOS

Sinais feitos por canteiros na catedral de Estrasburgo

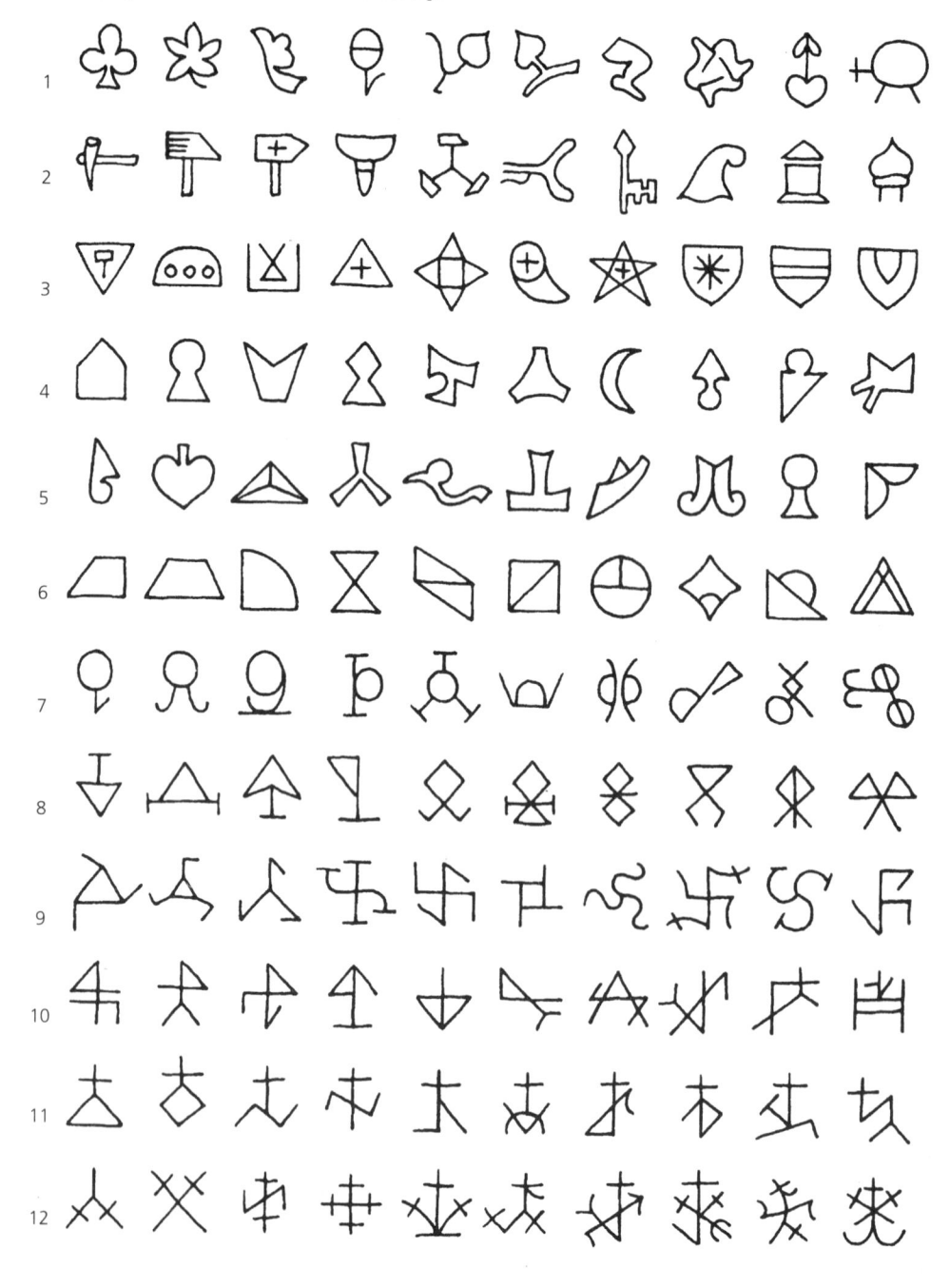

os frades e membros leigos de ordens religiosas que trabalhavam como canteiros em troca de alimento e abrigo como "recompensa divina". São raros os sinais desse período. No entanto, com o início das Cruzadas, o pagamento em dinheiro desenvolveu-se rapidamente. O serviço por empreitada era pago com produtos naturais, que correspondiam ao salário de um dia de trabalho. Para se libertarem da dependência social direta do mestre-de-obras e registrar o pagamento correto, os canteiros assinavam na pedra. Os primeiros sinais são representações individuais bastante figurativas de objetos vistos nas imediações (linhas 1 e 2). Com o tempo, os sinais cada vez mais freqüentes assumem formas abstratas, porém sem perder a expressão concreta do contorno fechado (linhas 3 a 5), com exceção daqueles puramente geométricos (linha 6) e nem um pouco estranhos ao canteiro, uma vez que contêm o formato da pedra em que foram talhados.

No período em que a indústria de construção medieval conheceu uma enorme expansão, os trabalhadores uniram-se para formar as chamadas "lojas maçônicas". Na verdade, tratava-se de confrarias com centros regionais: Estrasburgo, Colônia, Viena e Berna eram os principais. A assinatura dos trabalhadores revelava sua filiação a uma associação. O fato de trabalharem em países distantes justifica seu esforço deliberado em especificar sua origem.

Oito canteiros pertencentes à mesma loja maçônica

Em sua tese, Franz Rziha defende que toda loja maçônica possuía uma espécie de esquema que, de certo modo, pode ser comparado a uma grade individual e geométrica. O associado recebia essa grade como código secreto, após ter completado seu período de aprendizado, e nela inscrevia seu sinal pessoal.

Do ponto de vista da lógica moderna, essa análise parece bastante plausível. Certamente somos levados a supor que no pós-Renascimento esses esquemas foram desenvolvidos e explorados. No entanto, a teoria de Rziha vai além, ao imaginar que os sinais anteriores também eram construídos sobre grades básicas.

Voltando à nossa tabela da p. 278, é importante observar que a seqüência não obedece exatamente à evolução cronológica. Mesmo assim, constatamos claramente que a formação dos sinais distancia-se cada vez

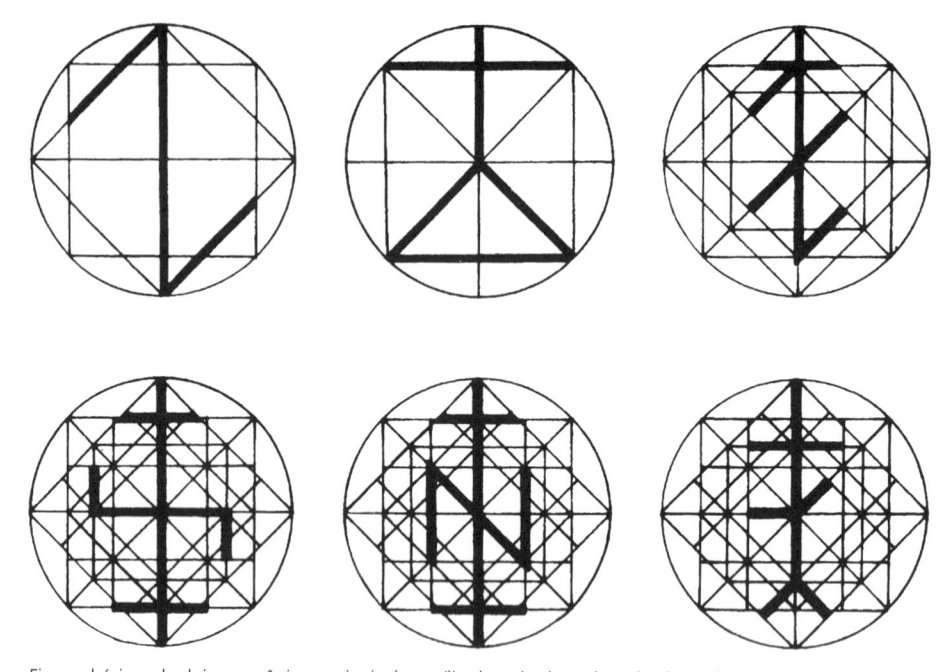

Figuras básicas das lojas maçônicas e sinais de auxílio desenhados sobre elas (tese de Rziha)

mais da figura de contorno (linhas 7 a 12). Os sinais do século XVII praticamente não possuem contorno e mostram que perderam completamente seu caráter figurativo. Além disso, indicam um número cada vez maior de extremidades e pontos de intersecção (vide parte 1, item 5, "Topologia dos sinais").

Nas linhas 7 e 8 encontram-se sinais redondos e angulares, de contorno fechado, sob forma de movimentos circulares, uma expressão bastante usada e que nunca foi abandonada. O início da linha 10 apresenta as aplicações do conhecido sinal de Hermes, que se assemelha ao

1. Marciano, imperador do Oriente, 450 d.C.   2. Zenão, imperador do Oriente, 480 d.C.   3. Sigismundo, rei da Borgonha, 520 d.C.   4. Teodorico, rei dos Ostrogodos, 500 d.C.   5. Alfredo I, rei da Inglaterra, 900 d.C.   6. Carlos Magno, rei dos Francos, 770 d.C.   7. Oton I, o Grande, imperador do Sacro Império Romano Germânico, 970 d.C.   8. Rodolfo de Habsburgo, imperador da Suábia, 1280 d.C.   9. Carlos I, o Grande (Carlos Magno), 800 d.C.   10. Em moeda da Silésia, 1300 d.C.   11. Em moeda da cidade de Einbeck, 1500 d.C.   12. Em moeda holandesa (van den Berg), 1600 d.C.   13. Cristiano IV, rei da Dinamarca, 1600 d.C.   14. Ludovico XII, rei da França, 1700 d.C.   15. Henrique VIII, rei da Inglaterra, séc. XV.   16. Luís XIV, rei da França, 1700.   17. Sigismundo III, rei da Polônia, 1600 d.C.   18. Iniciais ornamentadas em moeda tcheca, 1750 d.C.

SINAIS, SÍMBOLOS, LOGOTIPOS, SINALIZAÇÃO **281**

Monogramas de doze séculos

algarismo 4. Nas linhas 11 e 12, vemos claramente o traçado básico e uniforme da cruz na parte superior do sinal. Talvez essa marca tão empregada pelos canteiros tenha sofrido influência do cristianismo.

2. Os monogramas

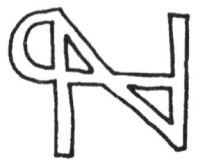

O desenvolvimento da escrita ocidental atingiu o estágio máximo de simplificação dos fonemas na Grécia antiga (vide parte 2, capítulo 2). Para cada consoante e para cada vogal era inventado um sinal completo e único. Por meio da combinação desses sinais, era possível reproduzir palavras e frases.

É surpreendente que fonemas do mesmo período tenham sobrevivido em forma de monogramas, ou seja, sem obedecer aos princípios gramaticais. Percebe-se, portanto, que o desejo de construir palavras compactas em oposição ao traçado longo e linear deriva dos primórdios da escrita. É bom lembrar que a disposição das letras em forma de logotipo aparece sempre e apenas como assinaturas de nomes abreviados.

Monograma grego

Limitação circular: moeda do rei Pepino (Rex Pepinus)

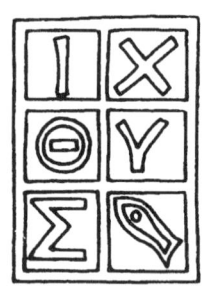

Antigo crisma grego. ICHTYS significa peixe, em grego, além de representar as iniciais de "Jesus Cristo, filho de Deus, redentor"

A abreviação de um nome com o intuito de produzir um monograma pode ser atribuída apenas em parte a certa tendência para a ornamentação e a objetivos criptográficos. É mais fácil supormos que nessas e em outras imagens as características do material exercessem uma influência importante. Sobretudo os nomes de classes mais elevadas eram colocados em forma de monogramas. Os dominadores ou líderes espirituais exerciam seu poder aplicando seus selos em documentos e leis, cunhando suas insígnias em moedas ou inscrevendo-as nos próprios bens e em bandeiras. As moedas quase sempre eram redondas, e os selos também tinham dimensões limitadas. Talvez o uso de iniciais de nomes e títulos e sua combinação em monogramas se devam principalmente a essas limitações da forma.

Neste capítulo, gostaríamos ainda de mencionar os monogramas de Cristo, também conhecidos como *crismas*, embora, na verdade, pertencessem ao campo dos símbolos, uma vez que não eram assinaturas, e sim substituições abstratas da figura divina a ser venerada. Nas línguas latina e grega, as várias designações do redentor motivaram inúmeras fusões de letras ao longo dos séculos. Geralmente essas combinações eram associadas ao desenho da cruz. Apresentamos a seguir alguns exemplos típicos de crismas.

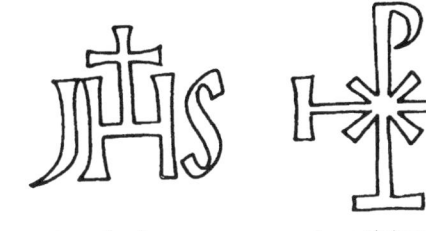

Jesus Hominum Salvator

Jesus Christus, Rex, Conceror

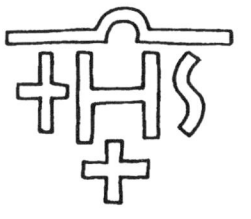

O Espírito Santo

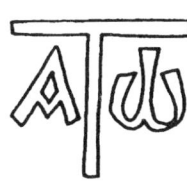

Cristo, alfa e ômega (início e fim)

VII. OS SINAIS DA COMUNIDADE

1. Os brasões

Ao longo da Idade Média, praticamente no mesmo período em que os canteiros começaram a usar sinais, essa necessidade de personificação gráfica difundiu-se sobretudo entre famílias camponesas e cidadãos de prestígio. Inventaram-se sinais individuais que foram aplicados nas paredes e nos muros das casas, em utensílios, túmulos e, posteriormente, em documentos. No contexto familiar e em relação às questões de herança, essas insígnias desenvolveram-se com o passar dos séculos, reaparecendo mais tarde na heráldica sob forma de armas, escudos, bandeiras etc.

Assim como os canteiros, a maior parte dos agricultores e comerciantes medievais não sabia escrever. Conseqüentemente, a invenção dos sinais baseava-se, em primeiro lugar, na reprodução mais ou menos estilizada de objetos de uso (vide linhas 1 e 2 da p. 286). Nos sinais abstratos, a forma de cruz desempenha um papel bastante importante, como nos sinais feitos pelos canteiros (linha 3). Desde cedo os mercadores escolheram o signo de Hermes, semelhante ao número quatro, como forma alegórica básica (linha 4).

O indivíduo buscava exprimir sua própria personalidade no contexto familiar, acrescentando um elemento ao traçado básico da insígnia (linhas 4 e 5). Foi assim que surgiram as seqüências de sinais com ligeiras variações que, no entanto, identificavam-no como pertencente a determinado grupo ou família (linha 5).

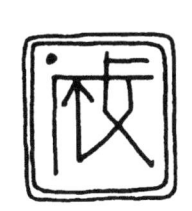

Insígnias de famílias chinesas

286 SINAIS E SÍMBOLOS

Brasões ocidentais da Idade Média

SINAIS, SÍMBOLOS, LOGOTIPOS, SINALIZAÇÃO **287**

Brasões japoneses

O surgimento de insígnias pessoais e familiares não era privilégio do mundo ocidental. Todas as culturas conheceram evoluções similares. Como exemplo do Extremo Oriente, podemos mencionar os selos chineses, geralmente em forma de carimbo, cuja estrutura quase sempre consiste em combinações de imagens e caracteres. No entanto, o exemplo mais fascinante de arte aplicada está nos brasões japoneses.

2. Armas da família japonesa

Toda a cultura tradicional japonesa expressa um conceito de beleza baseado na pureza e no equilíbrio. A forte comunhão espiritual e quase meditativa com a natureza influenciou profundamente a concepção arquitetônica do espaço vital, a forma dos objetos, as vestimentas etc.

Esse equilíbrio é particularmente expressivo nos brasões japoneses (tabela da p. 287). Geralmente as armas eram os únicos objetos que decoravam as paredes. Os primeiros *mon*, como eram chamados, datam do século IX d.C. e ainda hoje fazem parte das vestimentas domésticas usadas em cerimônias.

3. A heráldica

Atualmente, pode-se dizer que a heráldica tornou-se um ramo do estudo da história. Além dos registros verbais, preservados até hoje, as armas nas fardas, nas bandeiras, nos escudos ou nos documentos fornecem informações reveladoras sobre os contextos históricos e as razões dos acontecimentos. Existem também obras científicas de referência sobre esse tema em relação a todas as épocas e estilos histórico-culturais. Contudo, o espaço de que dispomos e a temática de nossas observações impedem uma menção mais detalhada sobre esse vasto campo, permitindo apenas uma breve descrição dos princípios básicos.

O termo "heráldica" provém da palavra "heraldo" (arauto), o mensageiro ou portador, que na Idade Média freqüentemente exerce a função de um diplomata. Logo à primeira vista, seu traje o identificava como membro de um grupo ou poder soberano, tornando-o facilmente reconhecível pelo campo inimigo. Com o início das Cruzadas, todos os cavaleiros receberam uniformes para que pudessem ser visivelmente associados a determinado grupo. Ao deixarem a terra natal para entrarem em territórios de línguas e costumes estrangeiros, a expressão "sob uma única bandeira", usada por uma confraria, tornou-se uma necessidade psicológica que os encorajava a lutar e a resistir.

Se no início a aparência do arauto ou do cavaleiro, com suas roupas, sua gualdrapa etc., era levada em consideração, com o passar do tempo a identificação limitou-se a partes individuais do equipamento, como a ornamentação do elmo. Por fim, o escudo, enquanto superfície plana de maior extensão na armadura, foi o principal componente a atuar como portador das cores da família ou dos sinais gráficos do grupo.

É fácil compreender por que a cor era utilizada como o primeiro e principal sinal de identificação, embora o número de cores facilmente distinguíveis se restringisse às primárias.

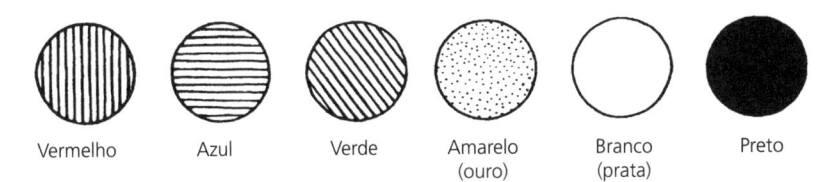

| Vermelho | Azul | Verde | Amarelo (ouro) | Branco (prata) | Preto |

O segundo meio de identificação consistia na aplicação de combinações de cores, como vermelho e azul, vermelho e amarelo e assim por diante, o que ampliava o número de grupos distintos por algumas variáveis. A regra básica era reproduzir sempre a cor sobre o metal (ouro e prata) ou o metal sobre a cor, a fim de obter o efeito desejado de visibilidade à longa distância. Além dessa marcação multicolorida, há outro fator simbólico importante: o sentido da divisão, ou seja, a disposição dos campos coloridos, uns em relação aos outros (horizontal, vertical, diagonal etc.).

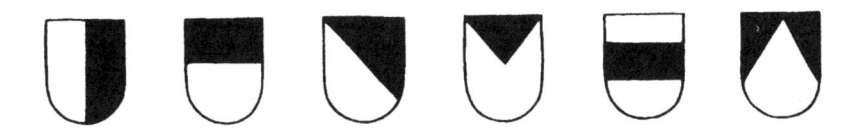

Com o tempo, essa simples divisão da superfície aperfeiçoou-se: a cor secundária deixou de constituir um mero preenchimento do espaço para assumir um contorno que lhe garantia uma expressão simbólica.

| Chaveirão | Garfo | Cruz | Aspa | Pala dupla | Cruz-de-malta |

290 SINAIS E SÍMBOLOS

Nesse momento, gostaríamos de inserir algumas observações não relacionadas à heráldica, porém amplamente concernentes às considerações anteriores a respeito da expressão gráfica. Trata-se de uma comparação entre esses primeiros brasões e os já mencionados seixos pré-históricos, pintados na gruta de Mas d'Azil, que também apresentam a superfície de determinada forma (escudo ou seixo) dividida em toda a sua extensão por um sinal bidimensional. Em ambos os casos, o objeto e o desenho integram-se perfeitamente um no outro, reforçando ainda mais seu efeito. Provavelmente esses seixos eram marcados para identificar o proprietário de um bem. Um exemplo mais recente poderia ser representado pelo sinal usado no carro da Cruz Vermelha na época da guerra. Em vez de desempenhar a função de uma marca ou vinheta, estendia-se por toda a superfície do veículo.

Outro modo de produzir uma diferenciação nítida consistia na divisão estrutural da superfície por meio da interpenetração das áreas coloridas em motivos menores, dando a impressão um conjunto de elementos reticulados.

Precursores pré-históricos do brasão?

A divisão da superfície de um brasão em campos, ou nos chamados "quartéis", permite justapor as diversas áreas coloridas, separando-as com linhas retas. Com essa tendência constante ao enriquecimento e à diferenciação, as linhas divisórias, também conhecidas pelos estudiosos de heráldica como "cortes", ampliam-se em diversas variações ritmicamente curvadas ou dobradas. Mostraremos algumas delas em nossas próximas ilustrações.

Com o passar dos séculos, os regulamentos para se produzir um brasão tornaram-se cada vez mais rigorosos. Sendo assim, a divisão da superfície do escudo, por exemplo, teve de ser submetida a convenções precisas quanto à forma, à subdivisão do espaço, à estruturação etc. O campo do escudo contém áreas específicas para a apresentação nítida da filiação, da categoria ou da origem do portador. Na ilustração, as partes de 1 a 3 representam o "chefe" no escudo, e de 7 a 9, o termo ou pé. Naturalmente, a figura principal situava-se no centro (4), sendo que a posição dominante cabia ao número 1. As categorias secundárias,

Linhas divisórias decoradas

Linhas usadas para dividir o campo:

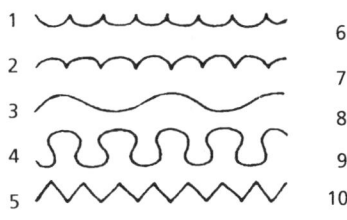

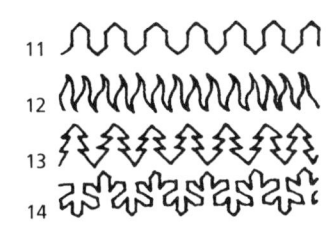

1 Denteada
2 Denteada invertida
3 Ondulada
4 Nebulada
5 Endentada
6 Ziguezague
7 Ameada
8 Cauda de pombo
9 Potenciada
10 Biselada
11 Aconitiforme
12 Flamejante
13 Em forma de abeto
14 Em forma de ramo de abeto

como parentescos e alianças, eram dispostas nos flancos à direita e à esquerda do portador.

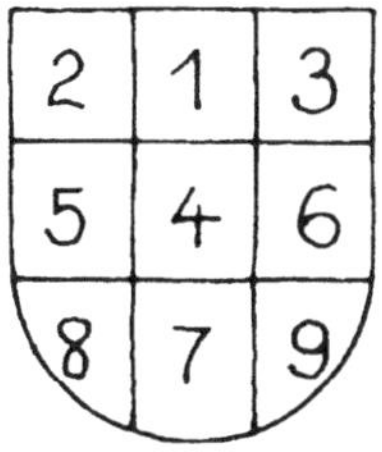

Essas demonstrações abrangem apenas a parte da heráldica que poderíamos chamar de básica ou secundária.

Os verdadeiros signos identificadores das pessoas ou dos soberanos eram integrados a essa estrutura básica. Os especialistas os classificam como figuras. Devido à sua multiplicidade, os atributos pessoais vão muito além dos objetivos pretendidos pelas insígnias familiares mencionadas anteriormente. Na maioria dos casos, eles não provêm do campo dos sinais, que constituem o objeto de nosso estudo, mas consistem em representações puramente figurativas, como as que exprimem força e poder por meio da imagem de animais (leão, águia, urso etc.).

São inúmeras as imagens extraídas da natureza, do ambiente doméstico e profissional que foram incorporadas aos brasões. Em compensação, as figuras humanas são mais raras.

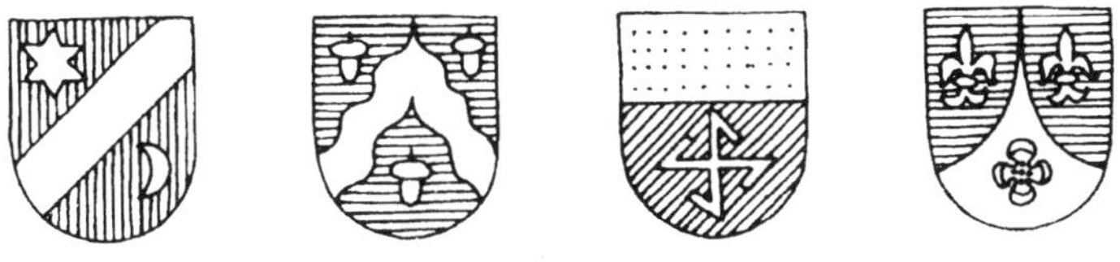

4. Sinais da comunidade de hoje

Movimentos políticos, religiosos e etnológicos baseiam-se na hipótese de que o homem contemporâneo, e sobretudo o que está por vir, submetido ao ímpeto dos meios de comunicação cada vez mais extensos, perderá suas preocupações de consangüinidade e agrupamento e ambicionará como ideal de futuro uma comunidade universal de "cidadãos do mundo". A ONU é o exemplo representativo desse esforço. Nesse sentido, a heráldica acaba sendo considerada uma ciência do passado.

Por outro lado, a fraqueza da ONU é evidente, pois a separação dos grupos humanos em todo o mundo parece mais profunda do que nunca. As cores das bandeiras de cada país, que esvoaçam diante do edifício da ONU, não se misturam para formar um estandarte global. Cada nação defende a própria individualidade, a fim de manter a cor local.

Sendo assim, as bandeiras nacionais constituem a principal substância da heráldica moderna. Em muitos casos, o aspecto desse tipo de arma simplificou-se ao extremo, uma vez que as linhas retas que dividem o conjunto do desenho formaram agrupamentos de áreas coloridas. É significativo, no entanto, o fato de os não-iniciados terem dificuldade em reconhecer uma nação apenas pela combinação de cores.

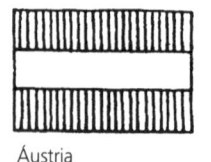

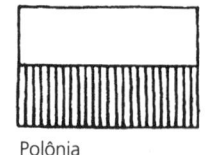

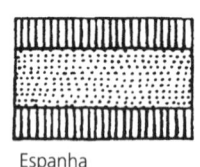

Áustria   Itália   Polônia   Espanha

Nesse caso, as delimitações das áreas servem de auxílio técnico à memória. Além de dividirem a bandeira em campos, elas produzem dentro do retângulo uma nova silhueta que, embora seja simples, é bastante evidente, como a cruz, o triângulo ou o traço oblíquo.

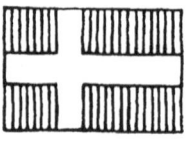

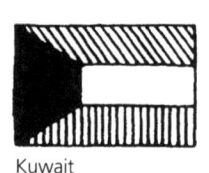

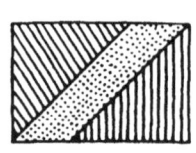

Dinamarca   Tchecoslováquia   Kuwait   Congo

Além dessas divisões das áreas, muitas bandeiras nacionais conservaram as figuras de seus brasões, o que os torna mais fáceis de serem reconhecidos. Quanto a esse aspecto, podemos distinguir duas categorias de desenhos: a primeira caracteriza-se por imagens abstratas e parcialmente simbólicas, como a cruz e o círculo, sendo a estrela a mais empregada. Esta última forma simboliza tanto a união de vários estados – como é o caso da bandeira americana, em que os cinqüenta estados da federação são representados pelo mesmo número de estrelas –, quanto a parte integrante do símbolo islâmico, composto por uma meia-lua e uma estrela. No século XX, os estados socialistas adotaram a estrela como um sinal de identificação.

Turquia 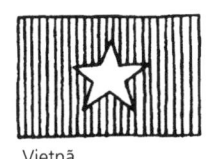   Vietnã 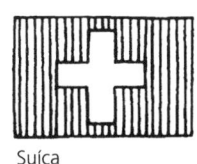   Suíça 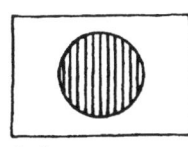   Japão

A segunda categoria de figuras utilizadas é marcada por representações realistas, que são de grande auxílio à memória visual.

Canadá    Líbano    Uruguai    Chipre

A diferença das cores e figuras locais de cada nação faz parte da imagem geral do mundo. Seria absurdo não considerar e promover essa diversidade como patrimônio da humanidade. A divisão dos povos em grupos que seguem a mesma ideologia não obedece necessariamente às fronteiras regionais, mas à tradição de forças políticas, religiosas ou étnicas. Um estudo a respeito desses problemas atuais que ocorrem no mundo inteiro ultrapassaria o âmbito de nossas considerações gráficas. Como exemplos, ilustraremos apenas alguns dos sinais mais marcantes da comunidade supranacional que, de certo modo, podem ser considerados parte da heráldica moderna, embora na verdade trate-se de signos simbólicos.

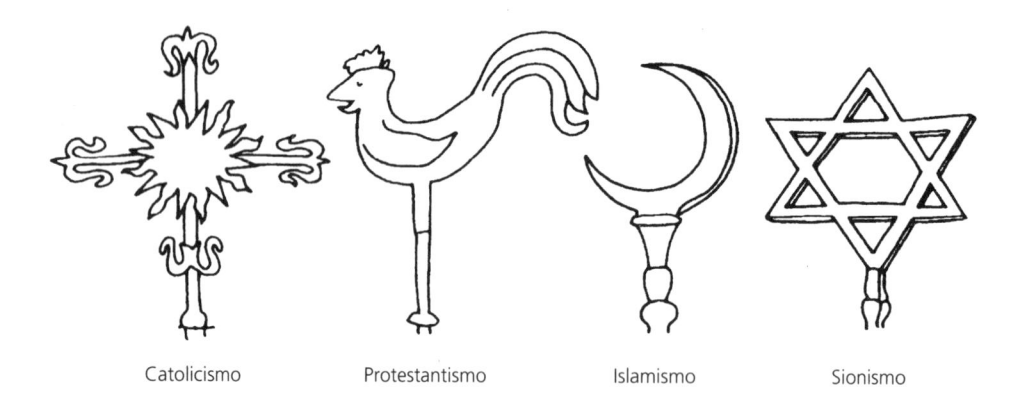

| Catolicismo | Protestantismo | Islamismo | Sionismo |

As pontas das torres e cúpulas dos lugares atuais de culto podem ser identificadas de longe, graças aos símbolos inconfundíveis de cada religião.

Concluímos este capítulo sobre a heráldica e os comentários a respeito dos sinais das comunidades nacionais e supranacionais com mais alguns exemplos de símbolos políticos e etnológicos.

| Desarmamento nuclear | Comunismo | Cruz de Lorena (gaullismo) | Cruz Vermelha |

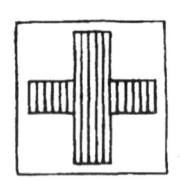

Olimpíadas

VIII. AS LOGOMARCAS

1. A identificação de mercadorias no passado

Definir um sinal como "marca" já é um modo de indicar seu significado. Trata-se, na verdade, de assinaturas em produtos de toda espécie, destinados ao mercado. Por essa razão, poderiam também ser chamadas de marcas de produtos ou marcas comerciais.

A origem da marcação dos produtos para consumo encontra-se, no entanto, no campo da designação de propriedade, que tratamos na introdução ao capítulo VI, "As assinaturas".

a   Da marcação à marca: como exemplo, a marcação do gado

Para melhor compreendermos o desenvolvimento das logomarcas, iniciaremos este capítulo apresentando a marcação do gado de criação.

A identificação da propriedade em ferramentas, objetos de uso doméstico, entre outros, era um modo de expressar o desejo individual de marcar os bens, determinado não apenas por questões de segurança, uma vez que a maioria dos equipamentos, móveis etc. permanecia sob o teto do proprietário. Os animais domésticos, porém, principalmente o gado, não possuíam um local geográfico fixo dentro dos limites de uma propriedade. As ovelhas, as cabras e o gado bovino de toda a comunidade eram sempre reunidos em manadas para serem levados de pastagem em pastagem à procura de alimento. Por essa razão, a marcação do gado era absolutamente necessária. A única maneira de marcar o animal permanentemente era queimar um desenho em seu chifre ou em

Marcações norte-americanas feitas em gado; séculos XVI a XVIII

seu couro. Esse modo de distinguir a propriedade ainda é praticado no mundo inteiro.

No entanto, no momento em que o animal passa a ser vendido no mercado, o significado dessa marca original de propriedade transforma-se em índice de qualidade. A marca de um bom criador é conhecida e procurada pelos comerciantes, tornando-se uma logomarca, e o animal é comercializado como um "produto de marca", a um preço correspondentemente maior.

b As marcas dos comerciantes

As primeiras marcas comerciais de muitos produtos surgiram do mesmo modo. O importador ou exportador assinalavam os pacotes, as caixas e os embrulhos de especiarias, condimentos, frutas etc., a fim de evitar possíveis equívocos durante o transporte. Quando chegavam aos postos de venda, esses sinais sobre as embalagens eram transformados em marcas que identificavam as mercadorias contidas nos recipientes, sua origem e, mediante a comprovação da experiência, indicavam qualidade. A simples identificação do proprietário havia se transformado numa marca comercial.

Um volume inteiro não seria suficiente para apresentar nem mesmo parcialmente as marcas comerciais. Seria interessante observar que, ao

Sinais dos comerciantes do século XIV

Marca comercial figurativa e verbal do século XVIII

longo dos três últimos séculos, esses atestados de qualidade ou sinais de persuasão assumiram uma expressão quase exclusivamente pictórica e puramente verbal, desvinculando-se, portanto, do aspecto simbólico para tornar-se ilustração e descrição.

Especialmente interessantes são as marcas comerciais relativas aos séculos XIV e XV, nas quais o aspecto puramente simbólico, ou seja, a tendência aos símbolos e desenhos abstratos apresenta-se como principal elemento. Nos exemplos já apresentados, podemos reconhecer facilmente as alusões aos pontos cardeais, à balança, à cruz, ao navio, à bandeira etc.

c *As marcas dos artesãos e produtores*

Desde o período paleolítico, o espaço em que vivemos vem sendo preenchido com objetos que não são simplesmente fornecidos pela natureza, mas inventados e desenvolvidos pela mente humana, para então ser produzidos manualmente.

É provável que o artesanato tenha passado por uma especialização já nos primeiros estágios de seu desenvolvimento. Isso significa que uma única pessoa não trabalhava em todas as áreas ao mesmo tempo, mas limitava sua esfera de atividades à produção de determinados tipos de objetos. Supõe-se, por exemplo, que um fabricante de armas não trabalhasse paralelamente como oleiro e que já existissem "vocações" para alguns trabalhos manuais, o que automaticamente gerava uma melhoria na qualidade dos produtos.

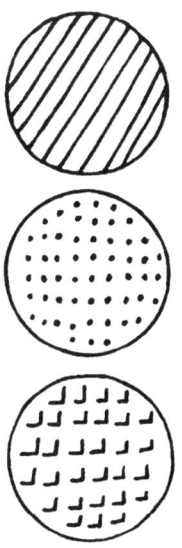

Retículas feitas por oleiros

298 SINAIS E SÍMBOLOS

Marcas profissionais de diferentes séculos

Surgia então o sentimento de orgulho profissional, que estimulava os artesãos a "assinarem" sua obra, conferindo-lhe a marca de sua origem como confirmação do objeto acabado.

Na introdução ao capítulo VI, apresentamos as antigas marcas dos artesãos nos exemplos dos sinais feitos pelos oleiros do Egito e da Mesopotâmia. Com o desenvolvimento da civilização, a diferenciação entre as atividades especializadas recebeu um estímulo cada vez mais forte. Supõe-se que no tempo da escravidão dos egípcios, gregos e romanos, apenas os mestres tinham o direito de assinar os objetos produzidos pelas mãos dos assistentes. A assinatura de cada artesão surge apenas na Idade Média.

Os sinais dos canteiros (vide capítulo VI) representam um dos tipos de assinaturas que já descrevemos. A partir deles, em cada século observamos sinais feitos por artesãos das mais diferentes áreas, do ferreiro que produz armas ao tipógrafo, do pintor ao fabricante de porcelana, do ourives ao arquiteto, do tecelão ao produtor de papel. Alguns desses sinais constituem a tabela ao lado, que apresenta exemplos típicos de cada profissão.

d Formação estrutural dos sinais: as filigranas

Os sinais dos artesãos podem ser divididos em dois tipos completamente diferentes: de um lado, os que são gravados, impressos ou desenhados como assinaturas sobre a obra acabada e, de outro, os estruturais, que eram incorporados à ferramenta de trabalho, conferindo ao objeto uma configuração especial. O exemplo mais antigo que conhecemos é o do fundo reticulado das panelas encontradas em regiões mediterrâneas. A aspereza da base de trabalho, que imprimia uma estrutura característica na parte externa e inferior do recipiente, variava de oleiro para oleiro. Formas semelhantes de marcação eram empregadas por padeiros na confecção dos pães. Algumas estruturas de metal da

---

1, 2, 3. Os mais antigos ornamentos usados em confeitarias e originários do Oriente Próximo. Os desenhos eram impressos na massa antes de irem para o forno. 1500 a.C.   4. Sinais feitos por oleiros numa lamparina de Roma antiga.   5. Logomarca sobre cerâmica. Doccia. Itália.   6. Marca da cidade de Delft. A influência do estilo asiático-oriental é evidente. A mesma observação vale para as marcas da porcelana de Meiβen (7).   8. Marca de porcelana de Lyon.   9. Uma das inúmeras logomarcas da indústria real de porcelana de Sèvres.   10. Marca medieval impressa numa espada por um armeiro de Solingen.   11. Peter Henkel, armeiro de Solingen.   12. Selo com a assinatura de um picheleiro alemão.   13. Fabricante de espingardas austríaco.   14. Emblema dos tipógrafos Fust e Schöffer, de Mainz.   15. Isabelle Quatrepomme, gravação em cobre.   16, 17. Assinaturas de dois ourives.   18. Marca de um escultor de madeira.   19. Comerciante de antiguidades.   20, 21. Tapeceiros franceses, Gobelins.   22. Entalhador medieval dos Países Baixos, especializado em cobre.   23. Michelangelo Buonarotti.   24. Frans Hals.   25. Albrecht Dürer.   26. Marca profissional de uma corporação de tecelões suíços.

300 SINAIS E SÍMBOLOS

Filigranas dos séculos XV e XVI

Idade do Bronze foram produzidas mediante a incisão de sinais com martelo ou bigorna.

As filigranas também podem ser incluídas nessa categoria. Eram montadas a partir de um dos arames pertencentes ao crivo do fabricante de papel. Nos pontos em que era aplicada, a espessura do papel diminuía, deixando transparecer a marca d'água. Essa técnica de formar sinais com arame obrigava os produtores de marcas a realçar a estilização quando reproduziam imagens. É justamente nesse processo de simplificação, cujo objetivo era atingir a expressão simbólica, que encontramos a beleza um tanto ingênua desses sinais. Vale a pena observar a total falta de extremidades, um caso típico de sinais figurativos (vide parte 1). As filigranas expostas na tabela ao lado datam dos séculos XV e XVI e foram produzidas para as chancelarias nobres. Quase todas elas são figurativas. A mão levantada (última linha) era um motivo muito utilizado nas filigranas dos nobres da corte, cuja intenção era mostrar sua superioridade. Além disso, esse sinal constitui o símbolo de juramento da verdade.

2. Os sinais industriais de hoje

Atualmente, todos somos incluídos na economia moderna como consumidores. O espaço em que vivemos está repleto de bens de consumo, que se tornaram indispensáveis para a nossa existência. De certo modo, nosso dia só começa depois de passarmos os olhos pela marca familiar que vem impressa na embalagem do café. Todos os nossos caminhos estão marcados por símbolos, desde esse primeiro sinal matinal até a última imagem de qualidade que vemos antes de dormir, gravada no despertador.

A oferta e a demanda de bens de consumo que invade nosso campo de visão é tão vasta que é necessário marcá-los com sinais condensados ou abreviados, para que tenham a chance de serem vistos ou notados e de ocupar ou garantir um lugar permanente na memória do consumidor.

A invenção e a criação de tais atrativos – cuja intenção é saber sobre qual setor da memória é preciso atuar –, em conjunto com a elaboração de uma imagem pictórica mais eficaz e de um efeito gráfico mais interessante, transformaram-se nas atividades mais importantes de uma nova profissão: a de desenhista gráfico.

Dedicamos grande parte de nosso livro a esse profissional. A partir dos símbolos antigos, ele aprende a reconhecer a relação do ser humano com seus sinais, adquire os conhecimentos necessários e toma as decisões adequadas com base em todos os desenhos demonstrados.

302 SINAIS E SÍMBOLOS

O logotipo moderno, baseado em figuras concretas e abstratas

Numa economia caracterizada pela concorrência em constante crescimento, a anonimidade visual torna-se fatal. O consumidor não confia mais no produto anônimo, nem no serviço despersonalizado. Atualmente, a criação de uma identidade é cada vez mais necessária para se conquistar e manter um lugar no mercado.

Não é possível, nem mesmo aproximadamente, apresentar neste livro um panorama de todas as marcas industriais que circulam no mundo. Há um grande número de obras de referência minuciosamente ilustradas a respeito desse tema (vide bibliografia).

Nas pp. 302, 304, 305 e 306 apresentamos, de modo propositadamente condensado, alguns logotipos típicos da atualidade. A escolha e a seqüência desses sinais foram determinadas com base numa análise da origem dos motivos, e não a partir de um ponto de vista puramente qualitativo.

Nas três primeiras linhas da tabela ao lado encontramos emblemas cujo conteúdo pictórico baseia-se em representações figurativas. O que faz com que esses sinais pareçam marcas é o grau de estilização, conscientemente formado pelo desenhista com o objetivo de produzir um efeito gráfico. Em cada exemplo, o grau de reconhecimento do animal (bode, porco-espinho, dragão etc.) e do objeto (terceira linha: livro, castelo, olho ou lente etc.) varia um pouco, porém de modo absolutamente evidente.

Em contrapartida, os sinais das três últimas linhas encontram-se no limite da abstração, embora algumas imagens sejam visivelmente concretas (olho, sinalização ferroviária, clipe, antena de televisão, tomada etc.). No entanto, os sinais também se baseiam em imagens de diagramas, como gráficos, trilhos, objetos que podem ser enrolados e desenrolados, e assim por diante.

A tabela da p. 304, bem como a parte superior da tabela da p. 305, apresentam uma seleção de sinais, cuja principal característica é a semelhança com as letras do alfabeto. Na tentativa de encontrar uma imagem de identificação, as iniciais da empresa ou do produto servem, muitas vezes, de auxílio para se elaborar uma expressão gráfica precisa. As possibilidades de se criar um sinal para associações, organizações e empresas prestadoras de serviços, por exemplo, cujas atividades são totalmente abstratas, reduzem-se devido à ausência de qualquer imagem concreta. Essa categoria de logomarcas poderia, de fato, ter sido tratada no capítulo sobre os monogramas. Contudo, por razões puramente históricas e estéticas, preferimos apresentá-las na tabela referente ao campo dos sinais modernos de identificação.

A composição do monograma segue diversos estilos gráficos de expressão. Os caracteres aparecem tanto em forma positiva quanto

As letras são elementos bem aceitos como base para a formação de logotipos

Formação de emblemas por meio do contraste de superfícies, simulação de volume etc.

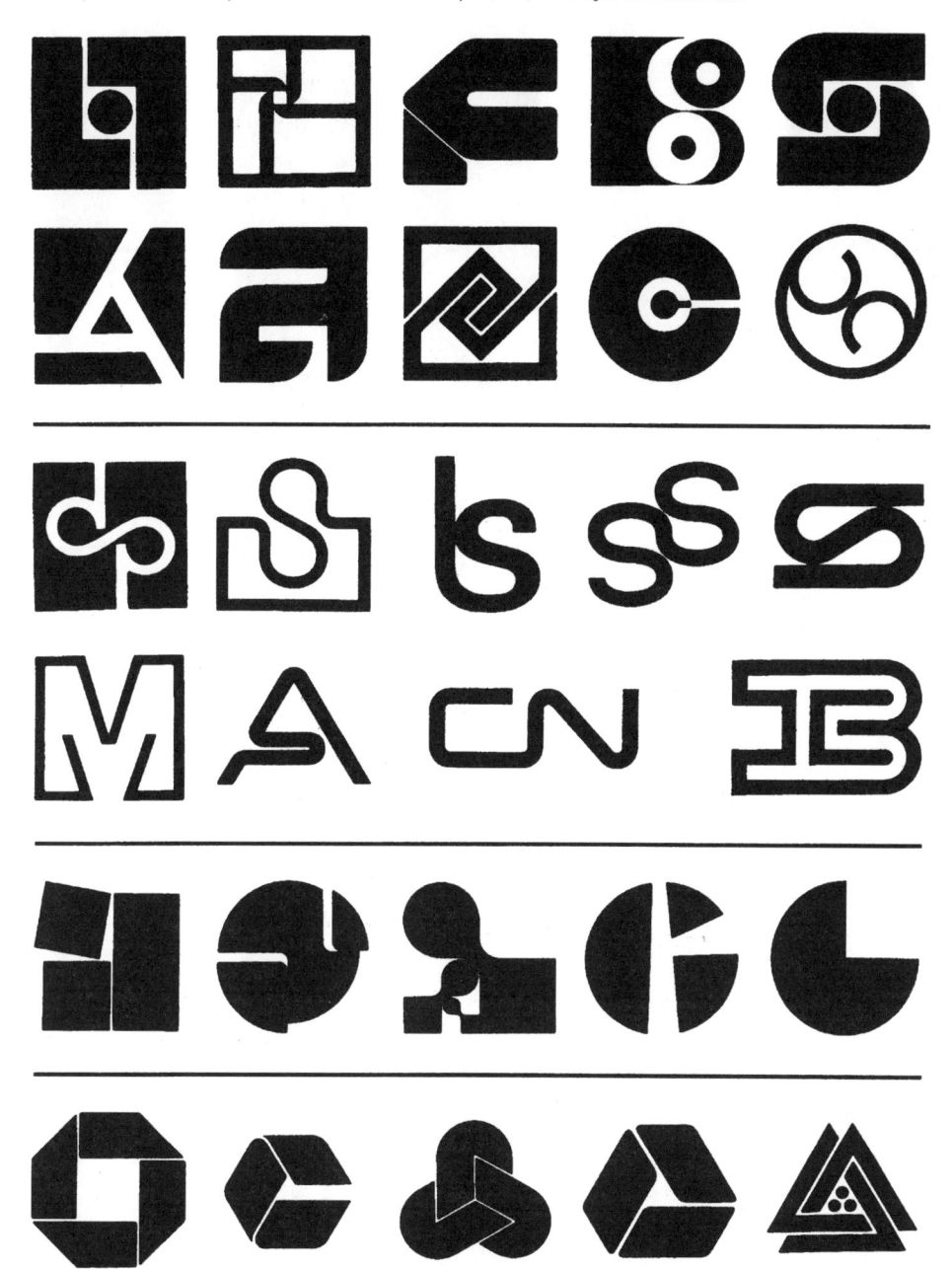

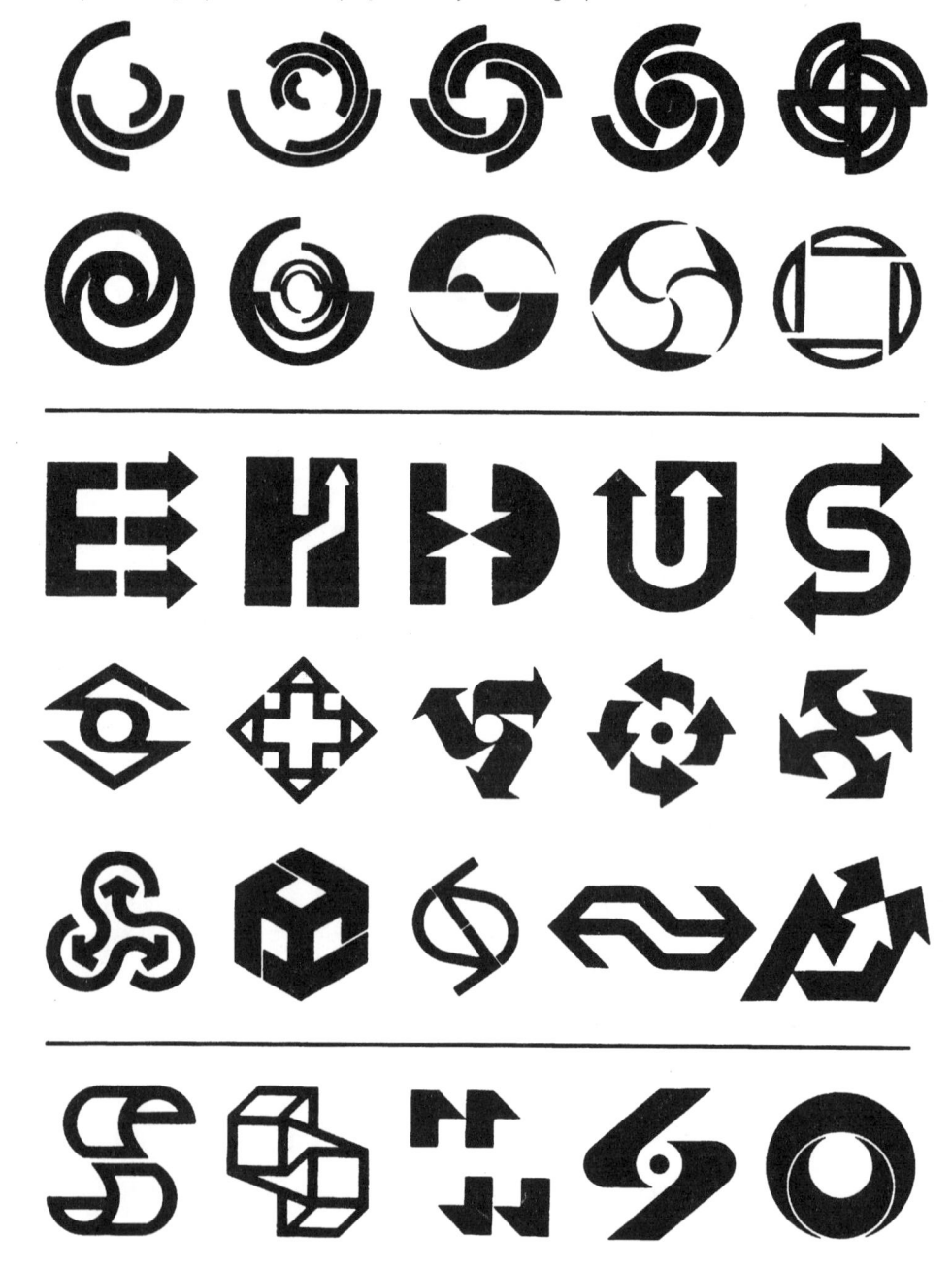

A pura abstração pode levar a adaptações indesejadas dos logotipos

negativa, e também recortada ou nivelada. Uma característica típica do desenho é o traçado contínuo, como na escrita (tabela da p. 305, linhas 3 e 4). Nas três linhas centrais, o reconhecimento nítido das letras é comprometido por uma geometria gráfica bem mais marcada. As duas últimas linhas da tabela da p. 305 e todas as da tabela ao lado compõem-se quase exclusivamente de imagens abstratas, especialmente a seqüência, já estabelecida na parte 1 como organização dos diferentes modos de expressar a formação de um sinal.

Na quinta linha da tabela da p. 305, após os sinais de traços lineares, mencionados anteriormente por sua semelhança com a escrita, apresentam-se os logotipos recortados em toda a sua superfície e que tendem a um aspecto bidimensional. Em oposição, na última linha da mesma tabela mostramos sinais que simulam volume. A essa categoria pertencem também os sinais apresentados na última linha da tabela ao lado, em que artifícios gráficos, como falsas perspectivas e simulações inabituais do volume, tentam perturbar o observador. Na parte superior da tabela ao lado encontram-se alguns emblemas arredondados, que representam movimentos em formas circulares e espirais. Para identificar movimentos que simbolizem expansão, encontro, rotação, afluência e percurso, a flecha tornou-se um signo absolutamente inequívoco e em geral compreendido como elemento de um sinal. Atualmente, seu emprego na criação de logotipos é quase excessivo.

Se observarmos de forma objetiva essa seleção de imagens gráficas de identificação, somos obrigados a reconhecer que, de modo geral, parece haver certa unilateralidade nos estilos empregados em cada sinal e

Woolmark Francesco Saroglia

Admiral Corp., EUA, Morton Gordsholl

Cooperativa polonesa de alfaiates, Karol Sliwka

Os exemplos dispostos na tabela ao lado compõem apenas uma seleção muito reduzida das inúmeras marcas empresariais existentes atualmente. Tomamos a liberdade de reproduzi-las sem nomear os autores e editores, porém com a indicação das principais fontes usadas em nossa organização: *Journal of the American Institute of Graphic Arts*, n. 5, 1966; DIETHELM, Walter. *Signet, Signal, Symbol*. Zurique, ABC-Verlag, 1974.

certa pobreza de imagens realmente novas e expressivas. Talvez no período pós-guerra, as escolas gráficas tenham ocupado muito do seu tempo apenas com o simples contraste preto e branco e com o choque visual fácil de um jogo surpreendente de formas brancas e pretas, obtidas a partir de uma forte oposição ou união artística.

Provavelmente estamos diante de uma nova geração de logotipos. Os sinais que surgiram com o desenvolvimento econômico dos últimos anos e que em geral se caracterizam por um contraste muito rígido e forte parecem ter caído em desuso. Hoje, são cada vez mais numerosos os sinais delicados, expressivos e realmente originais, o que nos faz crer numa perspectiva positiva para a criação de sinais no futuro.

IX. OS SINAIS DA TÉCNICA E DA CIÊNCIA

1. A pictografia dos técnicos

Os técnicos tradicionais, cujo trabalho consistia predominantemente na manipulação de ferramentas e materiais, são conhecidos como artesãos. Antigamente, a maioria não sabia nem escrever, nem fazer desenhos técnicos. Desenvolviam a parte criativa do seu trabalho durante sua própria execução. O carpinteiro visualizava onde colocaria as vigas do teto. A planta da casa não era registrada em papel, apenas na mente dos construtores. Para facilitar a montagem das vigas no local de construção, depois de terem sido preparadas e cortadas na carpintaria, usavam-se determinados sinais entalhados na madeira. Isso já constituía uma linguagem de sinais, que podia ser facilmente interpretada por qualquer assistente.

Apresentamos a seguir alguns exemplos típicos de sinais feitos por carpinteiros, do modo como ainda hoje são utilizados na construção de chalés nas montanhas.

Sinais de carpintaria

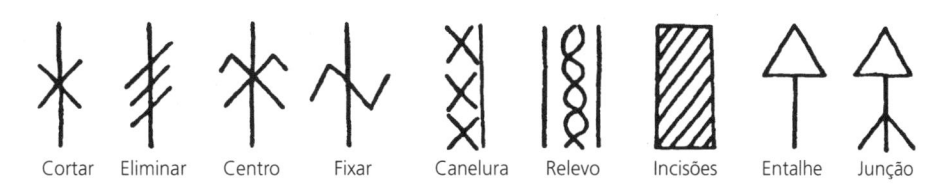

| Cortar | Eliminar | Centro | Fixar | Canelura | Relevo | Incisões | Entalhe | Junção |

310 SINAIS E SÍMBOLOS

Bomba centrífuga

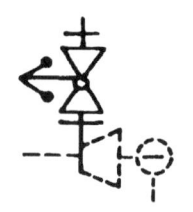

Torneira automática

Estreitamento do tubo

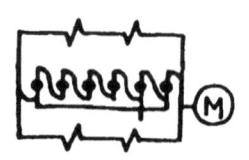

Amortecedor automático

Essas seqüências de sinais (frases) também eram empregadas por outros artesãos. Existiam em quase todas as oficinas, especialmente naquelas em que a obra não era finalizada no local de trabalho, mas precisava ser levada a outro lugar para passar por um segundo processo de montagem. Era o que ocorria, por exemplo, com os canteiros. Geralmente, os verdadeiros sinais de construção, que não devem ser confundidos com as assinaturas, também permaneciam invisíveis, pois eram inscritos na parte interna das pedras.

Ao longo dos séculos, esse modo "espontâneo" de trabalhar desenvolveu-se em duas fases distintas: uma criativa e voltada para projetos e outra de construção. É normal que na técnica moderna de trabalho o profissional que projeta não seja o mesmo que realiza. Entre o martelo e o prego, o machado e a trave, foi introduzido o papel do projeto como estágio intelectual intermediário da obra. Essa mudança fundamental surgiu da exigência de uma complexidade crescente nos edifícios, nas máquinas e instalações. Hoje, é impossível imaginarmos uma construção moderna sem projetos, esquemas ou plantas. Ainda existem artesãos que trabalham manualmente, porém de forma cada vez mais especializada, dividindo suas funções com precisão e critério, de acordo com instruções predeterminadas.

Atualmente, os engenheiros, arquitetos e técnicos, enquanto grupos de trabalho, formam uma equipe, cuja tarefa é providenciar a construção, a instalação e o acabamento de edifícios, de acordo com um projeto estrutural. Em todas as áreas da construção, da pesquisa e do planejamento, tornou-se uma prática comum elaborar previamente – à mesa do escritório ou de desenho e, nos últimos tempos, cada vez mais na tela do computador – um projeto de tudo o que deve ser realizado.

Essa subdivisão crescente em estágios de desenvolvimento levou, necessariamente, à formação de novas expressões visuais, cujo objetivo era fixar opticamente as fórmulas, descobertas e conclusões que se renovavam a cada dia.

As pessoas criativas viram-se obrigadas a ampliar a única limitação do registro verbal com seqüências de letras e a inventar sinais independentes para expressar fórmulas, associações, processos etc.

Do mesmo modo, em muitos campos da tecnologia, a representação esquemática tornou supérfluo o esclarecimento verbal dos detalhes. Enquanto o esquema de instalação elétrica do aparelho mais simples chega a preencher páginas inteiras de instruções escritas, o técnico experiente, conhecendo a nova linguagem, identifica em poucos segundos a função marcada no desenho.

O número desses "sinais abreviados" cresce constantemente devido ao progresso diário em todos os setores. Mesmo um resumo limitado a

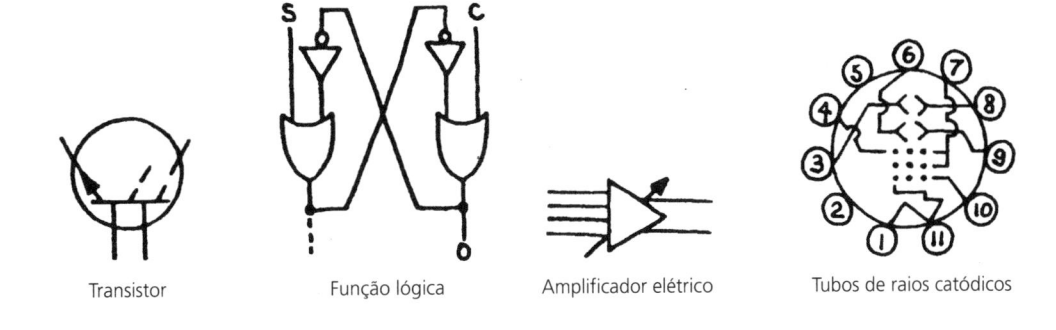

Transistor — Função lógica — Amplificador elétrico — Tubos de raios catódicos

respeito da multiplicidade desses sinais técnicos ultrapassaria o âmbito de nossas considerações. Os poucos exemplos que apresentamos nas margens também possuem valor puramente ilustrativo, como uma perspectiva de um mundo feito de formulações simbólicas, compreendidas apenas por especialistas e usadas por eles como ferramenta gráfica de trabalho.

Sinais de programação usados no processamento de dados

2. Os sinais das ciências modernas

É necessário distinguir os sinais e fórmulas usados pelas ciências daqueles empregados nas oficinas, embora ambos se encontrem e coincidam em determinados pontos. Em geral, o cientista e pesquisador parte de um raciocínio teórico sem antes considerar uma aplicação prática do objeto estudado, da teoria obtida ou do novo conceito inventado. A criação e a colocação em prática de todas as realizações técnicas, econômicas e sociais, que hoje influenciam a vida em nosso planeta, resultam das experiências da pesquisa livre, digamos até "selvagem", pois ainda não foi aplicada. Como exemplo, podemos mencionar Albert Einstein: de natureza puramente teórica, seu trabalho intelectual serviu de base para os cientistas desenvolverem todas as possíveis aplicações da energia atômica, tanto nas áreas conhecidas quanto nas que ainda estão para ser descobertas.

312 SINAIS E SÍMBOLOS

Sinais da ciência moderna (uma seleção)

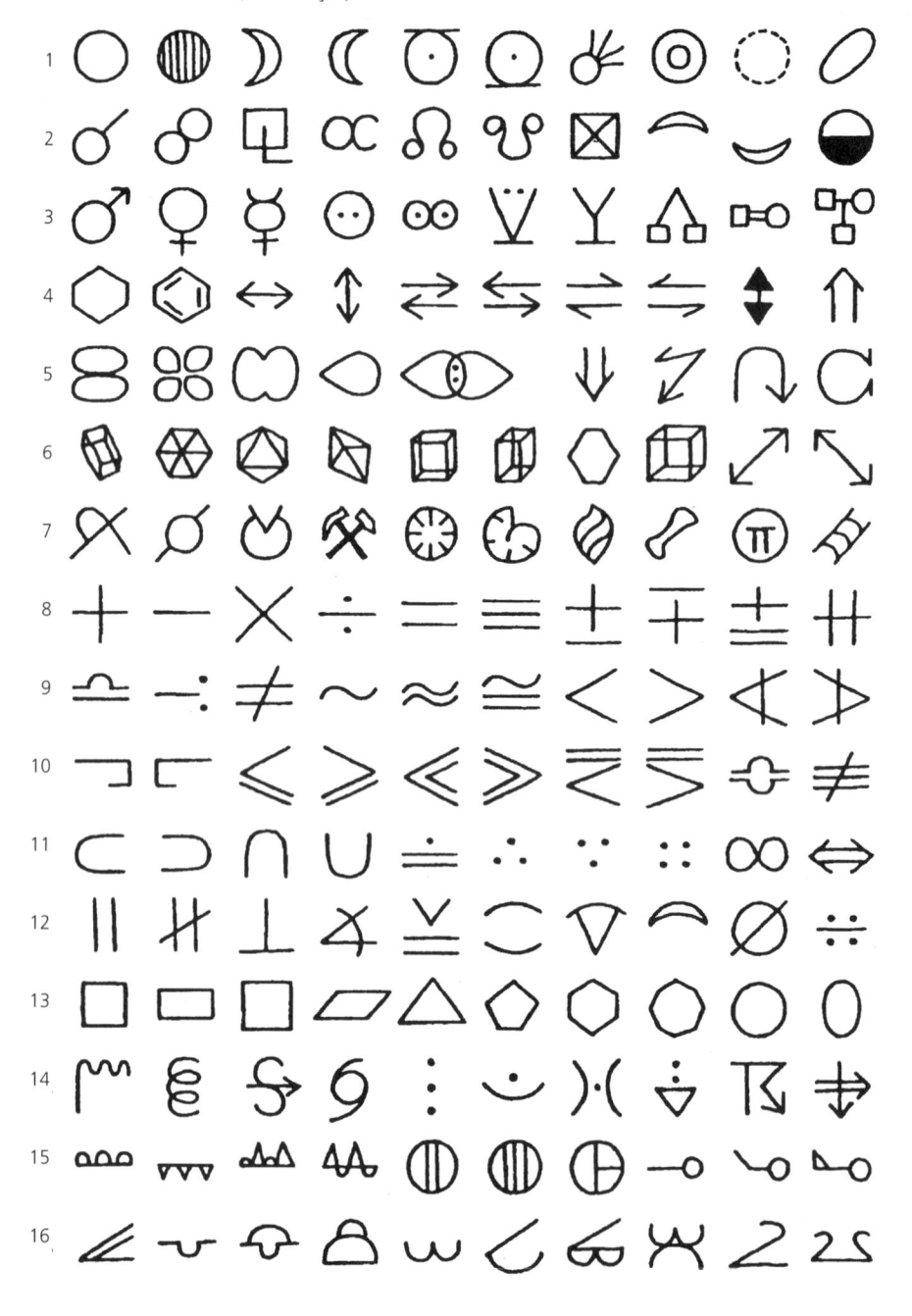

Nos campos da ciência com alto nível de abstração, a escrita abreviada em forma de símbolos é muito mais completa do que nos campos técnicos mencionados anteriormente. Seria impossível imaginar matemáticos ou químicos processando seu trabalho mental apenas com o auxílio dos sinais alfanuméricos, sem usar qualquer tipo de símbolo ou fórmula.

Partindo de uma série básica de sinais elementares disponíveis, o pesquisador sente-se obrigado a inventar constantemente novos sinais e esquemas, para poder formular novos fatos, matérias e conexões descobertos. Diante dessa multiplicidade crescente, é possível mostrar apenas uma breve seleção dos sinais científicos modernos como exemplo de expressões gráficas contemporâneas.

A perspectiva, constantemente evocada, de um retorno a uma escrita pictórica para fins gerais, com a idéia de ultrapassar as barreiras lingüísticas por meio de um sistema pictográfico, como proposto pelo australiano C. K. Bliss em sua obra *Semantography*, parece-nos totalmente irrealista, se considerarmos as diferenças existentes. O esperanto é o exemplo mais pertinente de uma idéia puramente teórica e de fato impressionante, mas que não consegue vencer as estruturas étnicas básicas e profundamente arraigadas em todo o mundo.

No que concerne à ciência e à técnica, não há dúvidas de que, nas áreas de especialização em crescimento, os sinais e pictogramas ainda estejam se desenvolvendo para no futuro se tornarem indispensáveis ao registro e à transmissão de todo o ideário mundial.

Linhas 1 e 2: astronomia (signos planetários e zodiacais, vide capítulo V).   Linha 3: botânica e biologia.   Linha 4: química.   Linha 5: química nuclear.   Linha 6: estruturas cristalinas.   Linha 7: geologia.   Linhas 8 a 11: matemática (sinais de função e relação).   Linhas 12 e 13: geometria.   Linhas 14 a 16: meteorologia.

X. A SINALIZAÇÃO

1. Orientação no ambiente

Em oposição aos outros sinais, os que fazem parte da sinalização possuem uma função de comunicação menos passiva ou informativa. Representando uma indicação, uma ordem, uma advertência, uma proibição ou uma instrução, seu objetivo não é apenas comunicar, mas sobretudo produzir uma reação imediata no observador. Em sua forma externa, seja como painel ou inscrição, o sinal impõe-se no campo de visão do ser humano quase contra sua vontade. Um texto impresso, por outro lado, pode ser lido ou não pelo leitor, ou seja, afastado de seu campo de visão e pensamento ou simplesmente inserido nele. O sinal materializado transformou-se num componente essencial e praticamente inevitável do ambiente visual e do espaço em que vivemos.

Com a Revolução Industrial, o conceito de sinal sofreu uma alteração fundamental: se o mundo da fé era marcado pelo símbolo e o da razão esclarecedora pelo signo, nosso mundo de informação e comunicação universais deve ser regulamentado e estruturado pelo sinal.

a   Interpretação e significado dos sinais de trânsito

A sinalização transformou-se no principal elemento da época moderna, em que o ser humano movimenta-se com velocidades que não correspondem exatamente à sua morfologia física. O tempo que levamos para reconhecer uma situação de perigo não equivale mais à velocidade dos movimentos considerados normais nos dias de hoje e que excedem nossa capacidade natural de reação.

316 SINAIS E SÍMBOLOS

Os sinais de trânsito afetaram decisivamente a estrutura da nossa percepção. Suas características podem ser subdivididas numa certa hierarquia de forças de comando, que por sua vez podem ser classificadas nos seguintes módulos: proibição absoluta (mão única, pare, proibido estacionar); proibição limitada (apenas para caminhões, apenas para moradores); proibição explicativa (proibido virar à direita, contorne a rotatória); sinalização instrutiva (faixa única, velocidade máxima); sinalização informativa (cruzamento, curva perigosa); sinalização indicativa (indicações de estacionamento, distância, direção etc.).

Forma muito semelhante à paisagem urbana

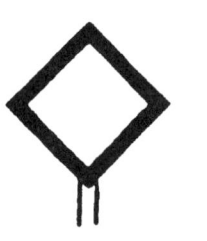

b   *O formato das placas de trânsito*

A determinação do formato das placas de sinalização foi feita, conscientemente ou não, levando-se em consideração a intensidade do seu efeito visual. As placas redondas, que de certo modo correspondem à palma da mão levantada e aberta, são as que apresentam melhor visibilidade em contraste com o ambiente.

Em contrapartida, placas quadradas e retangulares tendem a submergir na paisagem urbana, que consiste basicamente em formas do mesmo tipo. O círculo e a linha diagonal formam um contraste muito mais eficaz em relação ao ambiente urbano. Por essa razão, a maioria das placas de sinalização com conteúdo proibitivo recebe um formato atraente, que pode ser um quadrado com uma ponta para cima ou, como geralmente é o caso, um triângulo.

Contraste mais eficaz em relação ao ambiente

É interessante observar que o triângulo apoiado sobre uma das pontas, assim como a placa circular, transmite uma forte mensagem de ordem ou comando, enquanto o que apresenta a ponta voltada para cima comporta uma informação que tende mais para a advertência. Na paisagem urbana, é compreensível que os triângulos com o vértice para baixo produzam uma imagem mais agressiva do que os com o vértice para cima. A própria aparência das cidades, com a cumeeira de seus telhados apontando para cima, justifica esse fato. Essa relação existe no inconsciente humano como uma imagem habitual.

c   *As cores*

A cor primária vermelha foi eleita como o mais significativo de todos os tons: vale para indicar proibição, instrução e perigo. Quantitativamente, o vermelho só aparece na paisagem em pontos isolados, nunca em áreas extensas. Considerada a cor mais obstrutiva de todas, seu uso deriva do fato de ela existir na natureza apenas em situações excep-

Forma triangular agressiva, sinal de proibição

cionais, como nas flores, porém sempre em forma de cor primária. O verde, ao contrário, não é adequado à sinalização por apresentar-se sempre em grande quantidade na natureza. Os tons de azul são utilizados apenas para fins de convocação ou indicação.

d A reação do motorista ao sinal

Levando-se em conta o trânsito cada vez mais intenso e sua regulamentação adequada, seria certamente interessante refletir sobre o fato de que pelo menos três reações diferentes à sinalização podem ser observadas entre os participantes do trânsito, sobretudo os motoristas. Em primeiro lugar, eles reagem às indicações de perigo com um instinto próprio do ser humano de proteger a si mesmo. Quando o sinal para "desabamento de pedras" aparece, automaticamente fecham a capota do carro. Diante das informações "passagem de nível" ou "declive", reduzem a velocidade. O mesmo vale para a segunda categoria de reações, em que o bolso do motorista corre mais riscos que sua vida. É o caso do controle de velocidade feito por radar. No terceiro tipo de reação, verifica-se uma dificuldade maior em tirar o pé do acelerador diante de considerações como "homens trabalhando", "estreitamento de pista" etc.

Formato de um sinal de advertência mais adaptado à silhueta de um vilarejo

A própria vida em perigo

O perigo expresso na mensagem não atinge diretamente o leitor

2. Os pictogramas

Duas razões são responsáveis pelo uso cada vez maior dos pictogramas nos sinais direcionais e informativos. A primeira consiste na limitação necessária da dimensão das placas. Qualquer que seja seu formato (redondo, triangular ou quadrado), a informação deve ser apresentada de modo preciso.

Esse princípio opõe-se à informação escrita que, por ter de seguir o desenvolvimento linear da composição de palavras, exige placas largas, mais ou menos compridas, representando um obstáculo à uniformização de todo sistema de sinalização.

Pictogramas conhecidos mundialmente e que falam por si mesmos

Diagramas que exigem reflexão

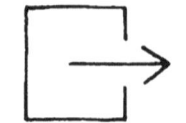

Entrada

Saída

Pictogramas difíceis de ser interpretados

A segunda razão para o uso crescente dos pictogramas é a própria linguagem. As redes de estradas e ferrovias, além das linhas aéreas e de navegação, ultrapassam quaisquer fronteiras territoriais, lingüísticas e étnicas. Um letreiro poliglota exigiria dimensões enormes, e as informações perderiam sua clareza. O tráfego aéreo poderia constituir uma exceção, reduzindo a compreensão a um sistema de informação bilíngüe, formado pela língua do país e pelo inglês, que acabou se transformando na única língua internacional dos aeroportos. Palavras como *exit*, *flight*, *bus*, entre outras, são exemplos comuns.

Nas últimas décadas, a informação por meio de sinais pictóricos provocou uma mudança nos hábitos de leitura de cada população. Pode-se dizer que, nos dias atuais, não seria mais possível indicar itinerários sem se fazer uso de determinado número de pictogramas. Nesse sentido, é necessário destacar o fato de que existem pelo menos três tipos diferentes de informação pictórica. O primeiro abrange os sinais que, como imagens reais, geralmente em forma de silhuetas, não deixam dúvidas a respeito de sua mensagem, seja qual for a língua ou o costume de seu observador. Um cigarro cortado por um traço diagonal, a silhueta do gancho de um telefone, uma xícara de café, entre outros objetos, tornaram-se indicações conhecidas em todo o mundo. Para compreendê-las, não é necessário nenhum processo de aprendizagem, pois sua informação é imediata.

O segundo tipo de informação pictórica inclui diagramas, cuja imagem não é compreensível à primeira vista e exige certo esforço mental. É o caso, por exemplo, dos sinais de trânsito que indicam "preferência", "mão dupla", "declive" etc.

Nesse grupo dos pictogramas esquematizados, inventam-se constantemente novos sinais, cujo significado deixa dúvidas em muitos casos, mesmo depois de vários anos de aprendizado. Chamamos a atenção para os termos "saída" e "entrada". O exemplo ao lado do quadrado aberto como indicação de recinto e porta, associado à flecha que indica a direção, é uma representação formada pela composição de elementos abstratos diferentes. Esse sinal exige do pedestre um "tempo de reflexão" muito maior do que o "tempo de decisão" de que ele dispõe ao se aproximar da porta. Uma informação desse gênero jamais cumpriria seus objetivos de modo satisfatório, uma vez que sua concepção intelectual resulta inadequada tanto ao reconhecimento visual espontâneo, quanto ao simples processo de aprendizado. Nesse caso, damos preferência à informação verbal de "entrada" e "saída".

O terceiro grupo compreende sinais que não derivam nem de figuras, nem de diagramas, mas de sinais abstratos, e por isso requerem um aprendizado correto. Uma vez compreendidos pelo subconsciente, como as letras do alfabeto, a informação é transmitida espontaneamente. O exemplo mais característico é o sinal para a mão única ou para a proibição de circular em determinada via, usado também para pedestres, e que hoje todos conhecemos e respeitamos. O vermelho, o amarelo e o verde do semáforo pertencem exatamente ao mesmo campo de informação assimilada. A flecha poderia ser incluída no mesmo grupo, embora sua silhueta, dependendo da forma específica usada, possa lembrar uma arma (cf. parte 1). O formato de haste, próprio do traço longo que acompanha a ponta da flecha, informa com precisão o movimento que está sendo indicado: desvio, curva perigosa etc. Particularmente difíceis de serem representadas por pictogramas são as informações que concernem a serviços em vez de objetos, como "alfândega", "seção de achados e perdidos", "self-service", "sala de espera", "despacho, recepção ou depósito de bagagens", entre outros. Provavelmente o problema da indicação dos toaletes só se resolva de modo satisfatório no mundo inteiro com uma expressão verbal, pois mesmo a separação de homens e mulheres, tipicamente caracterizada no Ocidente pelas silhuetas de uma calça e uma saia, não funcionam, por exemplo, nos países árabes.

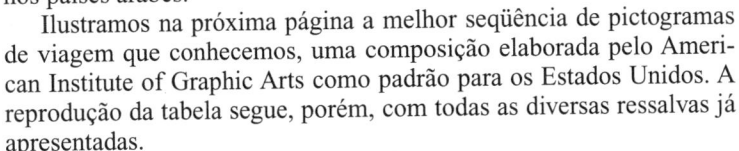

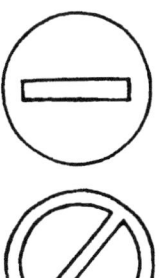

Ilustramos na próxima página a melhor seqüência de pictogramas de viagem que conhecemos, uma composição elaborada pelo American Institute of Graphic Arts como padrão para os Estados Unidos. A reprodução da tabela segue, porém, com todas as diversas ressalvas já apresentadas.

Uma vez aprendidos, são perfeitamente compreensíveis

3. Sinalização em forma impressa

Na maioria dos casos, a definição temporal e geográfica de um itinerário, desde o ponto de partida até o destino, é planejada com detalhes pelo viajante. Para isso, ele utiliza prospectos, horários ou mapas de estradas. Todas essas representações esquemáticas e impressas contêm muitos sinais, que em parte são idênticos aos que ele também encontrará durante a viagem.

A reação do viajante a esses sinais, que de certo modo também podem ser considerados como uma sinalização teórica, é fundamentalmente diferente da que ocorre em relação aos sinais encontrados no cotidiano. A informação, o planejamento e a preparação ocorrem numa atmosfera de relaxamento, poderíamos até dizer de meditação, enquanto a viagem em si submete as pessoas a obrigações temporais e locais bastante definidas, como a dependência dos regulamentos do trânsito e a pontualidade dos transportes públicos.

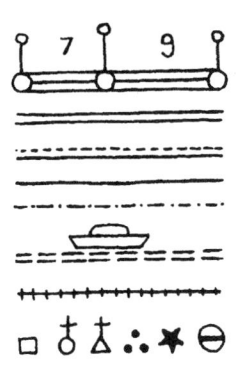

Sinais presentes em mapas rodoviários

320 SINAIS E SÍMBOLOS

Padronização dos pictogramas para o tráfego aéreo nos Estados Unidos

A sinalização pública requer um reconhecimento imediato, enquanto a impressa, vista fora do trânsito, permite um conteúdo muito mais complexo. Além dos pictogramas de significado evidente, um horário ou um mapa de estradas pode simplesmente apresentar sinais abstratos em forma de indicação ou referência, com explicações em outro local do documento, como uma nota de rodapé.

A simplificação dos sinais para mapas e sobretudo para horários deve, porém, ser reduzida à forma mais estilizada possível, uma vez que sua ilustração tem de permanecer legível inclusive nas menores dimensões.

Como exemplo, mostramos a seguir uma série de pictogramas elaborados para o programa de uma linha aérea. A primeira linha contém sinais com um significado imediatamente reconhecível e compreensível, devido à sua clara semelhança com os objetos reais.

Sinais retirados do prospecto de uma estação de águas

Sinais para um programa de linha aérea

Na segunda linha, os sinais ainda apresentam um caráter inteiramente pictórico, porém com uma expressão que, em geral, necessita de explicação. Da esquerda para a direita, os sinais significam: cinema a bordo, serviço de acolhimento, baldeação, vôo de ida, ida e volta, telegrama, horário local e horário do vôo. Os sinais da terceira linha também carecem de explicação: apenas em dias úteis, diariamente e nos dias da semana de 1 a 7. Nesse último caso, não sabemos se o primeiro dia é o domingo, a segunda-feira ou, eventualmente, até mesmo o sábado. A quarta linha mostra sinais típicos de referência, isto é, figuras geométricas claramente distintas, cuja explicação deve, de todo modo,

A legibilidade de pictogramas em dimensões reduzidas

ser indicada numa nota de rodapé ou legenda, quando possível em todas as páginas.

4. Aspectos emocionais no labirinto dos caminhos

a   A orientação em edifícios públicos

Atualmente, um dos principais fatores de sinalização a ser considerado é uma espécie de ansiedade que pode ser chamada de "medo do desconhecido". Dependendo do local em que nos encontramos, dentro ou fora de um edifício, por exemplo, nossa atitude psicológica diante da busca por um caminho varia completamente. Enquanto permanecemos ao ar livre, nossa capacidade autônoma de decisão mantém-se intacta, e o ambiente visível que nos cerca constitui um ponto de referência seguro. No entanto, assim que entramos pela primeira vez num local, perdemos a segurança de nossa capacidade de decisão e somos obrigados a pedir ajuda e orientação. Na maioria das vezes, nosso olhar procura por uma pessoa receptiva, com quem podemos nos informar. Em edifícios sem balcão de informações existe, normalmente, uma planta de orientação. Essa espécie de miniaturização ou esquematização do local deve ser considerada como o principal elemento da sinalização, pois é onde o visitante tem de reconhecer e assimilar a estrutura espacial de todo o prédio. O funcionamento desse processo de comunicação e da orientação subseqüente associa-se à condição psíquica do visitante. Num museu, por exemplo, presume-se que ele esteja relaxado e naturalmente inclinado a procurar sozinho seu rumo. Em contrapartida, dependendo do grau de emoção, ao entrar num edifício público, como correio, delegacia ou hospital, o visitante perderá em parte, ou até completamente, sua capacidade de reconhecimento e procurará uma orientação verbal.

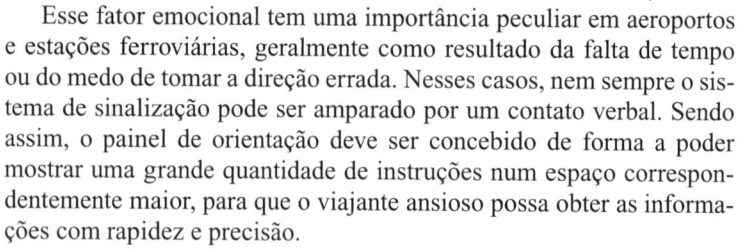

Esse fator emocional tem uma importância peculiar em aeroportos e estações ferroviárias, geralmente como resultado da falta de tempo ou do medo de tomar a direção errada. Nesses casos, nem sempre o sistema de sinalização pode ser amparado por um contato verbal. Sendo assim, o painel de orientação deve ser concebido de forma a poder mostrar uma grande quantidade de instruções num espaço correspondentemente maior, para que o viajante ansioso possa obter as informações com rapidez e precisão.

Tóquio

b Sistemas de pictogramas para eventos

No âmbito dos eventos cada vez mais freqüentes, que reúnem grandes grupos para fins culturais, esportivos ou políticos, surgem sempre novos sistemas de orientação. Para sua configuração, deve-se igualmente levar em conta o conteúdo específico, a dimensão e as várias línguas empregadas nesses eventos. Assim, o desenhista torna-se uma espécie de organizador visual, cuja tarefa é orientar e encaminhar os visitantes.

Em se tratando de reuniões limitadas no tempo e no espaço, com participantes geralmente dispostos a se descontrair e a aproveitar a ocasião, parece-nos que a configuração dos sistemas pictográficos, com grupos de sinais originais elaborados por desenhistas especializados, é bem aceita. Freqüentemente ouvimos dizer que deveria ser adotado um sistema permanente de pictogramas para os jogos olímpicos. Ao contrário, seria mais coerente e adequado que a cada quatro anos fosse elaborado um novo sistema de sinais que exprimisse as características específicas do país anfitrião. O visitante assimila com relativa rapidez o processo de aprendizado desses sinais, cuja cor local expressa toda a sua riqueza gráfica. E, mesmo que haja erros ocasionais de interpretação nesses eventos, suas conseqüências não serão graves.

Vale, porém, a seguinte exceção: por razões óbvias, a sinalização de segurança deve seguir um rigoroso padrão internacional.

México

Munique

Grenoble

5. Sinais de operação

As ferramentas tradicionais devem sua forma a séculos de adaptação à anatomia da mão humana. A combinação de força física, movimento e instrumento possibilitou a produção de objetos de uso prático a partir de matérias-primas como rocha, madeira, couro e linha. A invenção do motor impôs gradualmente a tendência a substituir a força humana pela da máquina. Os aparelhos deixaram de ser projetados para as mãos para ser cada vez mais construídos conforme uma adaptação puramente técnica a suas funções mecânicas.

A geração atual lida com ferramentas, aparelhos domésticos e meios de transporte, cujo revestimento de formas modernas esconde a função interna, tornando-a incompreensível. De todo modo, parece desnecessário querer compreendê-la, pois os instrumentos não são mais "manejados" e, sim, "operados". Além disso, os aparelhos eletrônicos que estão invadindo as residências também programam sua própria seqüência de operações, de forma que a expressão "apertar o botão" deixou de ter uma conotação de humor futurista para conferir um aspecto de realidade à atividade humana mecanizada.

Ferramentas adaptadas para o uso manual

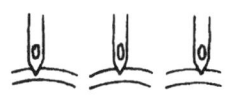

Numa máquina de costura

Num forno

Numa máquina de lavar roupa

Numa máquina fotográfica

Num toca-fitas

Num veículo

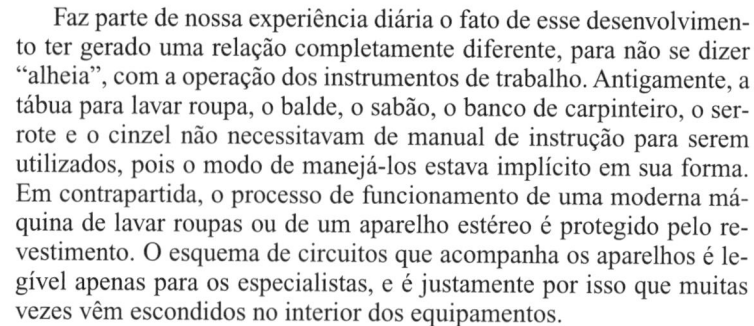

Faz parte de nossa experiência diária o fato de esse desenvolvimento ter gerado uma relação completamente diferente, para não se dizer "alheia", com a operação dos instrumentos de trabalho. Antigamente, a tábua para lavar roupa, o balde, o sabão, o banco de carpinteiro, o serrote e o cinzel não necessitavam de manual de instrução para serem utilizados, pois o modo de manejá-los estava implícito em sua forma. Em contrapartida, o processo de funcionamento de uma moderna máquina de lavar roupas ou de um aparelho estéreo é protegido pelo revestimento. O esquema de circuitos que acompanha os aparelhos é legível apenas para os especialistas, e é justamente por isso que muitas vezes vêm escondidos no interior dos equipamentos.

Não é nossa intenção defender os métodos tradicionais contra as inovações. Contudo, é quase trivial o fato de os instrumentos atuais e futuros tornarem-se cada vez mais abstratos e, conseqüentemente, precisarem ser providos de instruções de uso. Para todo produtor, a ilustração e o texto dos manuais de máquinas e aparelhos é um problema difícil de ser resolvido. Como exemplo típico de contradição, mencionamos as indicações feitas com cores. Da nossa experiência com o trânsito, sabemos que o vermelho significa "pare", e o verde, "avance". Num aparelho elétrico, ao contrário, a luz vermelha significa "contato", ou seja, funcionamento em vez de pausa, enquanto a verde indica inatividade.

Do mesmo modo, muitos usuários têm dificuldade com as instruções de aparelhos providos de botões giratórios, pois a indicação "girar para a esquerda" e "girar para a direita" não constituem, necessariamente, informações claras e precisas para todos.

Além disso, em vista da importação e exportação mundiais dos mais diferentes equipamentos, as instruções de uso traduzidas em diversas línguas tornaram-se comuns. No entanto, a descrição e a explicação exclusivamente verbais levam muitas vezes a instruções complicadas e, portanto, incompreensíveis devido à tradução deficiente. Sendo assim, as empresas procuram inventar pictogramas capazes de esclarecer todas as indicações e manipulações de modo figurativo.

Quanto a esse aspecto, precisamos ter em mente que serão necessárias muitas gerações para que esse problema encontre uma solução uniforme, sobretudo no que concerne ao processo de aprendizagem, que praticamente tem de ser retomado desde o início com cada tipo de aparelho. Entretanto, a padronização dos sinais está se desenvolvendo em diversos campos, e tudo indica que já estejam sendo estabelecidas regras básicas para uma linguagem figurativa de sinais universalmente compreensível.

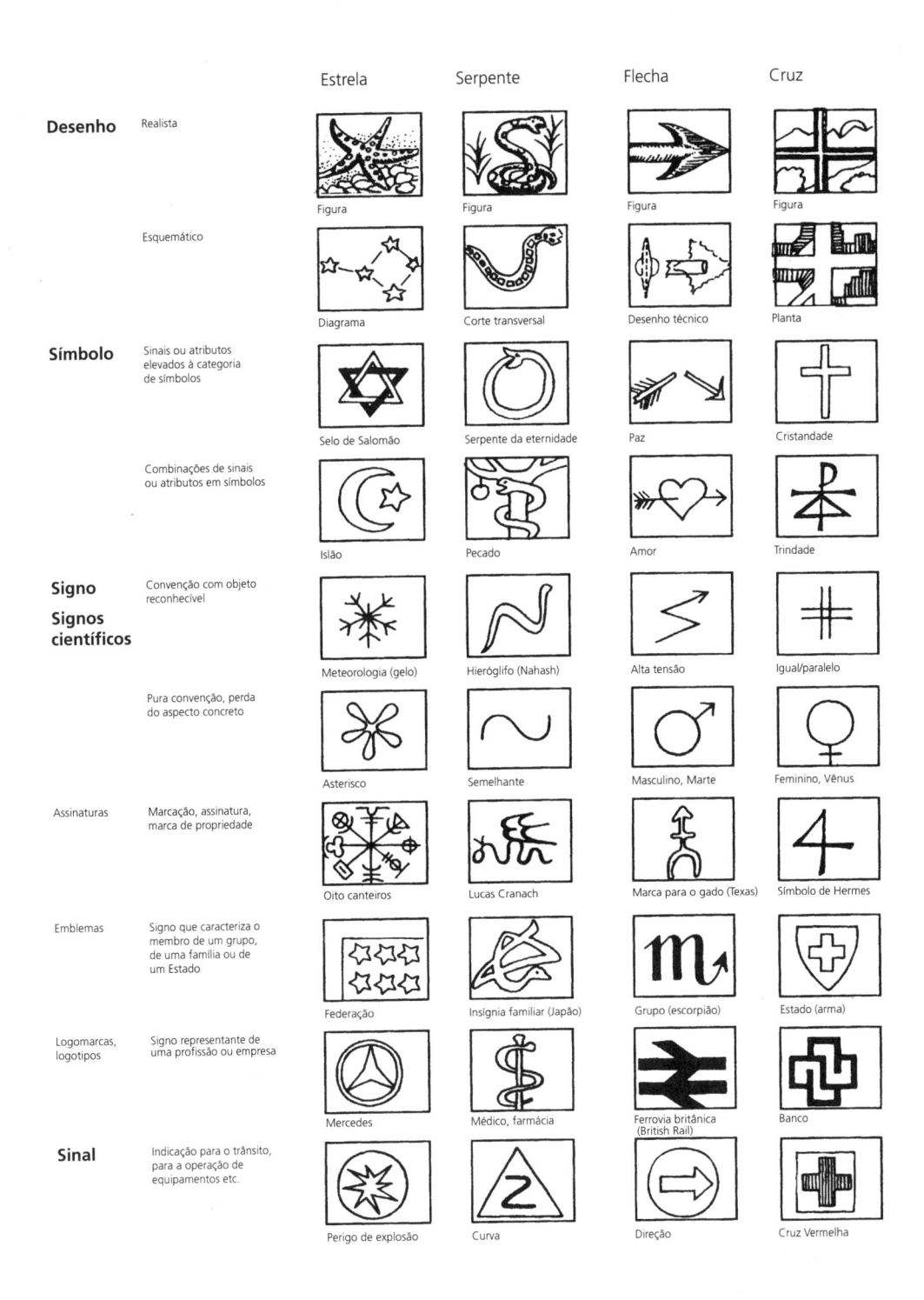

		Estrela	Serpente	Flecha	Cruz
Desenho	Realista	Figura	Figura	Figura	Figura
	Esquemático	Diagrama	Corte transversal	Desenho técnico	Planta
Símbolo	Sinais ou atributos elevados à categoria de símbolos	Selo de Salomão	Serpente da eternidade	Paz	Cristandade
	Combinações de sinais ou atributos em símbolos	Islão	Pecado	Amor	Trindade
Signo **Signos científicos**	Convenção com objeto reconhecível	Meteorologia (gelo)	Hieróglifo (Nahash)	Alta tensão	Igual/paralelo
	Pura convenção, perda do aspecto concreto	Asterisco	Semelhante	Masculino, Marte	Feminino, Vênus
Assinaturas	Marcação, assinatura, marca de propriedade	Oito canteiros	Lucas Cranach	Marca para o gado (Texas)	Símbolo de Hermes
Emblemas	Signo que caracteriza o membro de um grupo, de uma família ou de um Estado	Federação	Insígnia familiar (Japão)	Grupo (escorpião)	Estado (arma)
Logomarcas, logotipos	Signo representante de uma profissão ou empresa	Mercedes	Médico, farmácia	Ferrovia britânica (British Rail)	Banco
Sinal	Indicação para o trânsito, para a operação de equipamentos etc.	Perigo de explosão	Curva	Direção	Cruz Vermelha

TENTATIVA DE UMA SÍNTESE

Com base em quatro figuras concretas, duas extraídas da natureza (a estrela e a serpente), uma feita artesanalmente (a flecha) e a última no limite da abstração (a cruz), a tabela de sinais exposta na página 325 representa uma tentativa de contrapor as alterações da forma às mais diversas expressões.

A primeira linha horizontal contém ilustrações fundamentalmente pictóricas. Embora reproduzidos pela técnica do traçado linear, esses desenhos permanecem no campo figurativo, e sua expressão mantém-se basicamente ilustrativa.

Na segunda linha, os mesmos objetos assumem uma forma esquemática, o que significa que não se trata mais de uma ilustração externa, mas de uma reprodução decomposta, em que a imagem é ordenada como diagrama, corte transversal ou planta para facilitar a compreensão.

A terceira linha apresenta uma das transformações mais importantes: a imagem eleva-se à categoria de símbolo. Trata-se de uma espécie de "sublimação" do simples objeto, em que o conteúdo espiritual é substituído pelo caráter concreto. Nesse contexto, uma reprodução real deixa de ser necessária. Na verdade, a intenção ilustrativa se perde no processo de redução da imagem a um signo, e a figura dá origem a um símbolo.

Para reforçar uma expressão simbólica, é comum a associação de dois ou mais objetos numa única ilustração, como ocorre na quarta linha.

A fim de fornecer um esclarecimento mais profundo sobre a controvérsia a respeito da diferença entre um símbolo e um signo, da quinta linha em diante aparecem quatro objetos primitivos numa variedade de versões simplificadas e, de certo modo, aprimoradas dos verdadeiros signos. Naturalmente, signos simples como o do relâmpago e o de Vênus, mas também as figuras de armas e até mesmo as logomarcas, podem transformar-se em símbolos. O significado básico de uma figura é o principal elemento capaz de traçar a linha divisória entre a imagem simbólica e o signo neutro que denota um objeto.

A divisão dos signos em grupos não constitui em si um problema de interpretação. Os signos abreviados, empregados em conceitos científicos, bem como as assinaturas, as filigranas, as marcas de propriedade e logomarcas diferenciam-se uns dos outros por sua própria utilização específica.

A forma externa das diferentes espécies de signos fornecem, portanto, uma indicação bastante clara do seu uso. O signo científico, traçado com uma linha simples e objetiva, distingue-se claramente do estilo mais ornamentado das armas, enquanto a simplificação funcional de uma marca para o gado é completamente diferente dos desenhos publicitários, elaborados com toda sorte de atrativos gráficos.

Na última linha da tabela, mostramos as quatro figuras básicas usadas na sinalização. A expressão real e original, bem como a simbólica, desapareceram, e o sinal transformou-se em convenção abstrata. A imagem do sinal inclui a forma da placa, que na verdade também pode ser considerada como um sinal geométrico básico, capaz de conferir ao sinal central um sentido mais amplo.

EPÍLOGO

A ilustração transforma-se em símbolo. A fórmula de traçado simples e objetivo obedece ao símbolo sagrado. As figuras das armas e as assinaturas convertem-se em marcas e emblemas. O desenho simplifica-se formando um signo.

Há muito tempo as letras do alfabeto deixaram de ser suficientes para registrar idéias e transmitir opiniões. Hoje, a orientação e a comunicação seriam inviáveis sem diagramas, signos e sinais. A expressão escrita deve, necessariamente, ser complementada com a transmissão de imagens.

Criados sob determinadas condições históricas, os alfabetos das linguagens verbais foram permanentemente estabelecidos, porém de modo abstrato. Em contrapartida, as seqüências de signos pictóricos estão constantemente sujeitas a adaptações concretas ao seu campo de aplicação sempre mutável. Além disso, têm um efeito esclarecedor e normativo nos pontos em que as palavras são insuficientes ou incompreensíveis.

Com sua diversidade, os signos, símbolos, logotipos e sinais representam a expressão de nossa época, que tudo permeia e marca, e são capazes de indicar o futuro, uma vez que mantêm e conservam o passado.

Contra o armamento nuclear
Paz

Cuidado!
Radioatividade

BIBLIOGRAFIA

Parte 1:

BERTIN, J. *Semiologie graphique*. Paris, 1967.
BOSSHARD, H. R. *Gestalt-Gesetze*. Zurique, 1971.
COLLECTION Life: Le Monde des Sciences. By Time Inc., 1965.
CROY, Peter. *Die Zeichen und ihre Sprache*. Göttingen, Frankfurt/Main, Zurique, 1972.
ELFFERS, J., org. *Tangram. Das alte chinesische Formenspiel*. Köln, ²1976.
ESCHER, M. C. *Grafik und Zeichnungen*. Munique, ⁸1974.
GUILLAUME, P. *La psychologie de la forme*. Paris, 1937.
KANDINSKY, W. *Punkte und Linie zur Fläche*. Bern, 1955.
KEPES, G., org. *Education de la vision*. Bruxelas, 1967.
KLEE, P. *Das bildnerische Denken*. Basiléia, 1956.
KOPFERMANN, H. *Zweidimensionale Darstellungen*. Ps. Forsch., XIII, 1930.
LEROI-GURHAN, A. *Le geste et la parole*. Paris, 1965.
METZGER, W. *Gesetze des Sehens*. Frankfurt am Main, ³1975.
ORNAMENT ohne Ornament: Fünf Ausstellungs-Broschüren, Zurique, 1965.
RUBIN, E. *Visuell wahrgenommene Figuren*. Copenhague, 1921.
RUDER, E. *Typographie*. Teufen, 1967.
SCHOBER, H. & RENTSCHLER, I. *Das Bild als Schein der Wirklichkeit*. Munique, 1972.
VOIGT, J.; GERICKE, F. E.; GENTH, D. *Sprache der Zeichen. Verständigung bei Tier und Mensch*. Köln, 1973.

Parte 2:

ARNTZ, H. *Die Runenschrift*. Halle/Saale, 1938.
BARTON, G. A. The origin and development of Babylonian writing. In: *Beitr. Zur Assyriologie, 9*. Antiqua.

CHADWICK, J. *Die Entzifferung der mykenischen Schrift.* Göttingen, 1959.
CHIERA, Edward. *Sie schrieben auf Ton.* Zurique – Leipzig, 1941.
COHEN, M. *La grande invention de l'écriture et son évolution.* Paris, 1958.
DEGERING, H. *Die Schrift.* Tübingen, 1964.
DELITZSCH, F. *Die Entstehung des ältesten Schriftsystems.* Leipzig, 1897.
DIRINGER, D. *The Alphabet. A Key to the History of Mankind.* Londres, 1949.
DOBLHOFER, E. *Zeichen und Wunder. Die Entzifferung verschollener Schriften und Sprachen.* Munique, 1964.
DÜWEL, K. *Runenkunde.* Stuttgart, 1968.
ERMANN, A. *Die Hieroglyphen.* Antiqua, 1923.
EVANS, A. J. *Scripta Minoa I.* Oxford, 1909.
FÉVRIER, J. G. *Histoire de l'Ecriture.* Paris, 1948.
FÖLDES-PAPP, K. *Vom Felsbild zum Alphabet.* Stuttgart, 1966.
FORRER, E. *Die hethitische Bilderschrift.* Chicago, 1931/32.
FOSSEY, Ch. *Notices sur les caractères étrangers.* Paris, 1948.
FRIEDRICH, J. *Geschichte der Schrift.* Heidelberg, 1966.
GELB, Ignace J. *Von der Keilschrift zum Alphabet.* Stuttgart, 1958.
GREVISSE, M. *Le bon usage.* Gembloux, 1975.
HENTZE, C. *Funde in Alt-China.* Göttingen, 1967.
HEVESY, M. G. de. Osterinselschrift und Indusschrift. In: *Orientalist. Lit.-Zeitung Nr. 11,* 1934.
JENSEN, H. *Die Schrift in Vergangenheit und Gegenwart.* Berlin, 1958.
KAPR, A. *Schriftkunst.* Dresden, 1971.
KRAMER, S. N. *Mesopotamien. Frühe Staaten an Euphrat und Tigris.* Reinbek, 1971.
LUDWIG, A. J. Ziffern und Zahlen. In: *Der Polygraph,* Heft Nr. 3 und 4. Frankfurt/Main, 1974.
MASSIN: Buchstabenbilder und Bildalphabete. Ravensburg, 1970.
MERIGGI, P. Zur Indusschrift. In: *Zeitschrift d. Dt. Morgen. Ges. 87* (N. F. 12), 1934.
MILTNER, F. *"Wesen und Geburt der Schrift": Historia Mundi.* Bern, 1954. vol. III.
POPE, M. *Die Rätsel alter Schriften.* Bergisch Gladbach, 1978.
RICHAUDEAU, F. *La lisibilité.* Paris, 1969.
SCHMANDT-BESSERAT, D. Les plus ancien précurseurs de l'écriture. In: *Pour la Science 8,* 1978.
SCHMÖKEL, H. *Funde im Zweistromland.* Göttingen, 1963.
STROMMENGER, E. *Fünf Jahrtausende Mesopotamien.* Munique, 1962.
SUMER, Assur, Babylon. 7000 Jahre Kunst und Kultur zwischen Euphrat und Tigris. (Catálogo de exposição) Mainz, 1978.
TSCHICHHOLD, J. *Formenwandlungen der Et-Zeichen.* Frankfurt/Main, 1953.
—————. *Geschichte der Schrift in Bildern.* Basiléia, 1946.
UNGER, E. *Die Keilschrift.* Leipzig, 1929.
VACCARI, O. *Pictorial-Chinese-Japanese Characters.* Tóquio, 1950.
VIRL, H. *Die Entstehung und die Entwicklung der Schrift.* Stuttgart, 1949.
WEULE, K. *Vom Kerbstock zum Alphabet.* Stuttgart, 1915.

Parte 3:

ALLAN, J. *Coins of ancient India*. Londres, 1950.
ARNELL, A. *Standard Graphical Symbols*. Nova York, 1963.
BAYLAY, H. *The Lost Language of Symbols*. Nova York.
BEIGBEDER, O. *La symbolique*. Paris, 1968.
BLACHETTA, W. *Das Sinnzeichen-Buch*. Frankfurt/Main.
BLISS, C. K. *Semantography*. Sydney, 1965.
BRIQUET, Ch.-M. *Les filigranes*. Genf, 1907.
BROOKE-LITTLE, J. P. *An Heraldic Alphabet*. Nova York, 1973.
BÜHLER-OPPENHEIM, K. *Zeichen, Marken, Zinken, Signs, Brands, Marks*. Teufen, 1971.
CHEVALIER, J. & GHEERBRANT, A. *Dictionnaire des symboles*. Paris, 1969.
CHRISTIE, A. H. *Pattern Designs*. Oxford, 1929.
DIETHELM, W. *Signet, Signal, Symbol*. Zurique, 1970.
DREYFUSS, H. *Symbol Sourcebook*. Nova York, 1972.
EHMCKE, F. H. *Wahrzeichen, Warenzeichen*. Berlim, 1921.
ENCISO, Jorge. *Designs from Pre-Columbian Mexico*. Nova York, 1971.
ENDRES, Franz Carl. *Die Symbole des Freimaurers*. Hamburgo, 1977.
FEWKES, J. W. *Designs on Prehistoric Hopi Pottery*. Nova York, 1973.
FIELD, F. V. *Pre-Hispanic Mexican Stamp Designs*. Nova York, 1974.
FLÄMING, O. *Monogramme*. Braunschweig, 1968.
FRIEDRICH, K. *Die Steinbearbeitung*. Augsburgo, 1932.
FRUTIGER, A. *Type, Sign, Symbol*. Zurique, 1980.
GABUS, J. *Kunst der Wüste*. Olten, 1959.
JUNG, G. G.; VON FRANZ, M.-L.; HENDERSON, J. L.; JACOBI, J. & JAFFÉ, A. *Der Mensch und seine Symbole*. Olten, [8]1979.
KAYSER, F. *Kreuz und Rune*. Stuttgart, 1965.
KEPES, G. *Signe – image – symbole*. Bruxelas, 1968.
KERIMOV, L. *Folk Design from the Caucasus*. Nova York, 1974.
KNAUTH, J. *Die Steinmetz-Zeichen am Straßburger Münster*. Estrasburgo, 1906.
KOCH, R. *Das Zeichenbuch*. Offenbach/Main, 1940.
KOWALSKI, K. *Die Wirkung visueller Zeichen*. Stuttgart, 1975.
KUWAYAMA, Y. *Trademarks & Symbols*. Nova York, 1973. vols. 1 e 2.
LEGEZA, L. *Magie du tao*. Paris, 1976.
LEHNER, E. *Symbols, Signs and Signets*. Nova York, 1950.
LENGYEL, L. *L'art gaulois dans les medailles*. Montrouge-Paris, 1954.
LURKER, M., org. *Wörterbuch der Symbolik*. Stuttgart, 1979.
MATSUYA Piece-Goods Store: Japanese Design Motifs. Nova York, 1972.
MIGEON, Gaston. *Les arts du tissu*. Paris, 1929.
NATAF, G. *Symboles, signes et marques*. Paris, 1973.
NEUBECKER, O. *Heraldik*. Frankfurt/Main, 1977.
PANOT, A. *L'Univers des Formes*. Paris, 1960.
PIERCE, Ch. S. *Über Zeichen*. Stuttgart, 1965.
RACZ, I. *Finnische Volkskunst*. Helsinki, 1969.
RAWSON, Ph. *L'art du tantrisme*. Paris, 1973.

RIETSCHEL, Ch. *Sinnzeichen des Glaubens*. Kassel, 1965.
ROSSITER, E. *Die ägyptischen Totenbücher*. Fribourg-Genebra, 1979.
RZIHA, F. *Studien über Steinmetz-Zeichen*. 1883.
SAVIGNY, E. v. *Die Signalsprache der Autofahrer*. Munique, 1980.
SCHMIDT, Leopold. *Zunftzeichen*. Salzburgo, 1973.
SCHOLEM, G. *Zur Kabbala und ihrer Symbolik*. Frankfurt/Main, ²1977.
SCHWARZ, I. & BIEDERMANN, H. *Das Buch der Zeichen und Symbole*. Munique, 1975.
SHA, H. *Indische Sandstreuzeichnungen* (coletânea).
SMITH-SIDES, D. *Decoratif Art of the South-Western Indians*. Nova York, 1961.
VIEL, R. *Les origines symboliques du blason*. Paris, 1972.
WILHELM, R. *Das Buch der Wandlung*. Jena, 1921.
WILLIAMS, G. *African Designs*. Nova York, 1971.
WILLS, F. H. *Schrift und Zeichen der Völker*. Düsseldorf, 1977.
WITTLICH, B. *Symbole und Zeichen*. Bonn, 1965.

IMPRESSÃO E ACABAMENTO
Corprint Gráfica e Editora Ltda.